Der gemeindliche Hauptausschuss im Land Nordrhein-Westfalen

Europäische Hochschulschriften
Publications Universitaires Européennes
European University Studies

Reihe II
Rechtswissenschaft

Série II Series II
Droit
Law

Bd./Vol. 3904

PETER LANG
Frankfurt am Main · Berlin · Bern · Bruxelles · New York · Oxford · Wien

Markus Kremer

Der gemeindliche Hauptausschuss im Land Nordrhein-Westfalen

Rechtsstellung und Funktionen

PETER LANG
Europäischer Verlag der Wissenschaften

Bibliografische Information Der Deutschen Bibliothek
Die Deutsche Bibliothek verzeichnet diese Publikation in der Deutschen Nationalbibliografie; detaillierte bibliografische Daten sind im Internet über <http://dnb.ddb.de> abrufbar.

Zugl.: Münster (Westfalen), Univ., Diss., 2004

1. Berichterstatter:	Prof. Dr. Janbernd Oebbecke
2. Berichterstatter:	Prof. Dr. Hans-Uwe Erichsen
Dekan:	Prof. Dr. Bodo Pieroth
Tag der mündlichen Prüfung:	16.12.2003

D 6
ISSN 0531-7312
ISBN 3-631-52476-5

www.peterlang.de

Vorwort

Die vorliegende Arbeit ist von der rechtswissenschaftlichen Fakultät der Westfälischen Wilhelms-Universität Münster im Wintersemester 2003/2004 als Dissertation angenommen worden. Bis Dezember 2003 konnten Rechtsprechung und Literatur berücksichtigt werden.

Bewegt wurde ich zu dieser Arbeit durch meine Tätigkeiten in der Kommunalverwaltung und als Lehrbeauftragter an verschiedenen Ausbildungseinrichtungen für die öffentliche Verwaltung. Hieraus ergibt sich auch die besondere Praxisorientierung der Untersuchung.

Mein besonderer Dank gilt Herrn Prof. Dr. Janbernd Oebbecke, dessen Unterstützung maßgeblich zum Erfolg der Arbeit beitrug. Herrn Prof. Dr. Hans-Uwe Erichsen danke ich für die Erstellung des Zweitgutachtens.

Drensteinfurt, im Dezember 2003 *Markus Kremer*

Inhaltsverzeichnis

§ 1: Einleitung

A. Untersuchungsgegenstand und Untersuchungsinteresse

Im kommunalen Verfassungsleben kommt den Ausschüssen eine wichtige Bedeutung zu. Unabhängig davon, ob sie mit bloßer Beratungsbefugnis oder aber mit Entscheidungskompetenzen ausgestattet sind, wird durch ihre Arbeit insgesamt eine erhebliche Entlastungswirkung für den Rat erzielt. Ihr Einfluss auf die kommunale Willensbildung wird daher allgemein betont.

Vor diesem Hintergrund verwundert es nicht, dass das Wesen und Wirken kommunaler Ausschüsse Gegenstand zahlreicher Untersuchungen ist und auch die Rechtsprechung wiederholt mit der Rechtsstellung der Ausschüsse und ihrer Mitglieder beschäftigt wurde.

Auffällig ist aber die Zurückhaltung des Schrifttums im Hinblick auf den nach § 57 Abs. 2 Satz 1[1] zu bildenden Hauptausschuss. Er führt in der kommunalrechtlichen Literatur ein Schattendasein. Dabei wird ihm in der Gemeindeordnung Nordrhein-Westfalen (GO NRW) eine im Vergleich zu den anderen kommunalen Ausschüssen hervorgehobene Rechtsstellung eingeräumt. Ihm obliegen zahlreiche eigene Kompetenzen, die nicht erst einer Übertragung durch den Rat bedürfen, sondern sich bereits aus dem Gesetz selbst ergeben.

Wenn der Hauptausschuss vereinzelt Gegenstand eingehender Erläuterungen ist, scheiden sich die Geister über seine Stellung innerhalb der kommunalverfassungsrechtlichen Kompetenz- und Funktionsträgerordnung sowie hinsichtlich seiner Bedeutung in der Verwaltungspraxis. Seine dahingehende Einschätzung reicht von einer gering wertenden Einordnung als „Durchlauferhitzer“[2] bis zu einer Hervorhebung als der „gewichtigste Ausschuss im kommunalen Verfassungsgefüge“, dessen „zentrale kommunalpolitische Funktion (...) nur angedeutet“[3] wird.

Mit der vorliegenden Untersuchung soll die Lücke im Hinblick auf eine umfassende Untersuchung der Rechtsstellung und der Funktionen des Hauptausschusses geschlossen werden. Anliegen ist es dabei, die Institution „Hauptausschuss“ nicht losgelöst von den anderen Organen und Funktionsträgern der GO NRW zu untersuchen, sondern vielmehr im Rahmen ihrer Einbettung in das Beziehungsgeflecht der wichtigsten Kompetenzträger und insbesondere hinsichtlich des gesamten gemeinderechtlichen Ausschusssystems.

B. Gang der Untersuchung

Die Untersuchung der Rechtsstellung und Funktionen des Hauptausschusses beginnt mit seiner Positionierung in der kommunalen Kompetenz- und Funktionsträgerordnung unter Berücksichtigung der historischen Entwicklung der GO NRW (§ 2). Sodann werden die gesetzlichen Anforderungen an seine Errichtung, Zusammenset-

---

[1] Alle Paragraphen ohne Gesetzesangabe sind solche der Gemeindeordnung Nordrhein-Westfalen (GO NRW) in der Fassung der Bekanntmachung vom 14.07.1994 (GV. NRW. S. 666), zuletzt geändert durch Gesetz vom 29.04.2003 (GV. NRW. S. 254).

[2] Vgl. *Ennuschat, J.*, VR 1991, S. 119.

[3] *Bückmann, W.*, Kommunalverfassung, S. 71.

zung und Besetzung herausgearbeitet (§ 3). Dabei wird dem Vorsitz und dem stellvertretenden Vorsitz besondere Aufmerksamkeit gewidmet (§ 4).

Nachdem die Amtszeit des Hauptausschusses und seiner Mitglieder und damit einhergehend die Zulässigkeit der Ausschussauflösung und der Abwahl der Mitglieder thematisiert wurde (§ 5), geht die Untersuchung auf die dem Hauptausschuss obliegenden Aufgaben ein (§ 6). Hier werden schwerpunktmäßig diejenigen Aufgaben behandelt, die ihm kraft Gesetzes übertragen sind und die ihn gegenüber anderen Ausschüssen deutlich hervorheben. Ausgehend von diesen Kompetenzen des Hauptausschusses und der unter § 3 dargestellten Zusammensetzung wird im Folgenden der Frage nachgegangen, ob und unter welchen Voraussetzungen die Übernahme von Aufgaben anderer kommunaler Ausschüsse oder die Zusammenlegung mit anderen Ausschüssen zulässig ist (§ 7). Sodann stehen ausgewählte Verfahrensprobleme im Mittelpunkt des Untersuchungsinteresses (§ 8). Im Weiteren wird die Rechtsstellung der Hauptausschussmitglieder konkretisiert (§ 9). Vor dem Hintergrund der im Untersuchungsverlauf gewonnenen Ergebnisse wird abschließend ein Vergleich mit ähnlichen Gremien der Gemeindeverfassungen anderer Bundesländer gezogen (§ 10). Am Ende der Untersuchung sind die wesentlichen Ergebnisse in Form einer Auflistung von Leitsätzen zusammengefasst (§ 11).

Im Übrigen wird zur besseren Orientierung des Lesers[4] zu Beginn eines jeden Kapitels der Untersuchungsgang für die im jeweiligen Kapitel zu behandelnde Materie eingehender dargestellt, als es Ausführungen an dieser Stelle für das Verständnis notwendig erscheinen lassen.

[4] Alleine mit dem Ziel der besseren Lesbarkeit wird regelmäßig die maskuline Schreibweise bevorzugt, wie sie sich größtenteils auch in den gesetzlichen Vorschriften wieder findet.

§ 2: Die Einordnung des Hauptausschusses in die Systematik der Gemeindeordnung Nordrhein-Westfalen (GO NRW)

Die Untersuchungen in diesem Kapitel zielen auf die Einordnung des Hauptausschusses in die Systematik der GO NRW ab. Die Ausführungen widmen sich zunächst im Überblick der geschichtlichen Entwicklung des Kommunalverfassungsrechts bis zur Verabschiedung der GO NRW vom 21.10.1952[5] unter besonderer Berücksichtigung der Regelungen über den Hauptausschuss (A.). Anschließend wird die Entwicklung der den Hauptausschuss unmittelbar betreffenden Vorschriften in der Zeit von 1952 bis heute beleuchtet (B.). Nach einer Auseinandersetzung mit den Reformdiskussionen zu Beginn der neunziger Jahre (C.) wird die Einordnung des Hauptausschusses in das nordrhein-westfälische Ausschusssystem vorgenommen (D.). Hierbei werden unter anderem auch die Organstellung und die Behördeneigenschaft des Hauptausschusses hinterfragt.

A. Der Hauptausschuss vor dem Hintergrund der kommunalen Geschichte bis zur Verabschiedung der GO NRW vom 21.10.1952

I. Entwicklung bis 1946

Bis zum Erlass einer Deutschen Gemeindeordnung im Jahr 1935[6], welche das zunächst für Preußen am 01.01.1934 in Kraft getretene einheitliche Gemeindeverfassungsgesetz ersetzte, wies die kommunalverfassungsrechtliche Landschaft in den deutschen Gebieten eine Vielzahl von Gemeindeverfassungstypen auf. Es waren im Wesentlichen drei Grundtypen zu unterscheiden: die Magistratsverfassung, die Bürgermeisterverfassung und die Süddeutsche Ratsverfassung.[7]

Die zu Beginn des 20. Jahrhunderts vorherrschende Magistratsverfassung, welche im Kern auf die Preußische Städteordnung vom 19.11.1808[8] zurückging, war dem englischen System des „government by committees“ angenähert. Dieses war dadurch geprägt, dass alle Funktionen des Gemeinwesens in einem obersten Repräsentativorgan zusammenliefen, welches durch seine Beschlüsse die Verwaltung nicht nur normierte und kontrollierte, sondern sie auch selbst durch für diesen Zweck gebildete und der Arbeitsteilung dienende Ausschüsse leitete.[9] In den echten Magistratsverfassungen, also solchen, in denen Magistrat und Stadtverordnetenversammlung grundsätzlich gleichberechtigt sind, existierten sog. Austrägalausschüsse (Vermittlungsausschüsse), die bei dissentierenden Beschlüssen von Magistrat und Stadtverordnetenversammlung die Aufgabe der Schlichtung besaßen.

Diese Schlichtungs- und Koordinierungsfunktion erinnert an die Aufgabe des heutigen nach der GO NRW zu bildenden Hauptausschusses, in Kompetenzstreitigkeiten zwischen Bezirksvertretungen untereinander sowie Bezirksvertretungen und Aus-

---

[5] GV. NRW. S. 269.

[6] Deutsche Gemeindeordnung vom 30.01.1935 (RGBl. I, S. 49), abgedruckt in *Löw, P.*, Kommunalgesetzgebung im NS-Staat, S. 317 ff.

[7] *Pagenkopf, H.*, Einführung, S. 49.

[8] Abgedruckt in *Engeli, C./Haus, W.*, Quellen zum modernen Gemeindeverfassungsrecht, S. 104 ff.

[9] *Pagenkopf, H.*, Einführung, S. 51.

schüssen zu entscheiden und die Arbeit der Ausschüsse aufeinander abzustimmen.[10] Ihn als eine Art Vorläufer des Hauptausschusses zu bezeichnen, wäre allerdings verfehlt, da mit Ausnahme der Schlichtungsfunktion keine weiteren Gemeinsamkeiten, insbesondere hinsichtlich der Zusammensetzung und der Kompetenzen, festzustellen sind. Der Austrägalausschuss war vielmehr ein aus Mitgliedern der Kollegien Stadtverordnetenversammlung und Magistrat zusammengesetzter Vermittlungsausschuss.[11] Zudem ist die heutige nordrhein-westfälische Kommunalverfassung keine mit der damaligen Magistratsverfassung vergleichbare Gemeindeverfassung,[12] womit der Rahmen um die Existenz dieser Ausschüsse ein gänzlich verschiedener ist.

Ein Blick in die wichtigsten Gemeindeverfassungen des 19. Jahrhunderts zeigt auf, dass der Begriff „Ausschuss" der deutschen kommunalen Verfassungsentwicklung zunächst weitgehend fremd war. Zwar kannte bereits die Preußische Städteordnung vom 19.11.1808 Gremien, die, vom obersten Kollegialorgan gebildet, diesem unterstützend zur Seite standen.[13] Jedoch unterscheiden sich diese sogenannten Kommissionen und Deputationen hinsichtlich ihrer Zusammensetzung und Aufgaben deutlich von den heute nach der GO NRW existierenden Ausschüssen.[14]

Erst gegen Ende des 19. Jahrhunderts und Anfang des 20. Jahrhunderts wurden Ausschüsse als solche auch begrifflich und in ihren Funktionen den heutigen Ausschüssen nach der GO NRW ähnlich in einigen Gemeindeverfassungen institutionalisiert.[15]

Im Reichsstädteordnungsentwurf des Deutschen Städtetages von 1929[16], mit welchem eine Vereinheitlichung des zersplitterten Gemeindeverfassungsrechts für alle deutschen Gebiete angestrebt wurde, fanden Ausschüsse als beratende und beschließende Gremien in den §§ 24 und 25 Eingang.

In der Zeit unmittelbar vor Erlass der Deutschen Gemeindeordnung existierten bereits vielerorts beschließende Ausschüsse, welche Aufgaben der Stadtverordnetenversammlung wahrnahmen. Teilweise wurden dort, wo der nationalsozialistische Einfluss besonders stark ausgeprägt war, die Aufgaben der Stadtverordnetenversamm-

---

[10] Vgl. §§ 37 Abs. 2, 59 Abs. 1.

[11] *Pagenkopf, H.*, Einführung, S. 50.

[12] Zur Klassifizierung der nordrhein-westfälischen Kommunalverfassung als duale Rat-Bürgermeister-Verfassung mit monokratischer Verwaltungsleitung: *Knemeyer, F.-L.*, JuS 1998, S. 195.

[13] Siehe deren §§ 124 und 179.

[14] Vgl. eingehend *Krebsbach, A.*, Preußische Städteordnung, S. 41 ff.

[15] Vgl. etwa § 121 Sächsische Städteordnung vom 24. April 1873, abgedruckt in *Engeli, C./Haus, W.*, Quellen zum modernen Gemeindeverfassungsrecht, S. 517 ff. und Art. 22, 23 Bayerische Gemeindeordnung vom 17.10.1927, abgedruckt in *Engeli, C./Haus, W.*, Quellen zum modernen Gemeindeverfassungsrecht, S. 610 ff., welche sogar in beratende und beschließende Ausschüsse unterschied.

[16] Abgedruckt bei *Engeli, C./Haus, W.*, Quellen zum modernen Gemeindeverfassungsrecht, S. 664 ff.

lung mit der Begründung der Verwaltungsvereinfachung auf einen Stadtgemeindeausschuss übertragen.[17]

Die Deutsche Gemeindeordnung vom 30.01.1935 realisierte zwar die angestrebte Vereinheitlichung des Gemeindeverfassungs- und Gemeindewirtschaftsrechts über die Landesgrenzen hinweg,[18] verdrängte jedoch die entwickelten demokratischen Strukturen und durchzog das Gemeinderecht stattdessen mit nationalsozialistischem Gedankengut, insbesondere dem Führerprinzip.[19] Die Funktion des Rates wurde auf eine beratende Mitwirkung zurückgeführt. Nach § 57 der Deutschen Gemeindeordnung fanden demokratische Abstimmungen nicht mehr statt. Der Rat hatte eine Beratungspflicht, aber kein Abstimmungsrecht, noch nicht einmal ein Anhörungsrecht.[20]

Die Deutsche Gemeindeordnung sah in § 58 lediglich die Möglichkeit der Bildung von Beiräten vor, die einen bestimmten Verwaltungszweig beraten sollten. Ihnen konnten außer Gemeinderäten auch sachkundige Bürger angehören. Die Berufung oblag aber dem Bürgermeister.

II. Entwicklung ab 1946

Mit der am 01.04.1946 in Kraft getretenen Militärregierungsverordnung Nr. 21 (German Municipal Code) [21] entfernte die britische Militärregierung die nationalsozialistischen Elemente der Deutschen Gemeindeordnung und drehte die Deutsche Gemeindeordnung in den wichtigsten Teilen geradezu um. [22] Sie entschied sich für ein stark an den Verhältnissen des englischen „local government" orientiertes Modell.[23] In enger Anlehnung an das englische System des „government by committees" wurde den deutschen Gemeinden ein auf anderem Boden gewachsenes Verfassungs- und Verwaltungssystem verordnet.[24] Insbesondere wurde die frühere starke Rechtsposition des Bürgermeisters mit der Einführung der sogenannten Doppelspitze aufgespalten und der Rat als zentrales Organ herausgestellt.[25] Die Unterschiede zu der in England geltenden Kommunalverfassung waren aber so erheblich, dass man nicht wirklich von einer englischen Verfassung sprechen kann, sondern von einer deutschen mit eigenen englischen Elementen.[26]

In § 53 Abs. 1 dieser revidierten Gemeindeordnung wurde der Rat ermächtigt, Ausschüsse zu bilden. In Absatz 4 dieser Vorschrift war vorgesehen, dass der Rat eines Stadtkreises mit Ermächtigung der Militärregierung einen Verwaltungsausschuss bilden konnte, der die Befugnisse hatte, alle Maßnahmen des Rates zu ergreifen, die

---

[17] *Matzerath, H.*, Nationalsozialismus und kommunale Selbstverwaltung, S. 92, Fn. 171 und S. 112, Fn. 55.
[18] *Pagenkopf, H.*, Einführung, S. 77.
[19] Vgl. *Hofmann, H.*, VR 1985, S. 410.
[20] *Hofmann, H.*, VR 1996, S. 81.
[21] Amtsblatt der Militärregierung Deutschland, Britisches Kontrollgebiet 1946, S. 127 ohne Datum mit Wirksamkeit vom 01.04.1946, sog. „revidierte Gemeindeordnung".
[22] *Hofmann, H.*, VR 1996, S. 82.
[23] *Oebbecke, J.*, Archiv für Kommunalwissenschaften 1997, S. 117.
[24] *Pagenkopf, H.*, Einführung, S. 78.
[25] *Engeli, C./Haus, W.*, Quellen zum modernen Gemeindeverfassungsrecht, S. 700; *Hofmann, H.*, VR 1996, S. 82; *Roitzheim, P.*, VR 1991, S. 255.
[26] *Oebbecke, J.*, Archiv für Kommunalwissenschaften 1997, S. 122.

für die ordnungsgemäße Führung der regelmäßigen Verwaltungsgeschäfte erforderlich waren. Ein Ausschuss für allgemeine Angelegenheiten, die nicht in die Kompetenzen der Fachausschüsse fallen, war typisch für das englische Ausschusssystem, welches davon ausging, dass alle Angelegenheiten, die der Entscheidung des Rates (Council) unterlagen, zuvor von Ausschüssen (committees) vorberaten werden.[27] In dem nach § 53 Abs. 4 der revidierten Deutschen Gemeindeordnung vorgesehenen Verwaltungsausschuss kann der historische Vorläufer des heutigen Hauptausschusses nach der GO NRW gesehen werden.[28] § 53 Abs. 2 der revidierten Deutschen Gemeindeordnung sah zudem die Existenz eines Finanzausschusses vor.

Mit diesen und weiteren Regelungen transferierte die britische Besatzungsmacht das englische Selbstverwaltungssystem in die Gemeinden ihrer Besatzungszone, wobei sie aber hinter der nach dem englischen Recht traditionell stärkeren Stellung von Rat und Bürgermeister gegenüber der Verwaltung zurückblieb.[29] Insbesondere die Grundzüge des englischen Ausschusssystems wurden aber in der revidierten Deutschen Gemeindeordnung fest verankert bzw. durch ergänzende Richtlinien implementiert.[30] Erklärtes langfristiges Ziel der alliierten Politik war es, Deutschland wieder zu einer demokratischen Selbstverwaltung zu verhelfen, die man als unabdingbare Voraussetzung für einen demokratischen Staatsaufbau auf nationaler Ebene ansah.[31]

In der Folgezeit konzentrierten sich die Bemühungen darauf, eine einheitliche deutsche Städteordnung zu verabschieden, was allerdings durch die allgemeine politische Entwicklung sowie das geschichtsbewusste Festhalten an den verschiedenartig strukturierten landschaftlichen Gegebenheiten und regionalen Eigenarten in den Ländern erschwert wurde.[32] Letztlich stand die Gesetzgebungskompetenz für das Kommunalverfassungsrecht den Ländern aufgrund der allgemeinen Zuständigkeitsweisung in Artikel 70 Abs. 1 GG zu. Bis heute wird die Kommunalverfassung als Materie landesgesetzlicher Regelung betrachtet und damit als Beispiel für die Praxis der Landesgesetzgebung im Bundesstaat.[33]

---

[27] Vgl. *Warren, J. H.*, Selbstverwaltung in England, S. 122.

[28] Das Land Niedersachsen orientierte sich allerdings in seinem Kommunalverfassungssystem wesentlich stärker an dem Verwaltungsausschuss in der Ausprägung der revidierten Gemeindeordnung, vgl. *Engeli, C./Haus, W.*, Quellen zum modernen Gemeindeverfassungsrecht, S. 702.

[29] *Schwabe, J./Sundermann, W.*, Kommunalverfassung NRW, S. 26.

[30] Zum Ausschusssystem zu dieser Zeit in England: *Warren, J. H.*, Selbstverwaltung in England, S. 119 ff.; vgl. auch Sect. 85-97 Local Government Act, 17th November 1933, abgedruckt in: *Haus, W./Krebsbach, A.*, Gemeindeordnungen in Europa, S. 163 ff.

[31] *Engeli, C./Haus, W.*, Quellen zum modernen Gemeindeverfassungsrecht, S. 698; *Oebbecke, J.*, Archiv für Kommunalwissenschaften 1997, S. 117.

[32] *Engeli, C./Haus, W.*, Quellen zum modernen Gemeindeverfassungsrecht, S. 740, 742; *Stargardt, H.-J.*, VR 1995, S. 119; vgl. Art. 73 und 74 GG, welche die Gemeindeangelegenheiten als Gegenstand ausschließlicher oder konkurrierender Gesetzgebung des Bundes nicht erwähnen.

[33] *Oebbecke, J.*, Föderalismus und Kommunalverfassung, S. 185.

Einen entsprechenden Entwurf zur Vereinheitlichung des deutschen Kommunalrechts brachte der Deutsche Städtetag 1947 hervor.[34] In allen Varianten des Entwurfes war der Hauptausschuss als Pflichtausschuss vorgesehen. Ihm sollten die Vorsitzenden der wichtigsten Fachausschüsse angehören. Die Varianten des Entwurfes unterschieden sich aber insbesondere in der Frage, ob außer Ratsmitgliedern noch andere Personen dem Hauptausschuss angehören dürfen und ob der Verwaltungsleiter oder der Ratsvorsitzende den Vorsitz im Hauptausschuss innehat.

Der Entwurf des Deutschen Städtetages war die Grundlage des als Ergebnis von längeren Verhandlungen am 02. und 03.07.1948 in Weinheim von den kommunalen Spitzenverbänden und den Innenministerien der westdeutschen Länder angenommenen gemeinsamen Entwurfes einer Gemeindeordnung,[35] welcher allerdings auf jede Aussage zur inneren Kommunalverfassung verzichtete.[36]

Mit der Zerschlagung der Bemühungen um eine einheitliche Deutsche Gemeindeordnung begannen die Beratungen im nordrhein-westfälischen Landtag, der durch die Militärregierungs-Verordnung Nr. 57 ermächtigt wurde, eine Gemeindeordnung zu erlassen.[37]

Es lagen dem 1950 neu gewählten Landtag im Wesentlichen zwei Entwürfe vor[38]: Der auf den Vorarbeiten des Abgeordneten Feldmann in der vorherigen Wahlperiode basierende Entwurf der Abgeordneten Johnen und Six [39] sowie der Entwurf des Abgeordneten Menzel[40].

Im Entwurf von Johnen/Six war die Stellung des Hauptausschusses besonders stark ausgeprägt. Der Hauptausschuss sollte in Gemeinden ab einer noch zu bestimmenden Einwohnerzahl Pflichtausschuss sein und ausschließlich aus Ratsmitgliedern bestehen (§§ 45 Abs. 2, 46 Abs. 1 des Entwurfes). Neben der Koordinierungsfunktion und dem Eilbeschlussrecht sollte er weitere Aufgaben mit Entscheidungsbefugnis aufgrund einer entsprechenden Ermächtigung des Rates wahrnehmen (§§ 44, 46 Abs. 2 des Entwurfes). Zudem waren für den Hauptausschuss Personalentscheidungskompetenzen vorgesehen (§ 55 Abs. 2 des Entwurfes). Die Anstellung, Entlassung und Beförderung der leitenden Beamten und Angestellten sollten von seiner Zustimmung abhängig sein. Bei der Versetzung leitender Dienstkräfte wurde ihm im Gesetzesentwurf ein Anhörungsrecht zugebilligt.

---

[34] Abgedruckt in *Engeli, C./Haus, W.*, Quellen zum modernen Gemeindeverfassungsrecht, S. 743 ff.

[35] *Schmidt-Eichstaedt, G.*, Gemeindeordnung und Kreisordnung in der BRD, S. 29.

[36] *Oebbecke, J.*, Archiv für Kommunalwissenschaften 1997, S. 121.

[37] Vgl. *Lingk, A.-K.*, Die Reform der nordrhein-westfälischen Kommunalverfassung, S. 41; *Oebbecke, J.*, Archiv für Kommunalwissenschaften 1997, S. 120; Das Thema der Vereinheitlichung des Gemeindeverfassungsrechts wurde lediglich zu Beginn der siebziger Jahre noch einmal verstärkt diskutiert. Eine Vereinheitlichungstendenz bei der späteren Kommunalgesetzgebung der Länder hat sich hieraus aber nicht ergeben, vgl. *Oebbecke, J.*, Föderalismus und Kommunalverfassung, S. 187 ff.

[38] Vgl. *Lingk, A.-K.*, Die Reform der nordrhein-westfälischen Kommunalverfassung, S. 47 ff.

[39] Lt.-Drks. 2/89.

[40] Lt.-Drks. 2/153.

Der Entwurf von Menzel beschränkte sich darauf, in § 43 Abs. 2 den Hauptausschuss als Pflichtausschuss in Gemeinden mit mehr als 10.000 Einwohnern vorzusehen. Beide Entwürfe wurden einem Sonderausschuss zur Beratung übergeben. Diese mündete in den Bericht des Ausschusses zur Beratung der Gemeinde-, Amts- und Kreisordnung für das Land NRW.[41]

Nach der Empfehlung des Ausschusses sollte der Hauptausschuss unbedingter Pflichtausschuss sein und ausschließlich aus Ratsmitgliedern bestehen (§§ 39 Abs. 2 Satz 1, 40 Abs. 2 der Ausschussempfehlung). Neu war, dass die Möglichkeit bestehen sollte, die Aufgaben des Finanzausschusses durch den Hauptausschuss übernehmen zu lassen (§ 39 Abs. 2 Satz 2 der Ausschussempfehlung). Den Vorsitz im Hauptausschuss sollte der Bürgermeister führen (§ 40 Abs. 2 der Ausschussempfehlung). Der Hauptausschuss sollte eine Koordinierungsfunktion und ein Eilbeschlussrecht innehaben (§§ 41 Abs. 1, 45 Abs. 1 der Ausschussempfehlung).

Zudem sollte der Bürgermeister im Einvernehmen mit dem Hauptausschuss und dem Gemeindedirektor die Planung der Verwaltungsaufgaben von besonderer Bedeutung vereinbaren. Außerdem bekam der Hauptausschuss insofern eine Schlichterfunktion zugesprochen, als nach § 51 Satz 3 der Ausschussempfehlung Beigeordnete ermächtigt sein sollten, ihre vom Gemeindedirektor abweichende Meinung im Rahmen ihres Geschäftsbereiches dem Hauptausschuss vortragen zu können. Damit knüpfte der Sonderausschuss hinsichtlich der Rechtsstellung des Hauptausschusses an den Entwurf von Johnen/Six an, übernahm aber nicht die in dieser Ausarbeitung vorgesehenen Personalkompetenzen.

Mit der Verabschiedung der neuen Gemeindeordnung durch Gesetz vom 21.10.1952 übernahm der Gesetzgeber zu einem großen Teil die Empfehlungen des Sonderausschusses hinsichtlich der Rechtsstellung des Hauptausschusses. Entgegen dem Ausschussentwurf oblag die Planung der Verwaltungsaufgaben von besonderer Bedeutung aber nunmehr alleine dem Hauptausschuss.[42]

B. Die Entwicklung der den Hauptausschuss unmittelbar betreffenden Vorschriften nach 1952

Die GO NRW wurde vom Landtag des Landes Nordrhein-Westfalen mit Gesetz vom 21.10.1952 verabschiedet. Bis zum Jahr 2002 wurde sie seitdem vierzigmal geändert[43] und fünfmal neu bekannt gemacht[44].[45]

Weitestgehend blieben die den Hauptausschuss unmittelbar betreffenden gesetzlichen Vorschriften vom Gesetzgeber unangetastet, auch wenn die Institution des Hauptausschusses im Vorfeld der Kommunalverfassungsreform 1994[46] ausgiebig diskutiert wurde.[47]

---

[41] Lt.-Drks. 2/673.

[42] Vgl. *Lingk, A.-K.*, Die Reform der nordrhein-westfälischen Kommunalverfassung, S. 60.

[43] Zuletzt durch Gesetz vom 29.04.2003 (GV.NRW. S. 254).

[44] Zuletzt mit Datum vom 14.07.1994 (GV.NRW. S. 666).

[45] Eine Übersicht der Entwicklung der GO NRW findet sich bei *Rehn, E./ Cronauge, U.*, Gemeindeordnung für das Land NRW, S. XIX ff.

[46] Gesetz vom 17.05.1994 (GV.NRW. S. 270).

[47] Siehe die Ausführungen unter § 1, C.

Mit der Kommunalverfassungsreform im Jahr 1994 ging aber unter anderem eine Modifizierung der den Hauptausschuss betreffenden Regelungen einher. Dies war schon durch die Abschaffung der Doppelspitze von Gemeindedirektor und ehrenamtlichem Bürgermeister und der Vereinigung beider Funktionen in der Person des hauptamtlichen Bürgermeisters begründet.[48]

Vergleicht man die heute gültigen, den Hauptausschuss erwähnenden Vorschriften mit der alten, vor der Kommunalverfassungsreform gültigen Fassung der Gemeindeordnung (a. F.)[49] sowie der Gemeindeordnung in ihrer ursprünglichen Gestalt[50], so zeigt sich keine sehr lebhafte Entwicklungsgeschichte.

§ 57 Abs. 2, der die Bildung eines Hauptausschusses verpflichtend vorschreibt und gleichzeitig bestimmt, dass vom Hauptausschuss auch die Aufgaben des Finanzausschusses wahrgenommen werden können, entspricht dem § 41 Abs. 2 a. F. und ist in seinem Wortlaut seit 1952 unverändert.

Ebenso vom Gesetzgeber seit 1952 im Kern unberührt zeigt sich der Regelungsgehalt des heutigen § 70 Abs. 4 Satz 2 (früher § 52 Satz 3 a. F.), der es den Beigeordneten erlaubt, bei Meinungsverschiedenheiten mit dem Hauptverwaltungsbeamten innerhalb ihres Geschäftsbereiches ihre abweichende Meinung dem Hauptausschuss vorzutragen. Aufgrund der gestärkten Rechtsstellung des hauptamtlichen Bürgermeisters sind die Beigeordneten aber nunmehr im Gegensatz zur früheren Rechtslage verpflichtet, den Bürgermeister vorab hierüber zu unterrichten.

Systembedingt redaktionell verändert wurden in der Entwicklungsgeschichte der GO NRW seit 1952 die Regelungen über die Zuständigkeit des Hauptausschusses hinsichtlich der Planung der Verwaltungsaufgaben von besonderer Bedeutung (§ 61). Der Wegfall des § 46 Abs. 2 a. F., der ein diesbezügliches Auskunftsrecht des Bürgermeisters gegenüber dem Gemeindedirektor vorsah, resultierte aus der Abschaffung der Doppelspitze.

Systematisch und inhaltlich verändert wurde mit der Kommunalverfassungsreform 1994 das heute in § 60 Abs. 1 Satz 1 verankerte Recht des Hauptausschusses, in dringenden Fällen anstelle des Rates zu entscheiden. In der ursprünglichen Fassung der GO NRW waren die Koordinationskompetenz des Hauptausschusses hinsichtlich der Arbeit aller Ausschüsse und sein Eilbeschlussrecht gemeinsam in § 43 a. F. geregelt. Während sich die Koordinationskompetenz nun in § 59 Abs. 1 im Wortlaut unverändert wieder findet, ist das Eilbeschlussrecht in § 60 Abs. 1 Satz 1 geregelt worden. Der Gesetzgeber hat bei Gelegenheit der Kommunalverfassungsreform das Recht der Dringlichkeitsentscheidungen insgesamt klarer geregelt und zudem die Voraussetzungen für das Eilbeschlussrecht des Hauptausschusses erleichtert. Während es früher für den Beschluss anstelle des Rates nötig war, dass die Angelegenheit keinen Aufschub duldete, genügt es heute, dass die Einberufung des Rates nicht rechtzeitig möglich ist.[51]

---

[48] Siehe auch die Ausführungen unter § 4, A, II.

[49] GO NRW in ihrer Fassung vom 13.08.1984 (GV.NRW.S. 475), zuletzt geändert durch Gesetz vom 03.04.1992 (GV.NRW. S. 124).

[50] GO NRW vom 21.10.1952 (GV.NRW. S. 269).

[51] Eingehend hierzu die Ausführungen unter § 6, D.

Es existieren aktuell zwei Vorschriften in der GO NRW, die den Hauptausschuss erwähnen, deren Regelungsgehalt aber nicht in der ursprünglichen Fassung von 1952 enthalten war.

Hierzu gehört zunächst § 37 Abs. 2, der dem Hauptausschuss eine Schlichterfunktion bei Streitigkeiten zwischen Bezirksvertretungen oder einer Bezirksvertretung und einem Ausschuss zuschreibt. Diese Kompetenz wurde dem Hauptausschuss erst durch Gesetz vom 29.10.1974[52] im Zuge der Einrichtung von Bezirksvertretungen in Stadtbezirken von kreisfreien Städten eingeräumt. Eine derartige Regelung lag nahe, weil bereits bis zu diesem Zeitpunkt der Hauptausschuss eine Schlichtungsrolle in Bezug auf Streitigkeiten zwischen Ausschüssen (§ 43 Abs. 1 Satz 1 a. F.) und bei Meinungsverschiedenheiten zwischen dem Hauptverwaltungsbeamten und den Beigeordneten (§ 52 Satz 3 a. F.) einnahm. Ein Eilbeschlussrecht in Bezirksvertretungsangelegenheiten hat der Gesetzgeber dem Hauptausschuss aber durch Einfügung des § 13 a Abs. 7 Satz 2 im Jahr 1974 (heute § 36 Abs. 5 Satz 2) nicht zugebilligt. Hier entscheidet in dringenden Fällen der Bezirksvorsteher mit einem Mitglied der Bezirksvertretung.

Darüber hinaus sind die Regelungen über den Hauptausschussvorsitz noch vergleichsweise jung. Der Gesetzgeber hat hierüber erst 1969[53] durch Einfügung des damaligen § 42 Abs. 3 (zuletzt § 42 Abs. 5 a. F.) Regelungen getroffen, welche aber aufgrund der Abschaffung der Doppelspitze mit den heutigen Regelungen des § 57 Abs. 3 keine größeren Gemeinsamkeiten aufweisen.[54]

C. Die Reformdiskussion zu Beginn der neunziger Jahre

Ein Blick auf die im Vorfeld der Kommunalverfassungsreform 1994 geführten Diskussionen über ein für Nordrhein-Westfalen neues kommunalverfassungsrechtliches System zeigt, dass die bis heute im Großen und Ganzen unangetastete Rechtsposition des Hauptausschusses keineswegs daher rührt, dass man sich mit ihm in der Literatur und Politik nicht im Hinblick auf die Reformbestrebungen hinreichend beschäftigt hätte. Ganz im Gegenteil stand neben der Abschaffung der Doppelspitze und der Einführung von plebiszitären Elementen die Rechtsstellung des Hauptausschusses im Zentrum der Reformüberlegungen.[55]

Einer Meinung reichte die bisherige Ausprägung der Funktion des Hauptausschusses als Bindeglied zwischen Politik und Verwaltung nicht aus. Es wurde die Einrichtung eines Gemeindevorstandes als Institutionalisierung der Zusammenarbeit zwischen Rat und Verwaltung vorgeschlagen,[56] in welchem sowohl weniger bedeutsame Angelegenheiten des Rates als auch wichtigere Geschäfte der laufenden Verwaltung

---

[52] Gesetz vom 29.10.1974 (GV.NRW. S. 1050).

[53] Gesetz vom 16.07.1969 (GV.NRW. S. 514).

[54] Siehe die Ausführungen unter § 4, A, II.

[55] Vgl. *Schnoor, H.*, Städte- und Gemeinderat 1991, S. 164, der die Einrichtung eines Gemeindevorstandes anstelle des bisherigen Hauptausschusses als „die wichtigste Entscheidung“ bezeichnet.

[56] *Schnoor, H.*, Städte- und Gemeinderat 1991, S. 164; vgl. auch *Stern, K.*, NWVBl. 1991, S. 413.

erledigt werden sollten.[57] Die Aufgaben des Hauptausschusses sollten auf den Gemeindevorstand übergehen. Der Gemeindevorstand sollte aus Ratsmitgliedern und den Wahlbeamten der Verwaltung zusammengesetzt sein und im Wege der Verhältniswahl besetzt werden. Seine Sitzungen sollten öffentlich sein, wenn Aufgaben des Rates, die der Öffentlichkeit zugänglich sind, erledigt werden. Für die Erledigung von Verwaltungsgeschäften wurde der Ausschluss der Öffentlichkeit vorgeschlagen.

Durch die Zusammenführung von Politik und Verwaltung sollte die Handlungsfähigkeit in erster Linie der Kommunalpolitik gestärkt werden.[58] Die Einrichtung eines Verwaltungsvorstandes wurde jedoch mit der Begründung kritisiert, dass sie zu einer diffusen Vermischung von Politik und Verwaltung und damit zu unklaren Kompetenzstrukturen führe.[59] Sie stieß auf Vorbehalte sowohl in der Politik als auch in den Reihen der Verwaltungsspitzen und wurde letztlich nicht vollzogen.[60]

Eine andere Meinung sprach sich für die Beibehaltung des Hauptausschusses in seiner bisherigen Form aus. Er sollte aber in seiner Funktion dadurch aufgewertet werden, dass er über alle wichtigen Gemeindeangelegenheiten unterrichtet werden und ein Forum für die regelmäßige Information der Öffentlichkeit darstellen sollte.[61]

In § 42 a des vom Innenminister eingebrachten Regierungsentwurfes war zunächst die Einrichtung eines Gemeindeausschusses bzw. Stadtausschusses als Weiterentwicklung des bisherigen Hauptausschusses vorgesehen.[62] Dem Gemeindeausschuss sollten neben Ratsmitgliedern auch der Gemeindedirektor und die Beigeordneten, diese allerdings mit beratender Stimme, angehören.[63] Es war im Regierungsentwurf vorgesehen, ihm neben Koordinierungs-, Planungs- und Entscheidungsaufgaben die Vorbereitungskompetenz für Ratssitzungen zuzuweisen. Seine Sitzungen sollten im Grundsatz nichtöffentlich stattfinden. Ferner sollte er ein Rückholrecht gegenüber der Verwaltung im Hinblick auf die Geschäfte der laufenden Verwaltung haben. Zur Entlastung des Rates war beabsichtigt, dem Hauptausschuss auch Entscheidungsbefugnisse des Rates zu übertragen.[64] Vorbildfunktion für den Gemeindeausschuss hatte der nach niedersächsischem Recht einzurichtende Verwaltungsausschuss.[65]

Die avisierte Institution des Gemeindeausschusses wurde in der Literatur - zum Teil heftig - kritisiert.[66] Insbesondere wurde die Aufgabe der Funktionstrennung von Beschlussvorbereitung durch die Verwaltung und Beschlussfassung durch die Politik als

---

[57] *Held, F. W.*, NWVBl. 1991, S. 405; *Schnoor, H.*, Städte- und Gemeinderat 1991, S. 164.
[58] *Schnoor, H.*, Städte- und Gemeinderat 1991, S. 164.
[59] Vgl. *Ehlers, D.*, NWVBl. 1991, S. 400.
[60] Vgl. im nachhinein *Schnoor, H.*, NWVBl. 1996, S. 284.
[61] *Ruppert, M.*, Städte- und Gemeinderat 1991, S. 346.
[62] Ausführlich hierzu *Lingk, A.-K.*, Die Reform der nordrhein-westfälischen Kommunalverfassung, S. 185 ff.
[63] Entgegen dem Vorschlag des Referentenentwurfes sah der spätere Gesetzesentwurf die Mitwirkung von Beigeordneten im Gemeindeausschuss nur noch nach Maßgabe der Hauptsatzung vor; vgl. Mitteilungen StGB NRW 1993, S. 72.
[64] Vgl. Mitteilungen StGB NRW 1992, S. 161; *Stein, E.*, VR 1992, S. 391.
[65] Vgl. *Ehlers, D.*, NWVBl. 1991, S. 400.
[66] *Fingerhut, R.*, Städte- und Gemeinderat 1993, S. 255; *Honert, S.*, Städte- und Gemeinderat 1992, S. 231; *Schleberger, E.*, NWVBl. 1988, S. 166.

konfliktverschärfend angesehen.[67] Es sei eher ein Zuviel als ein Zuwenig an Politisierung festzustellen.[68] Zudem sei der Ausschluss der Öffentlichkeit bei wesentlichen Entscheidungen des Gemeindeausschusses aus Sicht der Demokratie und der Bürgerbeteiligung bedenklich.[69] Darüber hinaus würden Ratsmitglieder erster und zweiter Klasse entstehen. Weiterhin würde die Stellung des Hauptverwaltungsbeamten deutlich geschwächt.[70]

Letztlich fand die Institution des Gemeindeausschusses im Landtag keine Mehrheit,[71] womit die Rechtsstellung des Hauptausschusses durch die Kommunalverfassungsreform nahezu unberührt blieb.

D. Die Position des Hauptausschusses im heutigen gemeinderechtlichen Ausschusssystem

I. Der Ausschussbegriff

Die GO NRW definiert den Ausschussbegriff selbst nicht. Auch in der nordrhein-westfälischen Kommentarliteratur fehlt es an entsprechenden, prägnanten Bestimmungen. Wegen der zumindest im weiteren Sinne vorhandenen Vergleichbarkeit zu parlamentarischen Ausschüssen bietet sich für die Definition des kommunalen Ausschussbegriffs zunächst ein Rückgriff auf das Parlamentsrecht an.[72] Danach sind Ausschüsse in ihrem Mitgliederbestand fixierte Gremien, die aus der Mitte des Parlaments heraus zur unterstützenden Wahrnehmung parlamentarischer Aufgaben auf begrenzten Sachgebieten formiert werden.[73]

Für die kommunale Ebene ist diese Definition aber zu einengend, weil sie nicht die Möglichkeit erfasst, vertretungsexterne sachkundige Bürger und sachkundige Einwohner in die Ausschüsse zu wählen.[74] Daher könnte unter kommunalen Ausschüssen in ihrem Mitgliederbestand fixierte Gremien verstanden werden, die von der gemeindlichen Vertretung zur unterstützenden Wahrnehmung ihrer Aufgaben ganz oder teilweise aus deren Mitgliedern formiert werden.[75]

Für die Pflichtausschüsse ist aber auch diese Definition zu eng gefasst. Die obligatorisch einzurichtenden Ausschüsse nehmen regelmäßig eigene, durch Gesetz übertragene Zuständigkeiten wahr, auch wenn sie den Rat dabei mittelbar in seiner Tätigkeit unterstützen. Für den Hauptausschuss sind das z. B. die Kompetenzen nach

---

[67] *Fingerhut, R.*, Städte- und Gemeinderat 1993, S. 258.

[68] Vgl. *Honert, S.*, Städte- und Gemeinderat 1992, S. 234, der die Einführung eines Gremiums, das die Entscheidungsreife von Ratsvorlagen der Verwaltung prüft, aber nicht alleine deshalb ausschließen wollte.

[69] *Fingerhut, R.*, Städte- und Gemeinderat 1993, S. 258.

[70] *Honert, S.*, Städte- und Gemeinderat 1992, S. 236; zu diesem Zeitpunkt war die Abschaffung der Doppelspitze noch nicht ersichtlich.

[71] Zu den Beratungen im Landtag: *Lingk, A.-K.*, Die Reform der nordrhein-westfälischen Kommunalverfassung, S. 209 ff.

[72] *Körner, H.*, Ausschüsse, Kommissionen und Deputationen in HdkWP, Band II, S. 129.

[73] *Frost, H.*, AöR 95 (1970), S. 38, 40.

[74] Vgl. *Wacker, J.*, Sachkundige Bürger und Einwohner in gemeindlichen Ausschüssen, S. 24.

[75] *Wacker, J.*, Sachkundige Bürger und Einwohner in gemeindlichen Ausschüssen, S. 24.

§§ 37 Abs. 2, 59 Abs. 1, 61.[76] Die Entscheidungsbefugnis alleine stellt aber noch keinen Grund dar, die oben genannte Definition des Ausschussbegriffes zu modifizieren. Schließlich ist eine lediglich vorbereitende Funktion kein notwendiges Wesensmerkmal der Ausschüsse.[77] Jedoch rechtfertigt die Wahrnehmung eigener originärer Zuständigkeiten kraft gesetzlicher Kompetenzzuweisung eine Ergänzung des Ausschussbegriffs.

Daher sind kommunale Ausschüsse in ihrem Mitgliederbestand fixierte Gremien, die von der gemeindlichen Vertretung zur unterstützenden Wahrnehmung ihrer Aufgaben oder zur Wahrnehmung eigener, aufgrund eines Gesetzes übertragener Aufgaben ganz oder teilweise aus deren Mitgliedern formiert werden.

Für den Hauptausschuss lässt sich diese Definition aufgrund seiner besonderen Zusammensetzung[78] und der Einrichtungsverpflichtung (§ 57 Abs. 1 Satz 1) noch verfeinern.

Der Hauptausschuss nach der GO NRW ist demnach ein unter dem Vorsitz des Bürgermeisters zu bildendes Gremium, das von der gemeindlichen Vertretung zur unterstützenden Wahrnehmung ihrer Aufgaben und zur Wahrnehmung eigener, aufgrund eines Gesetzes übertragener Aufgaben ausschließlich aus deren Mitgliedern formiert wird. Dabei haben die eigenen Aufgaben des Ausschusses einen inhaltlichen Bezug zu den Aufgaben der Vertretung insgesamt.

II. Ausschussarten und Einordnung des Hauptausschusses

Vor dem Hintergrund der Ausschussbestimmungen der GO NRW und unter Heranziehung von speziellen kommunalrechtlichen Vorschriften lassen sich die Ausschussarten nach folgenden verschiedenen Kriterien unterscheiden[79]:

1. Unterscheidung nach dem Grad der Verpflichtung zur Bildung und der gesetzlichen Grundlage

Nach dem Grad der Verpflichtung zur Bildung lassen sich fakultative und obligatorische Ausschüsse unterscheiden. Während § 57 Abs. 1 dem Rat Ermessen bei der Einrichtung von Ausschüssen einräumt,[80] schreibt § 57 Abs. 2 die Bildung eines Hauptausschusses, eines Finanzausschusses und eines Rechnungsprüfungsausschusses zwingend vor. Zusätzlich finden sich in speziellen kommunalrechtlichen Vorschriften Bildungsverpflichtungen,[81] so dass die Unterscheidung zwischen freiwilligen und pflichtigen Ausschüssen noch ergänzt werden kann um die der Bildung

---

[76] Siehe die Ausführungen unter § 6.
[77] *Kasten, H.-H.*, Ausschussorganisation und Ausschussrückruf, S. 62.
[78] Siehe die Ausführungen unter § 3 C.
[79] Vgl. *Hofmann, H./Muth, M./Theisen, R.-D.*, Kommunalrecht in NRW, S. 415.
[80] Z. B. werden in den Gemeinden auf freiwilliger Basis häufig - mit Nuancen in der Bezeichnung - gebildet: Bauausschuss, Sozialausschuss, Sportausschuss, Kulturausschuss, Umweltausschuss.
[81] Z. B. §§ 2, 40 KWahlG NRW, Wahlausschuss und Wahlprüfungsausschuss.

zugrunde liegende gesetzliche Vorschrift. Man unterscheidet insoweit zwischen Ausschüssen nach der GO NRW und Ausschüssen nach speziellen Gesetzen.[82]

Innerhalb der Gruppe der obligatorischen Ausschüsse ist zwischen absoluten und bedingten Pflichtausschüssen zu differenzieren.[83] Absolute Pflichtausschüsse und bedingte Pflichtausschüsse unterscheiden sich dadurch, dass bei letzteren noch eine bestimmte Bedingung, wie z. B. die Erreichung eines Einwohnerschwellenwertes oder etwa die Einrichtung einer bestimmten Organisationsform, wie z. B. die des Eigenbetriebes, vorliegen muss, um eine Bildungsverpflichtung auszulösen. Bedingte Pflichtausschüsse sehen sowohl die GO NRW als auch spezielle, die Gemeinde betreffende Gesetze vor.[84]

Die Bildung des Hauptausschusses ist gemäß § 57 Abs. 2 Satz 1 obligatorisch in jeder Gemeinde unabhängig vom Vorliegen weiterer Voraussetzungen (Bedingungen) vorgeschrieben. Er ist damit als absoluter Pflichtausschuss nach der GO NRW zu bezeichnen.

2. Unterscheidung nach der Kompetenz

a) Vorbereitende und entscheidungsbefugte Ausschüsse

Hinsichtlich der Kompetenz kommunaler Ausschüsse wird zwischen Ausschüssen mit nur beratender Funktion (vorbereitende Ausschüsse) und Ausschüssen mit Entscheidungsbefugnis (beschließende Ausschüsse) unterschieden.[85]

Der Terminus „beschließende Ausschüsse“ für Ausschüsse mit Entscheidungsbefugnis ist aber insoweit sprachlich ungenau und irreführend, als auch die Beratungen nur vorbereitender Ausschüsse regelmäßig mit einem Beschluss abschließen. Im Unterschied zu entscheidungsbefugten Ausschüssen hat dieser Beschluss nur keine unmittelbare Bindungswirkung, weil die abschließende Entscheidung dem Rat obliegt. Es ist daher angebracht, sprachlich zwischen vorbereitenden und entscheidungsbefugten Ausschüssen zu differenzieren.[86] Im weiteren Verlauf der Untersuchung wird daher bei Ausschüssen mit Entscheidungsbefugnis von entscheidungsbefugten Ausschüssen gesprochen, es sei denn, das Gesetz verwendet selbst ausdrücklich den Terminus „beschließende Ausschüsse“.

---

[82] *Krell, D./Wesseler, N.*, Das neue Kommunalverfassungsrecht in NRW, S. 21; *Schwabe, J./ Sundermann, W.*, Kommunalverfassung in NRW, S. 128, 146, die noch weiter zwischen echten (der Rat entscheidet im Wesentlichen über die Zusammensetzung des Ausschusses) und unechten Ratsausschüssen (das Gesetz bestimmt maßgeblich die Zusammensetzung) differenzieren.

[83] *Hofmann, H./Muth, M./Theisen, R.-D.*, Kommunalrecht in NRW, S. 415.

[84] Nach der GO NRW: Werksausschuss (§ 114); nach speziellen Gesetzen: z. B.: Kinder- und Jugendhilfeausschuss (§ 70 KJHG). Der Schulausschuss nimmt nach der Änderung des § 12 SchVG NRW durch das Gesetz zur finanziellen Entlassung der Kommunen in Nordrhein-Westfalen vom 29.04.2003 (GV. NRW. S. 254) nunmehr eine Sonderstellung unter den sondergesetzlichen Ausschüssen ein. Er ist nicht mehr bedingter Pflichtausschuss, sondern ein freiwilliger Ausschuss mit speziellen sondergesetzlichen Anforderungen an seine Zusammensetzung für den Fall der Bildung.

[85] *Kasten, H.-H.*, Ausschussorganisation und Ausschussrückruf, S. 65.

[86] Vgl. auch *Rehn, E./Cronauge, U.*, Gemeindeordnung für das Land NRW, Erl. VII zu § 57.

b) Ausschüsse mit originären und übertragenen Zuständigkeiten

Innerhalb der entscheidungsbefugten Ausschüsse lassen sich Ausschüsse, deren Entscheidungsbefugnisse einzig auf einer Delegation des Rates nach § 41 Abs. 2 beruhen[87] und Ausschüsse, die daneben oder ausschließlich gesetzlich gewährte Kompetenzen wahrnehmen, unterscheiden. Der Hauptausschuss gehört zu den Ausschüssen, denen aufgrund der GO NRW eigene Kompetenzen zugewiesen sind, die aber in der Praxis auch regelmäßig vom Rat übertragene Zuständigkeiten wahrnehmen.[88]

3. Unterscheidung nach sonstigen Kriterien

In der Literatur wird über die oben genannten Entscheidungskriterien hinaus noch subtiler hinsichtlich der einzelnen Ausschussarten differenziert. So finden sich noch Unterscheidungen nach Zuständigkeiten (Ausschüsse mit Querschnittsfunktionen und Ausschüsse mit verwaltungsfachbereichsspezifischen Funktionen) sowie dem Kriterium der Wahlzeit der Ausschüsse (ständige und nichtständige Ausschüsse).[89] Will man den Hauptausschuss in die genannten Kategorien einordnen, so kommt ihm aufgrund seiner Zuständigkeiten und der Verpflichtung des Rates, ihn ohne zeitliche Beschränkung zu bilden, der Status eines ständigen Ausschusses mit Querschnittsfunktion zu.

III. Aufgaben der Ausschüsse im Allgemeinen

Die Existenz kommunaler Ausschüsse und die damit verbundene Übertragung von Aufgaben auf diese könnten zunächst kritisch betrachtet werden, denn mit dem Hinzutreten weiterer, an den Entscheidungsabläufen beteiligter Funktionsträger kann die Gefahr einer zusätzlichen und nicht notwendigen Verzögerung von Willensbildungsprozessen einhergehen.[90] Ganz im Gegenteil sind Ausschüsse aber bei den vielfältigen Zuständigkeiten der Gemeinderäte für deren Entlastung unverzichtbar.[91] Ihnen kommt in der kommunalen Entscheidungspraxis ein erheblicher Einfluss zu.[92] Denn in den Ausschüssen vollzieht sich die eigentliche Arbeit der Kommunalpolitiker.[93] Erst dort, wo die Zahl und Größe der Ausschüsse das Notwendige überschreitet, ist eine Beeinträchtigung des kommunalen Willensbildungsprozesses zu besorgen.

Die Ausschüsse nach der GO NRW nehmen allgemein nur in geringem Umfang Kompetenzen aus eigener gesetzlicher Zuständigkeit heraus wahr. Im Wesentlichen dient ihre Arbeit unmittelbar der Entlastung des Rates bei der Wahrnehmung seiner

---

[87] So überträgt der Rat regelmäßig den freiwilligen Ausschüssen auch Entscheidungsbefugnisse.

[88] Siehe die Ausführungen unter § 6.

[89] *Kasten, H.-H.*, Ausschussorganisation und Ausschussrückruf, S. 66 f.

[90] Vgl. *Schwabe, J./Sundermann W.*, Kommunalverfassung in NRW, S. 127.

[91] Vgl. *Hofmann, H./Muth, M./Theisen, R.-D.*, Kommunalrecht in NRW, S. 413; *Reiners, T.*, Kommunalverfassungsrecht in den neuen Bundesländern, S. 43.

[92] Zur Machtposition der Ausschüsse: *Krane, W.*, Der Gemeinderat 1969, S. 289.

[93] *Buhren, G. D.*, Allgemeines Kommunalrecht NRW, S. 63.

gesetzlichen Zuständigkeiten.[94] Ihre Bedeutung liegt in der Möglichkeit, in einem im Verhältnis zum Rat kleinen Gremium wichtige Angelegenheiten vorzuberaten oder gar zu entscheiden.[95] Die Entlastung des Rates ist umso effektiver, je mehr Erörterungen und Erläuterungen in den Sitzungen des Rates durch die Ausschusstätigkeit entbehrlich sind.[96] Ausschüsse haben damit eine Filterfunktion, die eine Konzentration des Rates auf die wesentlichen Angelegenheiten erlaubt. Die Ratsmitglieder wären schlichtweg überfordert, wenn sie jede einzelne Entscheidung selbst treffen müssten. Der Breite und Vielfalt der Aufgaben kann der Rat daher nur dann gerecht werden, wenn er Aufgaben delegiert.[97]

Die Filterfunktion kommunaler Ausschüsse wird optimal auf zwei unterschiedliche Arten erzielt. Entweder werden Angelegenheiten, die der Entscheidung des Rates obliegen, derart vorberaten, dass der rege und zeitaufwendige Meinungsaustausch bereits im Ausschuss stattgefunden hat und dem Rat ein Empfehlungsbeschluss vorliegt, der ohne weitere Diskussion angenommen werden kann. Oder der Rat hat von der Ermächtigung des § 41 Abs. 2 Gebrauch gemacht und Aufgaben – soweit rechtlich zulässig – auf die Ausschüsse zur abschließenden Entscheidung übertragen.[98] In diesem Fall wird regelmäßig die größtmögliche Entlastungswirkung für den Rat erzielt, weshalb in der Praxis von dieser Delegationsermächtigung auch in großem Umfang Gebrauch gemacht wird.[99] Dabei ist aber nicht zu verkennen, dass Empfehlungsbeschlüssen eines vorberatenden Ausschusses in gewichtigen Angelegenheiten eine größere Bedeutung zukommen kann als Entscheidungsbeschlüssen von Ausschüssen mit Sachentscheidungskompetenzen in weniger wichtigen Angelegenheiten. Insoweit haben Empfehlungsbeschlüsse von Ausschüssen oftmals präjudizielle Bedeutung und stellen eine Vorwegnahme der Entscheidung der Vertretung dar.[100] Durch Beschlüsse von Ausschüssen mit Entscheidungsbefugnissen wird die Entscheidung der Vertretung sogar insgesamt ersetzt.[101]

IV. Sonderstellung des Hauptausschusses

Im Vergleich zu den Kompetenzen anderer Ausschüsse hebt sich der Hauptausschuss deutlich aus den übrigen Ausschüssen hervor.[102] Keinem anderen gemeindlichen Ausschuss sind in NRW bereits kraft Gesetzes derart viele und gewichtige Befugnisse übertragen. Erwähnt seien an dieser Stelle beispielsweise seine Koordinie-

---

94 BVerwG, Beschluss vom 05.04.1988 – 7 B 47/88, NVwZ-RR 1988, S. 42, 43; Urteil vom 27.03.1992 – 7 C 20/91, NVwZ 1993, S. 375, 377; *Berwanger, J.*, Besetzung von Gemeinderatsausschüssen, S. 42; *Körner, H.*, Ausschüsse, Kommissionen und Deputationen in HdkWP, Band II, S. 130 f.; *Schmidt-Jortzig, E.*, Kommunalrecht, Rn. 219 f.

95 Vgl. *Rehn, E./Cronauge U.*, Gemeindeordnung für das Land NRW, Erl. I zu § 57.

96 OVG Lüneburg, Urteil vom 25.2.1953 – V OVG A 22/53 –, OVGE 6, 437.

97 *Krell, D./Wesseler, N.*, Das neue Kommunalverfassungsrecht in NRW, S. 20.

98 *Sundermann, W.*, DVP 1998, S. 21 ff.

99 *Rehn, E.*, Städte- und Gemeinderat 1984, S. 340.

100 *Berwanger, J.*, Besetzung von Gemeinderatsausschüssen, S. 47.

101 *Berwanger, J.*, Besetzung von Gemeinderatsausschüssen, S. 48.

102 *Erichsen, H.-U.*, Kommunalverfassungsrecht des Landes NRW, S. 114 und *Micker, K.*, Kommunales Verfassungsrecht NRW, S. 84, die von einer Sonderstellung des Hauptausschusses sprechen; *Rehn, E./Cronauge, U.*, Gemeindeordnung für das Land NRW, Erl. III zu § 57.

rungsfunktion nach § 59 Abs. 1 und seine Zuständigkeit im Dringlichkeitsverfahren gemäß § 60 Abs. 1 Satz 1, nach welchem er unter bestimmten Voraussetzungen berechtigt ist, anstelle des Rates zu entscheiden. Auch kann er gemäß § 57 Abs. 2 Satz 2 mit entsprechender Ermächtigung des Rates die Aufgaben eines weiteren Pflichtausschusses, diejenigen des Finanzausschusses, wahrnehmen. Damit wird deutlich, dass der Hauptausschuss eine hervorgehobene Stellung unter den gemeindlichen Ausschüssen einnimmt. Diese wird noch durch seine besondere Zusammensetzung unterstrichen.[103] Er wird daher auch in der Literatur als gewichtigster Ausschuss herausgestellt.[104]

V. Organstellung

Die Frage, ob der Hauptausschuss Organstellung hat, wird in der Literatur nicht einheitlich beantwortet. Nach einer Auffassung sind kommunale Ausschüsse unabhängig davon, ob sie beratend oder mit Entscheidungsbefugnis tätig sind, lediglich Organteile, Unterorgane oder Hilfsorgane des Rates.[105]

Der überwiegende Teil der Literatur differenziert zwischen beratenden und entscheidungsbefugten Ausschüssen und schreibt den letztgenannten eine Organstellung zu, während beratende Ausschüsse nur die Stellung eines Organteils hätten.[106]

Ausgehend von der Terminologie Wolffs[107] ist unter einem Organ im engeren juristischen Sinne ein durch organisatorische Rechtssätze gebildetes, selbständiges institutionelles Subjekt von transitorischen Zuständigkeiten zur funktionsteiligen Wahrnehmung von Aufgaben einer (teil-) rechtsfähigen Organisation zu verstehen.[108] In der Selbständigkeit des Organs liegt der maßgebliche Unterschied zum bloßen Organteil, das nur an der Zuständigkeitswahrnehmung desjenigen organisatorischen Subjekts teilnimmt, dem das Verhalten seiner Amtswalter transitorisch zugerechnet wird. Organe sind damit nur diejenigen organisatorischen Funktionseinheiten, die rechtlich in ihrem Namen für eine Organisation zu handeln befugt sind. Bloße Organteile sind die Gremien, die nur bei einem Organ eingerichtet sind, für das sie handeln oder das sie beraten.[109]

---

[103] Vgl. § 57 Abs. 3, 58 Abs. 3.

[104] Vgl. *Buhren, G. D.*, Allgemeines Kommunalrecht NRW, S. 68; *Rothe, K.- H.*, VR 2003, S. 55.

[105] *Foerster, G.*, Die Gemeinde 1978, S. 201; *Gern, A.*, Deutsches Kommunalrecht, S. 260; *Schmidt-Aßmann, E.*, Besonderes Verwaltungsrecht, Rn. 66; *Scholtis, N.*, Minderheitenschutz in kommunalen Vertretungskörperschaften, S. 309; *Schulte-Beckhausen, O.*, Die Gemeinde 1955, S. 46; *Stober, R.*, Kommunalrecht in der BRD, S. 205.

[106] *Berwanger, J.*, Besetzung von Gemeinderatsausschüssen, S. 42; *Rehn, E./Cronauge, U.*, Gemeindeordnung für das Land NRW, Erl. 3 zu § 40; zumindest für die Organstellung des Hauptausschusses: *Bückmann, W.*, Kommunalverfassung im Lande NRW, S. 72; *Rauball, J./Pappermann, E./Roters, W.*, Gemeindeordnung für NRW, § 27 a. F., Rn. 11; *Tillmanns, H.*, Städte- und Gemeinderat 1991, S. 43; *von Mutius, A.*, Kommunalrecht, S. 373, Rn. 733; *Wansleben, R.* in Held u. a., Kommunalverfassungsrecht NRW, Erl. 2 zu § 40; dagegen: *Kirchhof, R.*, in Held u. a., Kommunalverfassungsrecht NRW, Erl. 2 zu § 59; *Salzwedel, J.*, Der Gemeindehaushalt 1953, S. 207.

[107] *Wolff, H. J./Bachof, O.*, Verwaltungsrecht Band II, § 74, S. 47 ff.

[108] *Wolff, H. J./Bachof, O.*, Verwaltungsrecht Band II, § 74, S. 48.

[109] *Wolff, H. J./Bachof, O.*, Verwaltungsrecht Band II, § 74, S. 52.

Fraglich ist in diesem Zusammenhang, ob Ausschüsse mit Entscheidungsbefugnis als Organteile für den Rat handeln oder selbstständig Zuständigkeiten wahrnehmen und ihnen daher Organqualität zukommt.

Diese Frage kann für die Ausschüsse mit Entscheidungsbefugnis nicht einheitlich beantwortet werden. Vielmehr hängt die Organqualität von der Legitimation zur Zuständigkeitswahrnehmung ab. Während gemeindlichen Pflichtausschüssen kraft Gesetzes Zuständigkeiten zur selbstständigen Wahrnehmung übertragen sind, handelt es sich bei den Zuständigkeiten anderer, vom Rat fakultativ eingerichteter Ausschüsse mit Entscheidungsbefugnis nur um vom Rat abgeleitete Kompetenzen. Daher ist nur bei den Pflichtausschüssen mit eigenen gesetzlich übertragenen Zuständigkeiten der Grad an Selbstständigkeit erreicht, der ihnen Organqualität verleiht. Diese Selbstständigkeit drückt sich schon durch ihre Bildung aufgrund eines formellen Gesetzes aus und findet in den aufgrund des Gesetzes zugewiesenen, eigenen und unentziehbaren Zuständigkeiten ihre Ausprägung. Der Hauptausschuss als absoluter Pflichtausschuss mit eigenen, gesetzlich garantierten Entscheidungsbefugnissen ist damit Organ der Gemeinde.

VI. Behördeneigenschaft

Weiterhin soll der Frage nachgegangen werden, ob der Hauptausschuss Behörde ist. Behörde im engeren juristischen Sinne ist ein Organ des Staates oder eines anderen Trägers öffentlicher Verwaltung, das mit Außenzuständigkeiten zu konkreten Rechtshandlungen auf dem Gebiet der Verwaltung oder Rechtsprechung ausgestattet ist.[110]

In einer Gemeinde ist grundsätzlich der Bürgermeister die Behörde.[111] Nur ausnahmsweise ist der Rat Behörde, wenn er z. B. als oberste Dienstbehörde Maßnahmen vornimmt oder Personalentscheidungen mit statusrechtlicher Relevanz trifft oder in den Fällen des § 31 Abs. 4 befindet.[112]

Dem Hauptausschuss fehlt es grundsätzlich an der Kompetenz, konkrete Rechtshandlungen mit Außenzuständigkeit wahrzunehmen. Er ist damit keine Behörde. Etwas anderes gilt nur ausnahmsweise, wenn der Hauptausschuss im Dringlichkeitsverfahren anstelle des Rates eine Angelegenheit entscheidet, die der Rat selbst als Behörde wahrnehmen würde.[113]

---

110 *Wolff, H. J./Bachof, O.*, Verwaltungsrecht Band II, § 74, S. 83.

111 Vgl. *Hofmann, H./Muth, M./Theisen, R.-D.*, Kommunalrecht in NRW, S. 461; *Wansleben, R.*, in Held u. a., Kommunalverfassungsrecht NRW, Erl. 2 zu § 40.

112 *Micker, K.*, Kommunales Verfassungsrecht NRW, S. 87; *Rauball, J./Pappermann, E./ Roters, W.*, Gemeindeordnung für NRW, § 27 a. F., Rn. 14; *Wansleben, R.*, in Held, Kommunalverfassungsrecht NRW, u. a., Erl. 2 zu § 40; *Wolff, H. J./Bachof, O.*, Verwaltungsrecht Band II, § 74, S. 87.

113 Vgl. auch *Rauball, J./Pappermann, E./Roters, W.*, Gemeindeordnung für NRW, § 43 a. F., Rn. 11.

§ 3: Die Konstituierung

In diesem Kapitel sollen die Kreation und Besetzung sowie die quantitative und qualitative Zusammensetzung des Hauptausschusses näher untersucht werden. Ausgehend von Erwägungen über die Anforderungen an den Errichtungsbeschluss (A.) und die Größe des Ausschusses (B.) geraten die einfachgesetzlichen Regelungen zum Grundmandat von Fraktionen und Ratsmitgliedern in kommunalen Ausschüssen und hier speziell hinsichtlich des Hauptausschusses in den Blick. Darüber hinaus werden die Wählbarkeitsvoraussetzungen für Hauptausschussmitglieder und damit die Zusammensetzung des Hauptausschusses ebenso beleuchtet wie das System der Stellvertretung (C.). Abschließend widmen sich die Ausführungen dieses Kapitels der Ausschussbesetzung (D.) und der Ersatzbestimmung für ausgeschiedene Hauptausschussmitglieder (E.).

A. Der Beschluss des Rates zur Errichtung

Anlehnend an die Terminologie von Wolff[114], der den Ablauf der Entstehung organisatorischer Einheiten in die Stadien Bildung, Errichtung und Einrichtung unterteilt, wird hier unter Bildung der abstrakte normative Akt der Ausschusseinrichtung verstanden, unter Errichtung der konkretisierende Akt bei der Entstehung organisatorischer Einheiten und unter Einrichtung die tatsächliche Verknüpfung der organisatorischen Einheit mit Zuständigkeiten und Personen.[115]

I. Gesetzliche Basis für den Beschluss

Den in den Gemeindeordnungen existierenden Errichtungs- und Einrichtungsermächtigungen für kommunale Ausschüsse wird gemeinhin nur ein deklaratorischer Charakter beigemessen, soweit es sich um freiwillige Ausschüsse handelt. Für pflichtige Ausschüsse haben die entsprechenden gesetzlichen Bestimmungen allerdings konstitutiven Charakter, da die Bildung als abstrakter normativer Akt bereits durch die gesetzlichen Vorschriften erfolgt und Entscheidungsbefugnisse kraft Gesetzes vom Rat auf die Ausschüsse übertragen werden. [116]

Der Hauptausschuss in der Gemeindeordnung Nordrhein-Westfalen (GO NRW) hat nicht nur vorberatende Funktion, sondern er ist auch entscheidungsbefugter Ausschuss[117]. Nach § 57 Abs. 2 Satz 1 gehört der Hauptausschuss zu den absoluten Pflichtausschüssen.[118] In jeder Gemeinde Nordrhein-Westfalens muss daher ein Hauptausschuss gebildet werden. § 57 Abs. 2 Satz 2 weist demnach einen konstitutiven Charakter auf und stellt selbst den abstrakt normativen Bildungsakt dar. Der Beschluss des Rates über die Zusammensetzung des Hauptausschusses ist daher bereits als Errichtung und der Beschluss über die Besetzung als Einrichtung im Sinne der Wolff'schen Terminologie zu verstehen.

---

[114] *Wolff, H. J./Bachof, O.*, Verwaltungsrecht Band II, § 74, S. 57 f.

[115] Vgl. *Wacker, J.*, Sachkundige Bürger und Einwohner in gemeindlichen Ausschüssen, S. 26, 40.

[116] *Schmidt-Jortzig, E.*, Kommunalrecht, Rn. 215, 216; *Scholtis, N.*, Minderheitenschutz in kommunalen Vertretungskörperschaften, S. 85; *Wacker, J.*, Sachkundige Bürger und Einwohner in gemeindlichen Ausschüssen, S. 26.

[117] Siehe die Ausführungen unter § 2, D, II, 1.

[118] *Hofmann, H./Muth, M./Theisen, R.-D.*, Kommunalrecht in NRW, S. 415.

II. Anforderungen an den Beschluss

1. Verbands- und Organkompetenz

Die Schaffung von Ausschüssen ist ein Bestandteil der vom Selbstverwaltungsrecht der Gemeinden umfassten Organisationshoheit.[119] § 57 Abs. 2 Satz 1 fordert die Errichtung eines Hauptausschusses in jeder Gemeinde, ohne den Errichtungsbeschluss expressis verbis in die Kompetenz des Rates zu verweisen. Allerdings ist der Rat nach § 57 Abs. 1 bereits für die Bildung der freiwilligen Ausschüssen als zuständiges Organ erwähnt und er wird auch in § 57 Abs. 2 Satz 2 ermächtigt, die Aufgaben des Finanzausschusses dem Hauptausschuss zu übertragen. Die Organkompetenz des Rates ist daher gesetzessystematisch in § 57 Abs. 2 Satz 1 hineinzulesen, ohne dass es eines Rückgriffes auf die intrakommunale Kompetenzordnung des § 41 bedarf.

2. Form des Beschlusses

a) Schlichter Mehrheitsbeschluss

§ 57 Abs. 2 Satz 1 enthält keine Angabe über die Form der Kreation des Hauptausschusses. In Ermangelung spezieller Regelungen findet § 50 Abs. 1 Satz 1 Anwendung, nach welchem Beschlüsse mit Stimmenmehrheit gefasst werden, soweit das Gesetz nichts anderes bestimmt. Die Errichtung des Hauptausschusses kann demnach durch schlichten Mehrheitsbeschluss im Rat erfolgen, soweit das nach § 49 Abs. 1 Satz 1 notwendige Quorum der Anwesenden erreicht ist.[120]

b) Beschluss in Form von Hauptsatzung oder Geschäftsordnung

Die Errichtung des Hauptausschusses durch schlichten Mehrheitsbeschluss ist aber nicht verbindlich in dem Sinne, dass nicht andere Beschlussformen Anwendung finden könnten.[121]

aa) Hauptsatzung

In der kommunalen Praxis finden sich gelegentlich Bestimmungen über den Hauptausschuss in der Hauptsatzung.[122] Auch in der Literatur wird es teilweise als wünschenswert erachtet, wenn Detailbestimmungen über die Größe, Zusammensetzung und Zuständigkeit von Ausschüssen in der Hauptsatzung festgeschrieben werden.[123] Jedoch bedürfen Bestimmungen über den Hauptausschuss in der Hauptsatzung einer kritischen Betrachtung, denn die Hauptsatzung enthält Regelungen von einer

---

[119] *Stober, R.*, Kommunalrecht in der BRD, S. 205.

[120] *Gern, A.*, Deutsches Kommunalrecht, Rn. 409; *Kirchhof, R.*, in Held u. a., Kommunalverfassungsrecht NRW, Erl. 3.1 zu § 58; *Schmidt-Jortzig, E.*, Kommunalrecht, Rn. 192; zur Willensbildung von Kollegialorganen allgemein: *Epping, V.*, DÖV 1995, S. 719 ff.

[121] VG Düsseldorf, Urteil vom 05.07.1962 – I K 114/62 –; *Kirchhof, R.*, in Held u. a., Kommunalverfassungsrecht NRW, Erl. 6.1 zu § 50.

[122] Vgl. z. B. die Hauptsatzung der Stadt Köln vom 20.04.2001, abgedruckt bei *Hofmann, H./ Muth, M./Theisen, R.-D.*, Kommunalrecht in NRW, S. 264.

[123] *Körner, H.*, Ausschüsse, Kommissionen und Deputationen in HdkWP, S. 130; *von Mutius*, A., Kommunalrecht, S. 374.

gewissen Beständigkeit, deren Änderung mit einfacher Mehrheit nicht möglich ist.[124] Die Hauptsatzung darf nach § 7 Abs. 3 nur mit der Mehrheit der gesetzlichen Anzahl der Ratsmitglieder beschlossen oder geändert werden. Eine Änderung ist zudem nur durch Änderungssatzung möglich.[125]

Legt nun der Rat Bezeichnung, Größe, Zusammensetzung und Zuständigkeiten des Hauptausschusses in der Hauptsatzung fest, so gilt dies über die Wahlperiode hinaus zunächst auch für den neu gewählten Rat. Dies ist aus rechtspolitischer Sicht bedenklich, denn für eine Veränderung der Hauptausschussstruktur wäre die Hürde der von § 7 Abs. 3 Satz 3 geforderten qualifizierten Mehrheit zu nehmen. § 7 Abs. 3 Satz 3 verlangt für die Änderung der Hauptsatzung einen qualifizierten Beschluss in Form der Mehrheit der gesetzlichen Anzahl der Ratsmitglieder.

Der Gesetzgeber verpflichtet die Gemeinden, diejenigen Angelegenheiten in die Hauptsatzung aufzunehmen, deren Regelung als wichtig und für die gemeindliche Grundstruktur prägend angesehen wird. Denn die erhöhten Anforderungen an die Änderung der Hauptsatzung erhöhen die Beständigkeit der in ihr getroffenen Regelungen.[126] Zweckmäßigerweise wird daher in der Hauptsatzung all das geregelt, was auf Dauer festgelegt werden soll.[127] Zwar kann der jeweils amtierende Rat zusätzliche, über die gesetzlichen Anforderungen an die qualifizierte Normierung hinausgehende Bestimmungen auf fakultativer Basis in die Hauptsatzung aufnehmen.[128] Allerdings ist zu beachten, dass er damit die Organisationshoheit des neuen Rates einschränkt. Gerade das Wesen der Hauptsatzung als grundlegendes Verfassungsstatut der Gemeinde erfordert es, von der Aufnahme unbedeutender Detailbestimmungen abzusehen.[129]

Im Gegensatz zu anderen Regelungen in der Hauptsatzung, wie z. B. der Bezirkseinteilung, besteht für das Ausschusswesen kein Bedürfnis für eine detaillierte, seinen Bestand sichernde Normierung in Form der Hauptsatzung. Das Ausschusswesen, insbesondere der Hauptausschuss, ist vom Gesetzgeber nicht in den für die Hauptsatzung pflichtigen Regelungskatalog einbezogen worden.[130]

Und noch ein weiteres Argument spricht gegen die Aufnahme detaillierter Hauptausschussstrukturbestimmungen in die Hauptsatzung. Die regelmäßig zu Beginn einer neuen Wahlperiode gewünschte Änderung der Ausschussstruktur durch eine neue Hauptsatzungsregelung würde erst wirksam werden, wenn die Satzungsänderung

---

[124] Vgl. *Hofmann, H./Muth, M./Theisen, R.-D.*, Kommunalrecht in NRW, S. 250.
[125] *Wansleben, R.*, in Held u. a., Kommunalverfassungsrecht NRW, Erl. 2.3 zu § 7.
[126] *Hofmann, H./Muth, M./Theisen, R.-D.*, Kommunalrecht in NRW, S. 251.
[127] *Rehn, E./Cronauge, U.*, Gemeindeordnung für das Land NRW, Erl. IV, 1 zu § 7; vgl. auch die VV 1 und 2 zu § 4 a. F.
[128] Für die Möglichkeit der Aufnahme von Ausschussstrukturbestimmungen: *Hofmann, H./ Muth, M./Theisen, R.-D.*, Kommunalrecht in NRW, S. 251; *Wansleben, R.*, in Held u. a., Kommunalverfassungsrecht NRW, Erl. 3.1 zu § 7.
[129] *Hofmann, H./Muth, M./Theisen, R.-D.*, Kommunalrecht in NRW, S. 251.
[130] So verzichtet auch die Muster-Hauptsatzung des Nordrhein- Westfälischen Städte- und Gemeindebundes auf Detailbestimmungen hinsichtlich des Ausschusswesens, abgedruckt bei *Hofmann, H./Muth, M./Theisen, R.-D.*, Kommunalrecht in NRW, S. 252.

öffentlich bekannt gemacht ist. Abgesehen von der technischen „Hilfskrücke"[131] der rückwirkenden Bekanntmachung hätte dies eine unnötige Verzögerung der Bildung des neuen Ausschusses zur Folge. Denn die Konstituierung des Hauptausschusses könnte erst nach Wirksamwerden der Hauptsatzung durch Bekanntmachung erfolgen und damit erst in einer weiteren Ratssitzung. Dies wäre zunächst allgemein mit Blick auf die Funktion der Ausschüsse als den Rat entlastende Gremien, die letztlich der Schaffung und Aufrechterhaltung seiner Arbeitsfähigkeit dienen, unbefriedigend. Insbesondere gilt dies aber weitergehend für den Hauptausschuss mit seinen gewichtigen, teilweise den Willen des Rates ersetzenden Entscheidungskompetenzen.

Insoweit ist die Aufnahme detaillierter Regelungen über die Größe, Zusammensetzung und über die ihm kraft Gesetzes obliegenden Aufgaben hinausgehenden Zuständigkeiten des Hauptausschusses in die Hauptsatzung rechtspolitisch abzulehnen.[132] Gegen die bloße Normierung der Bezeichnung des Hauptausschusses in der Hauptsatzung ist dagegen wegen der nur terminologischen bzw. deklaratorischen Bedeutung nichts einzuwenden.

bb) Geschäftsordnung

Der Rat ist nach § 47 Abs. 2 verpflichtet, zur ordnungsgemäßen Abwicklung des Verfahrens in seinen Sitzungen und denen der Ausschüsse eine Geschäftsordnung zu erlassen. Anders, als es die gesetzlichen Vorschriften zur Hauptsatzung verlangen, erfolgen die Verabschiedung der Geschäftsordnung und ihre Änderung mit einfacher Mehrheit.[133]

Die rechtliche Einordnung der Geschäftsordnung ist umstritten.[134] Sie ist jedenfalls ein auf Dauer angelegtes Regelungswerk,[135] das von Gleichberechtigten zur Regelung der inneren Ordnung und des Ablaufs der Meinungs- und Willensbildung beschlossen wird.[136]

Die Geschäftsordnung regelt im Wesentlichen die Geschäftsführung des Rates und der Ausschüsse und enthält die Gesamtheit der Regelungen, die eine ordnungsgemäße Abwicklung des Verfahrens im Rat und in den Ausschüssen gewährleisten sollen.[137] Das Gesetz enthält eine Vielzahl von Regelungsmaterien, die durch den Rat obligatorisch im Rahmen der Geschäftsordnung konkretisiert werden müssen.[138] Bestimmungen über die Bezeichnung, Bildung, Größe, Zusammensetzung und Zuständigkeiten von Ausschüssen gehören nicht zu diesem Kreis verpflichtender gesetzlicher Vorgaben. Das schließt aber noch nicht aus, entsprechende Festsetzungen

[131] *Rehn, E.*, Städte- und Gemeinderat 1984, S. 341.
[132] So auch ohne nähere Begründung: *Scholler, H./Broß, S.*, VR 1979, S. 228, 229.
[133] *Rehn, E./Cronauge, U.*, Gemeindeordnung für das Land NRW, Erl. II, 1 zu § 47.
[134] Vgl. hierzu näher *Behnel, I.*, NWVBl. 1993, S. 407; *Rothe, K.-H.*, DÖV 1991, S. 488 f; *Waechter, K.*, Kommunalrecht, Rn. 300 ff.; das BVerwG schreibt kommunalen Geschäftsordnungen Rechtsnormcharakter zu, vgl. BVerwG, Beschluss vom 15.09.1987 – 7 N 1.87 – DVBl. 1988, S. 790.
[135] BVerwG, Beschluss vom 15.09.1987 – 7 N 1.87 –, DVBl. 1988, S. 790.
[136] *Hirte, H.*, DÖV 1988, S. 109; *Rauball, J./Pappermann, E./Roters, W.*, Gemeindeordnung für NRW, § 36 a. F., Rn. 6; *Rothe, K.-H.*, DÖV 1991, S. 490.
[137] *Rehn, E./Cronauge, U.*, Gemeindeordnung für das Land NRW, Erl. II, 3 zu § 47.
[138] Z. B. §§ 47 Abs. 2, 48 Abs. 1 S. 2 u. 3, Abs. 2 S. 2, 50 Abs. 1 S. 4 u. 7, 51 Abs. 1 u. 3 S. 1.

über das Ausschusswesen fakultativ in die Geschäftsordnung aufzunehmen, solange sie nicht Bestimmungen contra legem enthalten. Die Grenzen der Geschäftsordnungsautonomie sind erst erreicht, wenn die Regelungsmaterie durch den Gesetzgeber bereits voll ausgeschöpft ist.[139] Dann dürfen diese abschließenden Vorschriften nur wörtlich oder kommentierend aus Gründen der Transparenz für Politik und Verwaltung in die Geschäftsordnung aufgenommen werden.

Gegen die fakultative Aufnahme detaillierter Bestimmungen über den Hauptausschuss durch Geschäftsordnung könnten aber die Vorschriften über das Stimmrecht des hauptamtlichen Bürgermeisters sprechen. Dieser hat zwar gemäß § 40 Abs. 2 Satz 4 grundsätzlich Stimmrecht im Rat, aber gerade im Hinblick auf die Regelungsmaterie der Ausschüsse ist sein Stimmrecht differenzierter Natur.[140] So stimmt der Bürgermeister wegen § 57 Abs. 2 bei dem nur deklaratorischen Beschluss über die Kreation des Hauptausschusses mit. Bisweilen verbunden mit dem Errichtungsbeschluss wird auch die fakultative Aufgabenübertragung auf den Hauptausschuss nach § 41 Abs. 2 Satz 2. Hier darf der Bürgermeister ebenfalls mit stimmen, weil es sich um eine Kompetenzausübung handelt, die nicht vom Negativkatalog des § 40 Abs. 2 Satz 6 erfasst ist. Hinsichtlich der Entscheidung über die Zusammensetzung des Hauptausschusses ist er aber gemäß § 40 Abs. 2 Satz 6, der den § 58 Abs. 1 erwähnt, nicht stimmberechtigt. Das Stimmrecht fehlt ihm darüber hinaus auch bei der konkret-personellen Besetzung des Hauptausschusses nach § 50 Abs. 3. Über die Geschäftsordnung als solche darf er jedoch grundsätzlich wiederum mit abstimmen, denn § 47 Abs. 2 ist nicht von der Ausnahmevorschrift des § 40 Abs. 2 Satz 6 erfasst.

Diese rechtlichen und praktischen Schwierigkeiten im Zusammenhang mit dem Stimmrecht des Bürgermeisters gebieten es in der Praxis, von einer detaillierten Regelung der Hauptausschussstruktur – zumindest im Hinblick auf seine Zusammensetzung – durch Geschäftsordnung abzusehen. [141] Jedenfalls dürfen keine Bestimmungen aufgenommen werden, die dem Bürgermeister ein Abstimmen über die gesamte Geschäftsordnung rechtlich unmöglich machen.

III. Zeitpunkt der Errichtung

Die GO NRW enthält keine Bestimmung darüber, wann der Hauptausschuss zu bilden ist. Es wird vertreten, dass die Bildung der Ausschüsse, gleichviel ob freiwillige oder pflichtige, in der auf die konstituierende Ratssitzung folgenden Sitzung ausreichend ist.[142] Jedoch spricht bezüglich des Hauptausschuss einiges gegen eine solche Sichtweise.

§ 57 Abs. 2 fordert die Existenz des Hauptausschusses in jeder Gemeinde, ohne einen Zeitpunkt für die Errichtung zu bestimmen. Daraus kann aber nicht geschlossen werden, dass die zeitliche Vorgehensweise bei der Kreation des Hauptaus-

---

139 *Rothe, K.-H.*, DÖV 1991, S. 488.

140 Kritisch hierzu: *Binder-Falcke, D.*, KommunalPraxis N 2000, S. 199, 200; *Kirchhof, R.* in Held u. a., Kommunalverfassungsrecht NRW, Erl. 1 zu § 57 und Erl. 3.1 zu § 58.

141 A. A. wegen der seines Erachtens zur formalistischen Sichtweise: *Thiele, R.*, Kommunalpraxis N 2000, S. 196.

142 *Rehn, E.*, Städte- und Gemeinderat 1984, S. 339.

schusses beliebig ist. Der Charakter als Pflichtausschuss ist vielmehr ein Indiz für das Erfordernis seiner unverzüglichen Errichtung und Einrichtung in der ersten Sitzung des neu gewählten Rates. Dies würde zunächst auch für den Rechnungsprüfungsausschuss und für den Finanzausschuss gelten. Allerdings weist der Hauptausschuss Besonderheiten auf, die es als notwendig erscheinen lassen, zumindest ihn zwingend in der konstituierenden Sitzung errichten zu müssen.

Bei den Aufgaben des Rechnungsprüfungsausschusses und des Finanzausschusses handelt es sich um Kompetenzen, die vornehmlich in der Vorbereitung, Ausführung und Kontrolle der Ausführung des Haushaltsplanes bestehen. Zum Zeitpunkt der Kommunalwahlen im laufenden Haushaltsjahr ist ihre unverzügliche Errichtung nicht zwingend erforderlich, da die Instrumente des Haushaltes bereits existieren und die Prüfung vergangener Haushaltsjahre oder die Vorbereitung des neuen Haushaltsplanes allenfalls in Kürze bevorstehen.

Der Hauptausschuss hingegen verfügt über weitergehende Kompetenzen.[143] Insbesondere die Befugnis, in dringenden Fällen anstelle des Rates entscheiden zu dürfen, verlangt eine sofortige Kreation. Ansonsten würde in dringenden Fällen der Bürgermeister mit einem Ratsmitglied entscheiden, was nach der GO NRW aber wegen § 60 Abs. 1 nur subsidiär vorgesehen ist.[144] Auch das den Beigeordneten gemäß § 70 Abs. 4 Satz 2 zustehende Recht, ihre im Verwaltungsvorstand abweichende Meinung gegenüber dem Hauptausschuss vortragen zu können, verlangt nach einer sofortigen Einrichtung dieses Gremiums, da ansonsten dieses Recht für einen längeren Zeitraum verkürzt würde. Gerade im Anschluss an eine Kommunalwahl können sich aber bei einem neu gewählten Bürgermeister Kompetenzkonflikte und Meinungsverschiedenheiten im Verhältnis zu den Beigeordneten ergeben. Zwar haben die Beigeordneten kein Recht auf Einberufung des Hauptausschusses. Wenn ein solcher eingerichtet ist, werden jedoch in der Praxis auch regelmäßig Sitzungen stattfinden. Auch ist zu überlegen, dass ein Beigeordneter kraft seines politischen Einflusses ein Einberufungsbegehren eines Fünftels der Ausschussmitglieder nach §§ 58 Abs. 2 Satz 1, 47 Abs. 1 Satz 4 initiieren kann.

Gegen die unverzügliche Errichtung und Einrichtung des Hauptausschusses spricht nicht, dass dieser Ausschuss aus dem Verfahren der Benennung der Ausschussvorsitze nach § 58 Abs. 5 heraus gelöst würde, falls die übrigen Ausschüsse erst in der darauf folgenden Sitzung des Rates gebildet und besetzt werden würden. Denn der Hauptausschussvorsitz unterliegt diesem Verfahren nicht. Vielmehr ist der Bürgermeister nach § 57 Abs. 3 Satz 1 geborener Vorsitzender des Hauptausschusses und auch der Stellvertreter wird abweichend von § 58 Abs. 5 aus der Mitte des Ausschusses gewählt (§ 57 Abs. 3 Satz 1). Die Abtrennung der Kreation und Besetzung des Hauptausschusses von anderen Ausschüssen ist auch dann unbedenklich, wenn keine Einigung im Rahmen von § 50 Abs. 3 hinsichtlich der konkret-personellen Ausschussbesetzung erzielt wird. Das konkret-personelle Besetzungsverfahren ist nämlich im Fall mangelnder Einigung für jeden Ausschuss gesondert durchzuführen.[145]

---

[143] Siehe die Ausführungen unter § 6.

[144] Vgl. § 60 Abs. 1.

[145] *Buckert, S.*, Staats- und Kommunalverwaltung 1974, S. 259, 260; *Rehn, E./Cronauge, U.*, Gemeindeordnung für das Land NRW, Erl. IV, 3 zu § 50.

Dass kein größerer Zeitraum ohne Existenz des Hauptausschusses verstreichen darf, wird auch daran deutlich, dass nach verbreiteter Auffassung der Hauptausschuss im Falle seiner Auflösung unverzüglich neu gebildet werden muss.[146]

B. Die Größe

I. Mindestgröße

1. Ableitung aus dem Ausschussbegriff und den demokratietheoretischen Anforderungen

a) Mitgliederzahl vor dem Hintergrund des römischen Grundsatzes „tres faciunt collegium"

Auch wenn der Hauptausschuss üblicherweise durch eine größere Zahl von Ausschussmitgliedern in seiner Bedeutung hervorgehoben wird,[147] soll untersucht werden, welche Mindestgröße für ihn maßgeblich ist. Während einige Gemeindeordnungen die Mindestzahl von Ausschussmitgliedern vorschreiben,[148] schweigt sich das nordrhein-westfälische Kommunalverfassungsrecht über die Ausschussgröße fast ausnahmslos aus.[149]

Anerkannt in der Rechtswissenschaft ist der aus dem römischen Recht transferierte Grundsatz „tres faciunt collegium"[150]. Dieser Grundsatz wird gemeinhin auch auf das kommunalverfassungsrechtliche Ausschusswesen übertragen.[151] Damit ist die Anzahl von drei Mitgliedern die begriffliche Untergrenze für die Ausschussgröße.

b) Demokratietheoretische Anforderungen

Über die Ableitung aus dem Ausschussbegriff hinaus spricht neben den einfachgesetzlichen Anforderungen an die Beschlussfähigkeit[152] insbesondere aus verfassungsrechtlicher Sicht die Ermöglichung einer demokratischen Ansprüchen genügenden Arbeitsfähigkeit der Ausschüsse für eine Mindestmitgliederzahl von drei. Mehrheitsentscheidungen, als Ergebnis einer sachlichen Auseinandersetzung mit Argumenten und Gegenargumenten,[153] auf welcher der demokratische Willensbildungs- und Entscheidungsprozess basiert, müssen tatsächlich auch dann noch möglich sein, wenn sich eine Gegenstimme ergibt.[154] Dies wäre jedoch in einem Zweier-

---

[146] *Kirchhof, R.* in Held u. a., Kommunalverfassungsrecht NRW, Erl. 9.2 zu § 50; *Körner, H.*, Ausschüsse, Kommissionen und Deputationen in HdkWP, Band II, S. 132; siehe auch die Ausführungen unter § 5 A, II.

[147] *Rehn, E.*, Städte- und Gemeinderat 1984, S. 342.

[148] Vgl. z. B. § 40 Abs. 1 S. 1 GemO BW; § 42 Abs. 1 S. 1 GO SächsGemO.

[149] Ausnahmen bilden hier der Werksausschuss, vgl. § 114 Abs. 3 sowie sondergesetzliche Regelungen, die in den Gemeinden zur Anwendung gelangen: z. B. § 2 Abs. 3 KWahlG für den Wahlausschuss.

[150] *Adomeit, K.*, Latein, S. 63.

[151] *Wacker, J.*, Sachkundige Bürger und Einwohner in gemeindlichen Ausschüssen, S. 27; *Schreiber, O.*, BayVBl. 1996, S. 139.

[152] §§ 58 Ab. 2 S. 1, 49 Abs. 1.

[153] Vgl. BVerfG, Urteil vom 13.06.1989 – 2 BvE 1/88 –, BVerfGE 80, 188, 224; *Erlenkämper, F.*, NVwZ 1991, S. 334.

[154] *Kirchhof, R.* in Held u. a., Kommunalverfassungsrecht NRW, Erl. 4 zu § 58.

gremium bei unterschiedlicher Auffassung der Parteien unmöglich.[155] Da aber der demokratische Entscheidungsprozess vom geistigen Austausch zwischen Parteien unterschiedlicher Auffassungen lebt, ist eine Mitgliederzahl von drei grundsätzlich nicht nur begrifflich, sondern auch aus demokratischen Erwägungen heraus die untere Grenze für die Festlegung der Ausschussgröße.

c) Notwendige Ergänzung für den Hauptausschuss

Für den Hauptausschuss bedarf der Grundsatz „tres faciunt collegium" jedoch einer Ergänzung, sofern der Bürgermeister mit einbezogen wird.[156] Dieses Erfordernis resultiert aus der besonderen Stellung des hauptamtlichen Bürgermeisters. Gemäß § 57 Abs. 3 Sätze 1 und 2 führt er den Vorsitz im Hauptausschuss und hat Stimmrecht, ohne aber Mitglied des Ausschusses zu sein.[157] Sein Stimmrecht ist vor dem Hintergrund des § 40 Abs. 2, der auch für das Verfahren im Hauptausschuss gilt,[158] eingeschränkt. Werden nun die Ausschlusssachgebiete des § 40 Abs. 2 Satz 6 durch den Hauptausschuss berührt, darf der Bürgermeister nicht mit stimmen und die oben für ein Zweiergremium beschriebene Problematik würde entsprechend relevant. Zwar kann dem entgegen gehalten werden, dass der Hauptausschuss in einigen der in § 40 Abs. 2 Satz 6 erwähnten Fälle allenfalls vorberatende Funktion hat, jedoch ist die Beschlussfassung jedenfalls in den Fällen des § 55 Abs. 4 und § 53 Abs. 2, die über § 58 Abs. 2 Satz 1 entsprechend für den Hauptausschuss Anwendung finden, abschließender Natur.

Daher muss der Hauptausschuss abweichend von der Grundregel, dass eine Anzahl von mindestens drei Ausschussmitgliedern demokratischen Ansprüchen genügt, aus mindestens drei Mitgliedern zuzüglich des Bürgermeisters als Vorsitzenden bestehen. Für die Praxis empfiehlt sich allerdings eine gerade Sitzzahl (ohne Einbeziehung des Bürgermeisters), um in den Fällen regelmäßiger Mitwirkung des Bürgermeisters und Anwesenheit aller Ausschussmitglieder Pattsituationen zu vermeiden.[159] Vorgeschrieben ist eine ungerade Sitzzahl in den Ausschüssen im Gegensatz zu den Bezirksvertretungen[160] aber nicht.

2. Der einfachgesetzliche Anspruch einer Fraktion auf einen Sitz mit beratender Stimme im Hauptauschuss

a) Organisationsermessen des Rates

Mit den vorausgegangenen Erläuterungen ist die unterste Grenze für die Größe des Hauptausschusses lediglich begrifflich und vor dem Hintergrund demokratietheoretischer Anforderungen festgelegt.

---

[155] *Kirchhof, R. in Held u. a., Kommunalverfassungsrecht NRW, Erl. 4 zu § 58.*

[156] Der Bürgermeister ist nicht Mitglied des Hauptausschusses, da er wegen § 37 Nr. 6 KWahlG NRW kein Ratsmitglied ist.

[157] *Rehn, E./Cronauge, U.*, Gemeindeordnung für das Land NRW, Erl. V zu § 57; *Micker, K.*, Kommunales Verfassungsrecht NRW, S. 109.

[158] Siehe die Ausführungen unter § 9, C.

[159] *Micker, K.*, Kommunales Verfassungsrecht NRW, S. 93; aus demselben Grund sieht auch der Gesetzgeber in § 3 Abs. 2 KWahlG NRW eine gerade Sitzzahl in den Gemeindevertretungen vor.

[160] § 36 Abs. 2 S. 1.

Im Übrigen hat der Rat bei der Bestimmung der Größe des Hauptausschusses ein Organisationsermessen.[161] Für Ermessensentscheidungen im innerorganisatorischen Bereich gelten grundsätzlich besondere Kriterien und nicht die Maßstäbe des § 40 VwVfG NRW, mit der Folge, dass dem Rat ein weiter, insbesondere politisch geprägter Gestaltungsspielraum zusteht.[162] Er unterliegt dabei aber der allgemeinen rechtsstaatlichen Schranke, dass von einer gesetzlichen Ermächtigung nur im Rahmen des Normzweckes Gebrauch gemacht werden darf.[163]

Überlegungen hinsichtlich der Größe des Hauptausschusses haben sich somit zunächst allgemein an der Funktion der entscheidungsbefugten Ausschüsse zu orientieren, den Rat in weniger wichtigen Angelegenheiten zu entlasten und dessen Entscheidungen vorzubereiten oder sogar kraft vorheriger Delegation selbst zu treffen.

b) Das Grundmandat nach § 58 Abs. 1 Satz 7

Die GO NRW begrenzt zusätzlich allerdings selbst das Organisationsermessen des Rates hinsichtlich der Ausschussgröße. In § 58 Abs. 1 Satz 7 gewährt sie den Fraktionen, die nicht in einem Ausschuss vertreten sind, einen Anspruch auf einen Sitz mit beratender Stimme in diesen Ausschüssen.[164] Nach § 58 Abs. 1 Satz 8 haben die so Benannten einen Mitgliederstatus. Dieses sogenannte Grundmandat[165] gilt sowohl für beratende als auch für entscheidungsbefugte Ausschüsse.[166] Es besteht unabhängig davon, ob es sich um freiwillige oder pflichtige Ausschüsse nach der GO NRW[167] handelt und steht auch Fraktionen zu, die erst während der Wahlperiode gebildet werden[168] oder lediglich mit einem stellvertretenden Mitglied im Ausschuss vertreten sind.[169] Auch muss die Fraktion nicht zumindest versucht haben, einen Ausschusssitz durch Stimmabgabe für einen eigenen Wahlvorschlag zu erzielen.[170] Allerdings darf eine Fraktion, die einen gemeinsamen Wahlvorschlag mit einer anderen Fraktion oder Gruppe eingereicht hat, um ein ordentliches Mitglied bestellen zu können, selbst dieses Mitglied dann aber nicht stellt, nicht noch ein beratendes Mitglied auf Basis der Regelung von § 58 Abs. 1 Satz 7 benennen.[171]

Der Rat muss vor dem Hintergrund des einfachgesetzlich gewährten Grundmandates bei der Festlegung der Größe des Hauptausschusses berücksichtigen, dass diese entweder unter Anwendung des Ausschussbesetzungsverfahrens nach § 50 Abs. 3 zu einem ordentlichen Sitz (mit Stimmrecht) auch der kleinen Fraktionen führt, der

---

[161] Vgl. *Firsching, A.*, BayVBl. 1995, S. 365.
[162] *Wacker, J.*, Sachkundige Bürger und Einwohner in gemeindlichen Ausschüssen, S. 38.
[163] VGH Mannheim, Urteil vom 21.12.1992 – 1 S 1834/92, NVwZ-RR 1993, S. 657, 658.
[164] Vgl. § 58 Abs. 1 S. 7.
[165] *Scholtis, N.*, Minderheitenschutz in kommunalen Vertretungskörperschaften, S. 311.
[166] *Kirchhof, R.* in Held u. a., Kommunalverfassungsrecht NRW, Erl. 6.6 zu § 58.
[167] Für sondergesetzliche Ausschüsse besteht der Anspruch nicht ohne weiteres. So schließt § 2 Abs. 3 Satz 2 des Kommunalwahlgesetzes NRW die Geltung des § 58 Abs. 1 S. 7 für den Wahlausschuss ausdrücklich aus.
[168] *Goldammer, E.-H.*, VR 1985, S. 49; *Rehn, E./Cronauge, U.*, Gemeindeordnung für das Land NRW, Erl. I, 7 zu § 58; a. A.: *Kirchhof, R.* in Held u. a., Kommunalverfassungsrecht NRW, Erl. 6.7 zu § 58.
[169] *Rauball, J./Pappermann, E./Roters, W.*, § 42 a. F., Rn. 4.
[170] *Kirchhof, R.* in Held u. a., Kommunalverfassungsrecht NRW, Erl. 6.4 zu § 58.
[171] *Witte, G.*, KPBl. 1991, S. 907.

sozusagen das Grundmandat mit einschließt, oder er muss zusätzlich zu der angedachten Ausschussgröße einen oder mehrere weitere Sitze mit beratender Stimme zur Verfügung stellen, nachdem das Besetzungsverfahren ergeben hat, dass eine Fraktion nicht im Ausschuss vertreten ist. Denn die nach § 58 Abs. 1 Satz 7 Benannten haben einen Mitgliederstatus (vgl. § 58 Abs. 1 Satz 8).[172] Die von den Fraktionen zu benennenden Mitglieder werden durch Mehrheitswahl bestellt.[173]

c) Zeitpunkt für die Berücksichtigung des Grundmandatanspruchs

Der Zeitpunkt der Berücksichtigung des Grundmandatanspruchs ist von praktischer Relevanz für den Ablauf derjenigen Ratssitzung, in der die Größe und Zusammensetzung des Hauptausschusses bestimmt wird.

Die Tagesordnung der entsprechenden Ratssitzung sieht für die Regelung der Ausschussstruktur regelmäßig folgende Reihenfolge vor:

- Errichtung der Ausschüsse
- Erlass einer Zuständigkeitsordnung
- Größe und Zusammensetzung der Ausschüsse
- Besetzung der Ausschüsse
- Bestimmung der Ausschussvorsitzenden[174] und ihrer Stellvertreter

Teilweise wird in der Praxis die Zuständigkeitsordnung erst im Anschluss an die Ausschussbesetzung und die Bestimmung der Ausschussvorsitzenden erlassen. Dies ist aber unbefriedigend, weil die Aufgabenverteilung auf insbesondere die freiwilligen Ausschüsse maßgeblich für die Entscheidung ist, wer dem Ausschuss mit seinen individuellen Fachkenntnissen angehört und wer den Vorsitz innehaben soll.[175] Wenn beispielsweise der Rat sich entschließt, neben anderen Ausschüssen einen Bauausschuss und einen Kulturausschuss zu bilden, ist noch nicht ersichtlich, welcher von den beiden Ausschüssen die Kompetenz für Denkmalangelegenheiten erhalten soll. Diese Kenntnis ist aber von Bedeutung für eine Fraktion, die über ein in Denkmalangelegenheiten besonders sachkundiges Ratsmitglied verfügt, das sie entsprechend zu positionieren wünscht.

Dass die Aufgabenverteilung auf die Ausschüsse zumindest der Bestimmung der Ausschussvorsitzenden vorgehen muss, lässt sich auch im Umkehrschluss aus § 58 Abs. 6 entnehmen, der eine Wiederholung des Verfahrens nach § 58 Abs. 5 unter anderem vorschreibt, wenn sich die Aufgaben eines Ausschusses wesentlich verändern. Allerdings fordert § 58 Abs. 6 nicht zusätzlich eine Wiederholung des Beset-

---

172 Nach § 58 Abs. 1 Satz 10 wird das beratende Mitglied bei der Zusammensetzung zwar nicht mitgezählt, hinsichtlich der Überlegungen bezüglich der Größe des Ausschusses bleibt es aber wegen des Mitgliederstatus gleichwohl relevant.

173 *Rehn, E./Cronauge, U.*, Gemeindeordnung für das Land NRW, Erl. I, 7 zu § 58, anders die Ziffer 4 der VV zu § 35 a. F.

174 Gilt nicht für den Hauptausschuss. Hier ist der Bürgermeister gemäß § 57 Abs. 3 Satz 1 geborener Vorsitzender. Nach Satz 3 derselben Vorschrift entzieht sich auch die Besetzung des stellvertretenden Vorsitzes dem Anwendungsbereich des § 58 Abs. 5.

175 Vgl. auch *Rehn, E.*, Städte- und Gemeinderat 1984, S. 343, der die Besetzung der Ausschüsse erst vornehmen will, wenn die notwendigen Grundsatzentscheidungen, auch über die Befugnisse, gefallen sind.

zungsverfahrens, was in Anlehnung an das soeben angeführte Beispiel nur konsequent wäre.

Für den Hauptausschuss ist die Frage, wer Vorsitzender ist, bereits durch § 57 Abs. 3 Satz 1 beantwortet. Aber auch die konkret-personelle Besetzung des Gremiums steht in einem engen Zusammenhang zur Aufgabenverteilung durch den Rat. Dieser kann neben den dem Hauptausschuss kraft Gesetzes zustehenden Kompetenzen nach § 41 Abs. 2 Satz 1 weitere Aufgaben auf den Hauptausschuss delegieren. Die Entscheidung des Rates über die konkret-personelle Besetzung des Hauptausschusses ist daher erst nach Erlass einer Zuständigkeitsordnung, zumindest aber nach Festlegung des über den gesetzlichen Kompetenzkatalog hinausgehenden Aufgabengebietes für den Hauptausschuss, sinnvoll.

Nach der Reihenfolge der oben exemplarisch angeführten Tagesordnung wird der Rat nur dann reibungslos vorgehen können, wenn er bei seinem Beschluss über die Größe des Ausschusses einen ordentlichen Sitz für die Minderheitenfraktion mit kalkuliert. Tut er dies nicht und wird keine Einigung über die Ausschussbesetzung erzielt, wird die Minderheitenfraktion im Rahmen der Besetzung der Ausschüsse leer ausgehen. Da ihr aber ein Anspruch auf ein Grundmandat zusteht, muss der Rat die zuvor beschlossene Größe entsprechend modifizieren. Denn das beratende Mitglied nach § 58 Abs. 1 Satz 7 ist nicht eine Art Beisitzer, sondern es gehört dem Ausschuss als Mitglied an,[176] wenn auch mit einem um das Stimmrecht verminderten Recht. Dass es nach § 58 Abs. 1 Satz 10 bei der Zusammensetzung nicht mitgezählt wird, ist lediglich im Hinblick auf notwendige Quoren, wie z. B. das der Beschlussfähigkeit relevant. Es ist also denkbar, dass der Beschluss über die Größe des Ausschusses zunächst nur vorläufiger Natur ist und die Sitzzahl anschließend aufgestockt werden muss. Auch diese Überlegungen sprechen im Übrigen gegen die Festsetzung der Größe des Hauptausschusses durch die Hauptsatzung oder die Geschäftsordnung.[177]

3. Der einfachgesetzliche Anspruch eines einzelnen Ratsmitgliedes auf einen Sitz mit beratender Stimme im Hauptausschuss

a) Die Regelung des § 58 Abs. 1 Satz 11 und ihr Anwendungsspektrum

Das Gesetz zur weiteren Stärkung der Bürgerbeteiligung in den Kommunen vom 28. März 2000[178] hat auch Einfluss auf die Besetzung kommunaler Ausschüsse genommen, indem es den § 58 Abs. 1 um den Satz 11 ergänzt hat, nach welchem jedes Ratsmitglied das Recht hat, mindestens einem der Ausschüsse als Mitglied mit beratender Stimme anzugehören. Damit wurde in Anlehnung an die Rechtsprechung zum fraktionslosen Abgeordneten auf Bundesebene[179] neben dem bereits bestehenden kollektiven Grundmandat für Fraktionen ein individuelles Grundmandat für Ratsmitglieder geschaffen.

---

176 Vgl. § 58 Abs. 1 Satz 8.
177 Siehe die Ausführungen unter § 3, A, II, 2, b.
178 GV. NRW. S. 245.
179 BVerfG, Urteil vom 16.07.1991 – 2 BvE 1/91 – , BVerfGE 84, 304.

Aus dem Wortlaut und der Entstehungsgeschichte des Gesetzes lässt sich entnehmen, dass diese Regelung auch für die in § 59 genannten Pflichtausschüsse und damit für den Hauptausschuss gilt.

§ 58 Abs. 1 S. 11 nimmt im Gegensatz zu nahe stehenden Gesetzesformulierungen[180] die Pflichtausschüsse nicht aus seinem Regelungsgehalt aus. Außerdem nahm der Gesetzesentwurf abweichend zum beschlossenen Gesetzestext zunächst die Pflichtausschüsse von der Neuregelung aus.[181] Dieser Passus wurde aber im Zuge der Beratungen gestrichen.

Ebenso kann aus der Begründung des Gesetzesentwurfes und seiner Entwicklung zur endgültigen Fassung[182] herausgelesen werden, dass die Regelung nicht nur für fraktionslose Mitglieder gelten soll, sondern aus Gründen der Gleichbehandlung auch für fraktionsangehörige Ratsmitglieder.[183] Darüber hinaus kann auch dem Wortlaut des Gesetzes keine Einschränkung dahingehend entnommen werden, dass etwa nur fraktionslose Ratsmitglieder einen Anspruch auf mindestens eine beratende Ausschussmitgliedschaft haben.

b) Die Bindung des Rates an die Auswahl

Ist damit geklärt, dass die beratende Mitgliedschaft eines bei der Besetzung der Ausschüsse nicht zum Zuge gekommenen Ratsmitgliedes unabhängig von seiner Fraktionszugehörigkeit grundsätzlich auch im Hauptausschuss möglich ist, ist noch nichts darüber ausgesagt, ob der Rat dem Wunsch des Ratsmitgliedes z. B. nach einer Mitgliedschaft im Hauptausschuss zwingend Folge leisten muss oder ob der Rat die Wahl hat, welchem der Ausschüsse er das Ratsmitglied zuteilt, damit sein Anspruch auf zumindest eine Ausschussmitgliedschaft erfüllt wird.[184]

Für ein Wahlrecht des Ratsmitgliedes lässt sich das Argument anführen, dass das Gesetz keine ausdrückliche Zuweisung der Auswahlkompetenz auf den Rat enthält, sondern von einem Recht des Ratsmitgliedes spricht.[185] Darüber hinaus kann das Ratsmitglied auf diese Weise am besten seine speziellen politischen Neigungen verfolgen und auch die Schwerpunkte setzen, aufgrund derer er möglicherweise bei der Wahl den Vorzug gegenüber anderen Bewerbern erhalten hat.

Gegen die Auswahl des Ausschusses durch das Ratsmitglied selbst lässt sich aber einwenden, dass die GO NRW im Gegensatz zu anderen Gesetzen dem Ratsmitglied dieses Wahlrecht nicht ausdrücklich zubilligt.[186] Zudem kann es zu erheblichen praktischen Problemen dadurch kommen, dass die GO NRW das Recht nach § 58

---

[180] Vgl. § 58 Abs. 3.

[181] *Groh, K.*, NWVBl. 2001, S. 42.

[182] Lt-Drs. 12/4597, S. 26; Plenarprotokoll vom 23.03.2000 (12/142), S. 11752.

[183] *Binder-Falcke, D.*, KommunalPraxis N 2000, S. 199, 201.

[184] Vgl. dazu *Hofmann, H.*, DVP 2000, S. 156; für ein Wahlrecht des Ratsmitgliedes: *Binder-Falcke, D.*, KommunalPraxis N 2000, S. 201; *Rehn, E./Cronauge, U.*, Gemeindeordnung für das Land NRW, Erl. I, 7 zu § 58; dagegen: *Groh, K.*, NWVBl. 2001, S. 42.

[185] *Kirchhof, R.* in Held u. a., Kommunalverfassungsrecht NRW, Erl. 6.5 zu § 58; im Ergebnis auch *Rehn, E./Cronauge, U.*, Gemeindeordnung für das Land NRW, Erl. I, 7 zu § 58.

[186] Vgl. dagegen § 51 Abs. 3 Satz 2 NGO.

Abs. 1 Satz 11 nicht auf fraktionslose Ratsmitglieder beschränkt.[187] Dies wird beispielsweise relevant, wenn – was im kommunalen Umfeld im Gegensatz zur staatlichen Ebene nicht selten ist – mehrere Einzelbewerber einen Ausschusssitz in demselben Ausschuss begehren und die Effektivität der Ausschussarbeit dadurch gefährdet wird. Zu welchen Ergebnissen die neue Regelung führen könnte, würde man dem Ratsmitglied ein Wahlrecht bezüglich des Ausschusssitzes zuerkennen, zeigt folgendes fiktives Beispiel:

Der Rat einer kleinen kreisangehörigen Gemeinde besteht aus 32 Mitgliedern. Die A-Fraktion hat 19 Mitglieder, die B-Fraktion 8, die C-Fraktion 3 und die D-Fraktion 2. Es werden die Pflichtausschüsse nach § 59 gebildet und jeweils mit 11 Ratsmitgliedern besetzt. Darüber hinaus bildet der Rat 3 freiwillige Ausschüsse mit jeweils 18 Mitgliedern, davon 10 Ratsmitglieder und 8 sachkundige Bürger. Es wird angenommen, dass alle Ratsmitglieder der Fraktionen B, C und D mindestens einen Ausschusssitz erhalten. Die Mehrheitsfraktion A hat aber die ihr für Ratsmitglieder je nach Ausschuss maximal zustehenden 7 Sitze immer mit denselben 7 Ratsmitgliedern besetzt.

Demzufolge hätte sie nun 12 Ratsmitglieder, die keinen Ausschusssitz innehaben. Unterstellt man nun ein Wahlrecht der bisher ausschusssitzlosen Ratsmitglieder für einen Ausschuss und alle 12 Ratsmitglieder würden sich den Hauptausschuss aussuchen, weil bei diesem politisch bedeutsame Kompetenzen liegen, so hätte der Hauptausschuss in diesem Beispiel 23 (11+12) Mitglieder. Auf eine derartige Unpraktikabilität wurde auch in den Beratungen zum Gesetzesentwurf hingewiesen, ohne dass sich hieraus Auswirkungen auf die endgültige Beschlussfassung ergaben. [188]

Ein solches Ergebnis, welches die Intention der Einrichtung von Ausschüssen als den Rat entlastende Gremien konterkariert, hätte vermieden werden können, wenn die GO NRW das Recht auf mindestens eine Ausschussmitgliedschaft nur fraktionslosen Ratsmitgliedern eingeräumt hätte. Hiervon wurde aber aus Gründen der Gleichbehandlung fraktionsangehöriger Ratsmitglieder – wie oben dargestellt - abgesehen.

Um eine missbräuchliche Anwendung des § 58 Abs. 1 Satz 11 auszuschließen, muss das Auswahlrecht für den Ausschuss daher solange beim Rat liegen, wie das Recht nach § 58 Abs. 1 Satz 11 nicht auf fraktionslose Ratsmitglieder beschränkt wird.[189]

4. Der verfassungsrechtliche Anspruch von Fraktionen und Gruppen auf einen Sitz mit Stimmrecht im Hauptausschuss

Das in § 58 Abs. 1 Satz 7 GO NRW institutionalisierte Grundmandat stellt zwar eine Fortentwicklung des Minderheitenschutzes[190] auf kommunaler Ebene dar, die gegenüber der früheren Rechtslage eine erhebliche Verbesserung des Rechtsstatus

[187] So auch *Kirchhof, R.* in Held u. a., Kommunalverfassungsrecht NRW, Erl. 6.5 zu § 58.
[188] Plenarprotokoll 12/142 vom 23.03.2000, S. 11757.
[189] Vorschläge für eine eindeutige Formulierung des § 58 Abs. 1 S. 11 unterbreitet *Hofmann, H.*, DVP 2000, S. 156.
[190] Grundsätzlich zum Minderheitenschutz: *Veelken, M.*, Städte- und Gemeinderat 1980, S. 424.

der Fraktionen bedeutet.[191] Gleichwohl stellt sich die Frage, ob der Rat aus verfassungsrechtlichen Gründen gehalten ist, jeder Fraktion oder sogar jeder Gruppe einen Sitz mit Stimmrecht im Hauptausschuss zu gewähren und daher die Minderheiten schützende Regelung des § 58 Abs. 1 Satz 7 GO NRW zu kurz greift.

Die Rechtsprechung und die herrschende Meinung in der Literatur verneinen im Ergebnis zu Recht den Anspruch einer jeden Fraktion auf Sitz und Stimme sowohl für die vorbereitenden als auch für die entscheidungsbefugten Ausschüsse.[192] Die Rechtsprechung und die Literatur sehen den Ausgangspunkt ihrer rechtlichen Beurteilung in Art. 28 Abs. 1 Satz 2 GG.[193] Aus der Bestimmung des Grundgesetzes, dass das Volk auch in den Gemeinden eine Vertretung haben muss, die aus unmittelbaren, freien, gleichen und geheimen Wahlen hervorgeht, entnimmt sie zunächst die Legitimation zur Transformation der in Art. 20 Abs. 1 und 2 GG getroffenen Entscheidung der Verfassung für die Prinzipien der Volkssouveränität und der Demokratie auf die gemeindliche Ebene. Daraus folgert die Rechtsprechung, dass der Gemeinderat und auch seine Ausschüsse die Bürgerinnen und Bürger repräsentieren. Im Hinblick auf die beschließenden Ausschüsse sei zu konstatieren, dass sie durch ihre Entscheidung das Repräsentativorgan Rat ersetzen und damit selbst volksvertretend tätig werden.[194] Da die Repräsentation von den Gremien in ihrer Gesamtheit wahrgenommen wird, haben alle Mitglieder und auch die Fraktionen grundsätzlich gleiche Mitwirkungsrechte.[195] Jedoch verbiete das Prinzip der Repräsentation zugleich eine vom Stärkeverhältnis im Rat unabhängige überproportionale Berücksichtigung einzelner Fraktionen. Dies gelte sogar dann, wenn eine Fraktion in keinem der Ausschüsse einen Sitz erhält.[196] Ihre Argumentation stützt die Rechtsprechung auf die Gefahr der Verzerrung der Mehrheitsverhältnisse. Zwar könne man dieser Gefahr durch eine proporzgenaue Vergrößerung des Ausschusses begegnen, aller-

---

[191] Kritisch hierzu *Rauball, J./Pappermann, E./Roters, W.*, Gemeindeordnung für NRW, § 42 a. F., Rn. 3.

[192] BVerwG, Beschluss vom 14.10.1993 – 7 B 19/93, NVwZ-RR 1994, S. 109; Beschluss vom 07.12.1992 – 7 B 49/92, DVBl. 1993, S. 890; Beschluss vom 25.09.1985 – 7 B 183/85, NVwZ 1986, S. 41; Beschluss vom 12.09.1977 – V II B 112.77–, DÖV 1978, S. 415; OVG Saarlouis, Beschluss vom 01.10.1991 – 1 Q 2/91, NVwZ 1992, S. 289; VGH Mannheim, Urteil vom 18.01.1988 – 1 S 1036/87 –, DÖV 1988, S. 472; OVG Hamburg, Urteil vom 12.06.1985 – Bf. V 38/84 –, DVBl. 1986, S. 242; *Hellermann J.*, Jura 1995, S. 148; *Rehn, E./Cronauge, U.*, Gemeindeordnung für das Land NRW, Erl. IV zu § 50; *Schwabe, J./Sundermann, W.*, Kommunalverfassung in NRW, S. 129; a. A. *Groh, K.*, NWVBl. 2001, S. 41 ff., die einen Anspruch von Gemeinderatsgruppen auf Sitz und Stimme im Hauptausschuss bejaht und dies insbesondere mit seinem Eilbeschlussrecht begründet. Dieser Argumentation muss aber entgegengehalten werden, dass der Gesetzgeber in dringenden Fällen sogar dem Bürgermeister und einem weiteren Ratsmitglied ein Eilentscheidungsrecht zubilligt.

[193] BVerfG, Urteil vom 31.10.1990 – 2 BvF, 6/89 –, BVerfGE 83, 37, 53; Beschluss vom 15.02.1978 – 2 BvR 134, 268/76, BVerfGE, 47, 253, 272; BVerwG, Beschluss vom 07.12.1992 – 7 B 49/92, DVBl. 1993, S. 890, 891 mit weiteren Nachweisen.

[194] BVerwG, Beschluss vom 07.12.1992 – 7 B 49/92, DVBl. 1993, S. 890.

[195] Vgl. BVerfG, Urteil vom 13.06.1989 – 2 BvE 1/88, BVerfGE 80, 188, 217 f.; Urteil vom 14.01.1986 – 2 BvE 14/83 und 4/84 –, BVerfGE 70, 324, 362 f.

[196] BVerwG, Beschluss vom 25.09.1985 – 7 B 183.85 –, NVwZ 1986, S. 41; Beschluss vom 12.09.1977 – 7 B 112.77 –, DÖV 1978, S. 415.

dings sei die Ausschussgröße nicht beliebig zu erhöhen, ohne dass darunter die Arbeitseffektivität leide und die Funktion des Ausschusses konterkariert werde.[197] Das Gebot der Spiegelbildlichkeit der Zusammensetzung[198] von Rat und Ausschüssen entfalte gerade bei beschließenden Ausschüssen seine Wirkung dergestalt, dass Fraktionen nicht überproportional an der Ausschussarbeit beteiligt werden dürfen. Denn hier trete die Entscheidung des Ausschusses an die Stelle des im Verhältnis zu den Wählerstimmen zusammengesetzten Rates. Allerdings anerkennt die Rechtsprechung, dass die Organisationshoheit des Rates bei der Einrichtung von Ausschüssen nicht grenzenlos ist.[199] So sieht sie die Grenze dort, wo der Rat willkürlich die Größe des Ausschusses festlegt.[200]

II. Maximale Größe

Eine Festsetzung der maximalen Größe des Hauptausschusses lässt sich aus dem nordrhein-westfälischen Recht expressis verbis im Gegensatz zu anderen Kommunalverfassungen[201] nicht entnehmen. Fest steht, dass ein Ausschuss schon begrifflich nicht die Größe des ihn einrichtenden Gremiums erreichen darf.[202] Alle anderen Überlegungen haben sich schließlich an den Anforderungen des Demokratieprinzips mit Blick auf Art. 28 Abs. 1 Satz 2 sowie an die Funktionsfähigkeit und Arbeitseffektivität des Ausschusses zu orientieren.[203]

Dabei ist zu beachten, dass die Größe des Ausschusses in einem adäquaten Verhältnis zur Größe der Kommune und zum ihr übertragenen Aufgabenumfang stehen sollte.[204] Wenig hilfreich ist es, hier pauschal Obergrenzen festzulegen. So verzichten auch alle Gemeindeordnungen in der Bundesrepublik Deutschland auf die Festsetzung einer für alle Ausschüsse geltenden maximalen Ausschussgröße.

In der Praxis weichen die vom Rat gewählten Ausschussgrößen nicht nur interkommunal, sondern auch intrakommunal teilweise beachtlich voneinander ab. Für den Hauptausschuss sollte man regelmäßig zu einer eher geringeren Mitgliederzahl tendieren, da ihm keine sachkundigen Bürger oder sachkundigen Einwohner angehören dürfen.[205] Mit Rücksicht auf die Eilbeschlusskompetenz nach § 60 Abs. 1 Satz 1 sollte die Anzahl der Ausschussmitglieder aber groß genug sein, um der Gefahr einer Beschlussunfähigkeit im Dringlichkeitsfall vorzubeugen. Nach § 49 Abs. 1 Satz 1, der

---

197 BVerwG, Beschluss vom 07.12.1992 – 7 B 49/92, DVBl. 1993, S. 890, 891; vgl. auch *Schreiber, O.*, BayVBl. 1996, S. 134 ff.

198 BVerwG, Beschluss vom 14.10.1993 – 7 B 19/93, NVwZ-RR 1994, S. 109.

199 Zur Organisationshoheit des Rates bezüglich der Besetzung von Ausschüssen: OVG Münster, Urteil vom 17.02.1984 – 15 A 2626/ 81 –, DVBl. 1985, S. 172, 173.

200 OVG Lüneburg, Beschluss vom 26.02.1998, Az. 10 M 5793/97, VwRRN 1999, S. 41. VGH München, Urteil vom 07.10.1992 – 4 B 91.2372, NVwZ-RR 1993, S. 267, OVG Hamburg, Urteil vom 12.06.1985 – Bf. V 38/84 –, DVBl. 1986, S. 242 , 247.

201 Vgl. § 26 Abs. 1 S. 3 ThürKO.

202 *Rehn, E.*, Städte- und Gemeinderat 1984, S. 340.

203 Vgl. *Rothe, K.-H.*, VR 2003, S. 59.

204 *Rehn, E./Cronauge, U.*, Gemeindeordnung für das Land NRW, Erl. II zu § 57; *Streinz, R.*, BayVBl. 1983, S. 705, 706; *Tyska, H.-J.*, VR 1987, S. 73.

205 Siehe hierzu die Ausführungen unter C, I, 2; vgl. auch *Wacker, J.*, Sachkundige Bürger und Einwohner in gemeindlichen Ausschüssen, S. 17, der von einer „Aufblähung" der Ausschüsse durch Personen ohne Mandat in der Gemeindevertretung spricht.

über § 58 Abs. 2 Satz 1 auch für den Hauptausschuss gilt, ist der Hauptausschuss nur beschlussfähig, wenn mehr als die Hälfte der gesetzlichen Mitgliederzahl anwesend ist. Hiervon wird im Hinblick auf die Eilbeschlusskompetenz des Hauptausschusses keine Ausnahme gemacht. Sollte der Hauptausschuss in dringenden Fällen beschlussunfähig sein, geht die Entscheidungskompetenz vielmehr nach § 60 Abs. 1 Satz 2 auf den Bürgermeister und ein Ratsmitglied über, was vom Gesetzgeber aber nur gewissermaßen als Notlösung zur Vermeidung gravierender Nachteile für die Gemeinde vorgesehen ist.

Vor dem Hintergrund der angestellten Überlegungen empfiehlt sich in der Praxis eine maximale Ausschussgröße für den Hauptausschuss von etwa der Hälfte der Zahl der Ratsmitglieder, in größeren Gemeinden aber deutlich weniger.

C. Die Zusammensetzung

I. Ordentliche Ausschussmitglieder

1. Ratsmitglieder

Aus der Formulierung des § 58 Abs. 3[206] ist zu entnehmen, dass in jedem Fall Ratsmitglieder dem Hauptausschuss angehören müssen. Dies ergibt sich aber auch bereits daraus, dass Ausschüsse begrifflich Untergliederungen des Plenums sind und ihnen daher Mitglieder des Plenums angehören müssen. Zu untersuchen ist aber, ob der Hauptausschuss ausschließlich aus Ratsmitgliedern bestehen muss.

2. Sachkundige Bürger

Aufgrund der Ausklammerung der in § 59 genannten Ausschüsse aus dem Regelungsbereich des § 58 Abs. 3 folgert eine Meinung in der Literatur, dass dem Hauptausschuss keine sachkundigen Bürger, weder mit Stimmrecht noch beratend, angehören dürfen.[207]

Eine andere Meinung hingegen will jedoch beratende sachkundige Bürger im Rahmen der Bestellung nach § 58 Abs. 1 Sätze 7 und 8 im Hauptausschuss zulassen.[208] Es handelt sich hierbei um sogenannte „benannte“ sachkundige Bürger, die im Gegensatz zu den sachkundigen Bürgern nach § 58 Abs. 3 nicht über ein Stimmrecht verfügen.[209] Zur Begründung wird zum einen angeführt, § 58 Abs. 3 Satz 1 solle lediglich sicherstellen, dass ausschließlich Ratsmitglieder im Hauptausschuss, Finanzausschuss und Rechnungsprüfungsausschuss abstimmen und damit entscheiden. Gegen eine bloße beratende Mitgliedschaft von sachkundigen Bürgern sei aber nichts einzuwenden.[210] § 58 Abs. 3 Satz 1 erfasse nämlich nur die stimmberechtigten sachkundigen Bürger, da in diesem Absatz insbesondere Ausführungen zur Be-

---

[206] „neben Ratsmitgliedern“.

[207] *Paal, T.*, Städte- und Gemeinderat 1996, S. 114; *Scholler, H./Broß, S.*, VR 1979, S. 231.

[208] VG Aachen, Beschluss vom 03.11.1995 – 4 L 1594/95 –, Städte- und Gemeinderat 1996, S. 114; *Goldammer, E.-H.*, VR 1985, S. 49, *Kirchhof, R.* in Held u. a., Kommunalverfassungsrecht NRW, Erl. 1.1 zu § 59.

[209] Siehe auch *Wacker, J.*, Sachkundige Bürger und Einwohner in gemeindlichen Ausschüssen, S. 44.

[210] *Goldammer, E.-H.*, VR 1985, S. 49.

schlussfähigkeit von Ausschüssen vor dem Hintergrund der Bestellung von sachkundigen Bürgern gemacht würden.[211]

Gegen diese letzte Ansicht spricht jedoch die Entstehungsgeschichte des Gesetzes. Die Regelung des § 58 Abs. 1 Sätze 7 und 8 ist erst 1979 aus Gründen des Minderheitenschutzes in die Gemeindeordnung aufgenommen worden,[212] um die Mitwirkungsrechte kleinerer Fraktionen zu verbessern. Damit sollte das dem § 58 Abs. 3 Satz 1 bereits innewohnende Gebot, dass den besonderen Ausschüssen nach § 59 nur Ratsmitglieder angehören dürfen, nicht konterkariert werden.

Des Weiteren verlangt gerade für den Hauptausschuss die Tatsache, dass dieser in dringenden Fällen für den Rat entscheiden darf, danach, dass nur unmittelbar durch die Bürgerschaft legitimierte Mandatsträger an diesen Entscheidungen mitwirken dürfen. Das Unmittelbarkeitserfordernis im Sinne einer unmittelbaren demokratischen Legitimation im Wege der Wahl des zentralen Organs Gemeinderat durch die Bürgerschaft,[213] muss dort, wo ein Ausschuss eigentliche Vorbehaltsaufgaben dieses zentralen Organs wahrnimmt, entsprechend darin Anwendung finden, dass ausschließlich von den Bürgerinnen und Bürgern gewählte Ratsmitglieder an den Entscheidungen mitwirken dürfen. Diese Mitwirkung betrifft nicht nur die Abstimmungsbefugnis, sondern auch die Beratungsbefugnis, denn der Einfluss durch Beratung kann im Einzelfall die Wirkung des Stimmrechts übertreffen.[214] Dass der Gesetzgeber dies ebenso sieht, ist aus § 31 ersichtlich, nach welchem befangenen Mitgliedern nicht nur das Abstimmungsrecht verwehrt ist, sondern diese auch von der Beratung ausgeschlossen sind.

Darüber hinaus kann auch nicht als Argument für eine mögliche Mitgliedschaft von sachkundigen Bürgern im Hauptausschuss überzeugend angeführt werden, der Gesetzgeber habe in § 2 Abs. 3 Satz 2 KWahlG NRW bewusst und ausdrücklich für die Besetzung des Wahlausschusses die Anwendung von § 58 Abs. 1 Satz 7 ausgeschlossen, in der GO NRW dagegen in Bezug auf die Besetzung der Pflichtausschüsse nicht. Vielmehr ist davon auszugehen, dass der Gesetzgeber von einer ausreichenden Regelung zur Verhinderung der Mitgliedschaft sachkundiger Bürger in Pflichtausschüssen vor dem Hintergrund des § 58 Abs. 3 Satz 1 ausging, im speziellen Kommunalwahlgesetz allerdings eine eindeutige Formulierung für nötig hielt.[215] Im Ergebnis dürfen sachkundige Bürger dem Hauptausschuss weder mit Stimmrecht noch beratend angehören.

3. Sachkundige Einwohner

Bis zur Einfügung des Satzes 2 in § 58 Abs. 4[216] war umstritten, ob auch sachkundige Einwohner den Pflichtausschüssen nach § 59 angehören können.[217] Durch den

---

[211] VG Aachen, Beschluss vom 03.11.1995 – 4 L 1594/95 –, Städte- und Gemeinderat 1996, S. 114.

[212] Gesetz vom 15.05.1979, GV. NRW. S. 408.

[213] Vgl. BVerfG, Urteil vom 31.10.1990 – 2 BvF 3 /89, NJW 1991, S. 159, 160.

[214] Vgl. *Scholtis, N.*, Minderheitenschutz in kommunalen Vertretungskörperschaften, S. 313.

[215] Ausgeschlossen ist im Wahlausschuss aber nur der beratende sachkundige Bürger, nicht der stimmberechtigte sachkundige Bürger.

[216] Gesetz vom 17.05.1994, GV. NRW. S. 270.

Verweis auf § 58 Abs. 3 Satz 1 hat der Gesetzgeber die Frage nunmehr verneint. Eine Wahl sachkundiger Einwohner in den Hauptausschuss ist daher nicht möglich.

II. Stellvertretung

1. Allgemeines

Im Gegensatz zur Ratsmitgliedschaft, die keine Stellvertretung[218] kennt, sehen §§ 41 Abs. 1 Satz 2 lit. b), 58 Abs. 1 Satz 2 die Option für die Bestellung von stellvertretenden Ausschussmitgliedern vor,[219] wobei die Reihenfolge der Vertretung zwingend geregelt werden muss. Auch wenn der Gesetzgeber die Wahl von Stellvertretern für die Ausschüsse nach der Gemeindeordnung nicht zwingend vorschreibt,[220] so ist ihre Existenz zur Wahrung der Beschlussfähigkeit, der Arbeitseffektivität und der Aufrechterhaltung des Stärkeverhältnisses in den Ausschüssen doch praktisch erforderlich.[221] Die Wahl der Stellvertreter wird im Verfahren nach § 50 Abs. 3 durchgeführt, da sie über eine demokratische Legitimation verfügen müssen, welche derjenigen der ordentlichen Mitglieder entspricht.[222] Daher ist es unzulässig, eine allgemeine Stellvertreterliste vom Rat beschließen zu lassen und es den Fraktionen zu überlassen, im konkreten Einzelfall einen Vertreter zu bestimmen.[223]

Die stellvertretenden Ausschussmitglieder müssen, angelehnt an die Rechtsstellung der ordentlichen Ausschussmitglieder, Ratsmitglieder sein. Die Stellvertretung ist nicht nur für stimmberechtigte, sondern auch für beratende Mitglieder nach § 58 Abs.1 Satz 7 zulässig.[224] Aus Gründen des Minderheitenschutzes ist sie im letzteren Fall sogar erforderlich, wenn der Rat für die übrigen ordentlichen Mitglieder ebenfalls Stellvertreter bestellt hat.

2. Persönliche Stellvertretung

Der Rat hat zum einen die Möglichkeit, für jedes Hauptausschussmitglied einen persönlichen Stellvertreter zu wählen.[225] In diesem Fall erübrigt sich die Vorgabe des Gesetzgebers, die Reihenfolge der Stellvertretung zu bestimmen. Wenn ein Ausschussmitglied nicht an der Sitzung teilnimmt, wird es durch seinen speziellen persönlichen Stellvertreter vertreten. Gründe für die Regelung einer persönlichen Stellvertretung können z. B. sein, dass der Rat bestimmte Ortsteile auch im Vertretungs-

---

217 Dafür: *Mann, T.*, NWVBl 1990, S. 225, *Schink, A.*, VR 1988, S. 271.

218 Zur Abgrenzung der Begriffe Vertretung und Stellvertretung: *Hoffstetter, H.*, VR 1990, S. 55.

219 Zur Zulässigkeit der Stellvertretung in entscheidungsbefugten Ausschüssen grundsätzlich: *Röger, R.*, VR 1993, S. 262.

220 Anders im Kommunalwahlrecht für den Wahlausschuss: nach § 6 Abs. 1 Satz 1 KWahlO soll die Vertretung für jeden Beisitzer einen Stellvertreter wählen.

221 Vgl. *Goldammer, E.-H.*, VR 1985, S. 51.

222 *Diedrich, K.-T.*, Städte- und Gemeinderat 1992, S. 154.

223 *Buckert, S.*, Staats- und Kommunalverwaltung 1975, S 109; *Kirchhof, R.* in Held u. a., Kommunalverfassungsrecht NRW, Erl. 7 zu § 50; *Rehn, E./Cronauge, U.*, Gemeindeordnung für das Land NRW, Erl. I, 1 zu § 58.

224 *Kirchhof, R.* in Held u. a., Kommunalverfassungsrecht NRW, Erl. 6.2 zu § 58.

225 Eine obligatorische persönliche Stellvertretung ist z. B. für den Wahlausschuss nach § 6 Abs. 1 Satz 1 KWahlO vorgesehen.

fall als gleichmäßig an der Entscheidungsfindung beteiligt sehen will, den Ausschuss regelmäßig geschlechtsparitätisch besetzt wissen will oder verhinderte Ausschussmitglieder jeweils durch solche vertreten werden sollen, die über ganz ähnliche fachliche Voraussetzungen verfügen.

3. Listenstellvertretung

Weiterhin kann der Rat eine Listenstellvertretung vorsehen. Hier wird eine Vielzahl von potentiellen Stellvertretern gewählt, die abhängig von ihrer Position in der Stellvertreterliste zum Zuge kommen. Dabei gilt immer dieselbe Reihenfolge, unabhängig davon, welches Ausschussmitglied verhindert ist. Die Listenstellvertretung hat den Vorteil, dass im Falle der Verhinderung auch des ersten Stellvertreters ein weiterer Stellvertreter zur Verfügung steht und nicht, wie im Fall der einfachen persönlichen Stellvertretung, bei doppelter Verhinderung der Sitz leer bleibt und dadurch die Mehrheitsverhältnisse verzerrt werden oder gar die Beschlussfähigkeit gefährdet wird. Durch die Listenstellvertretung wird damit der der persönlichen Stellvertretung durch nur einen Stellvertreter immanente Nachteil[226] aufgehoben, dass das fehlende ordentliche Mitglied nicht vertreten werden kann, wenn auch der persönliche Vertreter verhindert ist.

Eine Variante der Listenstellvertretung ist der Beschluss des Rates, dass alle auf den Wahlvorschlagslisten bei der Besetzung der ordentlichen Ausschusssitze nicht zum Zuge gekommenen Personen in der Listenreihenfolge als Stellvertreter berufen sind.[227]

4. Kombinierte Stellvertretung

Schließlich spricht nichts dagegen, das Modell der persönlichen Stellvertretung mit dem der Listenstellvertretung zu kombinieren.[228] Damit können die Vorteile beider Stellvertretungssysteme vereinigt werden. Beispielsweise könnte ein persönlicher Stellvertreter gewählt werden, bei dessen Verhinderung die Listenstellvertretung greift.

5. Der Eintritt des Stellvertretungsfalls

Nach einer weit verbreiteten Auffassung ist eine Stellvertretung nur möglich, wenn das ordentliche Ausschussmitglied tatsächlich (z. B. aufgrund von Krankheit oder Urlaub) oder rechtlich (z. B. wegen Befangenheit) vorübergehend verhindert ist, an der Sitzung teilzunehmen.[229] Wegen des Merkmals „vorübergehend" käme eine Ausschussstellvertretung im Falle eines Ratsmandatsverlustes bis zur Ersatzwahl des

---

226 *Sundermann, W.*, DVP 1994, S. 436.

227 *Rauball, J./Pappermann, E./Roters, W.*, Gemeindeordnung für NRW, § 35 a. F., Rn. 29; Ziffer 4 der VV zu § 35 a. F.

228 Vgl. auch *Diedrich, K.-T.*, Städte- und Gemeinderat 1992, S. 153.

229 VG Köln, Eildienst Landkreistag NRW 7/1986, S. 95; *Diedrich, K.-T.*, Städte- und Gemeinderat 1992, S. 154; *Rehn, E./Cronauge, U.*, Gemeindeordnung für das Land NRW, Erl. II, 1 zu § 58.

Ratsmitgliedes begrifflich nicht in Betracht.[230] Das Abstellen auf das Merkmal „vorübergehend" scheint jedoch entbehrlich. Bei der Stellvertretung kommt es vielmehr darauf an, dass der Stellvertreter an Stelle eines anderen handelt.[231] Damit ist die Abwesenheit des eigentlichen Funktionsinhabers maßgeblich für den Eintritt des Stellvertretungsfalls, unabhängig vom Grund und der Dauer der Abwesenheit.

Problematisch ist die Frage der Stellvertretung immer dann, wenn der Stellvertreter an der Sitzung teilnimmt, obwohl das ordentliche Ausschussmitglied oder ein in der Stellvertretungsliste vorrangig vorgesehenes Ausschussmitglied gleichzeitig im Zuhörerraum anwesend ist. In diesen Konstellationen ist es kaum praktizierbar, die tatsächliche Verhinderung, z. B. aufgrund einer die Teilnahme an der eigentlichen Beratung verhindernden Krankheit, festzustellen. Es gibt zwar möglicherweise keinen erkennbaren Grund, warum das im Zuhörerraum sitzende Ausschussmitglied verhindert ist, aber es ist auch nicht Aufgabe des Bürgermeisters als Vorsitzender des Hauptausschusses zu eruieren, ob z. B. Heiserkeit, Konzentrationsschwächen oder ähnliches eine Mandatsausübung verhindern. Denn auch bei Anwesenheit im Sitzungssaal ist ein Verhinderungsgrund denkbar. Aus Gründen der Beweissicherheit ist daher einzig auf den Empfängerhorizont des Ausschussvorsitzenden abzustellen. Solange sich ihm keine Anhaltspunkte für eine tatsächlich nicht vorhandene Verhinderung ergeben, ist die Stellvertretung rechtmäßig. Die Grenze dürfte aber dort erreicht sein, wo das angeblich verhinderte anwesende Ausschussmitglied etwa durch auf ein aufmerksames Verfolgen der Sitzung basierende Zwischenrufe evident zu erkennen gibt, dass keine Gründe für eine Verhinderung vorliegen.

Entsprechendes soll im Übrigen für den Fall gelten, dass ein auf der Stellvertreterliste „ganz unten" angesiedeltes stellvertretendes Ausschussmitglied die Stellvertretung wahrnimmt. Auch hier muss der Bürgermeister nicht prüfen, ob alle vorrangigen, nicht anwesenden Stellvertreter auch tatsächlich verhindert waren.

6. Auswirkungen eines Fraktionswechsels auf die Stellvertretung

Das freie Mandat der Ratsmitglieder berechtigt sie, jederzeit eine Fraktion zu verlassen, sie zu wechseln oder fraktionslos zu bleiben.[232] Fraglich ist, wie sich ein Fraktionswechsel auf die Stellvertretung auswirkt.

Aus dem der Wahl der Stellvertreter zugrunde liegenden Verfahren nach § 50 Abs. 3 kann gefolgert werden, dass lediglich die Stellvertretung innerhalb einer Fraktion oder Gruppe bzw. deren Wahlvorschlag zulässig ist, damit die Stärkeverhältnisse im Ausschuss nicht verzerrt werden.

Wechselte nun ein Ausschussmitglied die Fraktion, war in der Vergangenheit fraglich, ob dieses Ausschussmitglied durch einen Stellvertreter aus der Liste der Fraktion oder Gruppe, welcher es zum Zeitpunkt der Wahl angehörte, vertreten wird oder aus der Stellvertreterriege der Fraktion oder Gruppe, der es zum Zeitpunkt des Ver-

---

230 *Diedrich, K.-T.*, Städte- und Gemeinderat 1992, S. 155; *Kirchhof, R.* in Held u. a., Kommunalverfassungsrecht NRW, Erl. 10.2 zu § 50; *Rehn, E./Cronauge, U.*, Gemeindeordnung für das Land NRW, Erl. II, 1 zu § 58.

231 *Hofstetter, H.*, VR 1990, S. 55.

232 *Sundermann, W./Miltkau, T.*, DVP 1994, S. 492.

hinderungsfalles angehört.[233] Nunmehr hat der Gesetzgeber durch die Einfügung des Satzes 5 in § 50 Abs. 3 klargestellt, dass das Wiederbesetzungsrecht für einen frei gewordenen Ausschusssitz bei der Fraktion oder Gruppe liegt, der der Ausscheidende zur Zeit seiner Wahl angehörte.[234] Eine Anpassung der Ausschusssitze im Hinblick auf das tatsächliche politische Kräfteverhältnis ist nicht geboten.[235]

D. Die Besetzung

I. Die Systematik des § 50 Abs. 3

§ 50 Abs. 3 regelt das Verfahren der konkret-personellen Ausschussbesetzung. Diese Vorschrift wird – wie bereits aufgezeigt – durch die in § 58 Abs. 1 Satz 7 und Satz 11 begründeten Ansprüche von Fraktionen und Ratsmitgliedern auf beratende Mitwirkung in Ausschüssen ergänzt. Soweit es sich nicht um die in § 59 erwähnten Pflichtausschüsse handelt, zu denen auch der Hauptausschuss zählt, sind bei der Durchführung des Ausschussbesetzungsverfahrens dazu die in § 58 Abs. 3 und 4 für den Rat eröffneten Möglichkeiten, sachkundige Bürger und sachkundige Einwohner zu bestellen, zu beachten. Häufig wird in der Praxis beim Stichwort „Ausschussbesetzung" vorschnell von der Anwendung des d'Hondtschen Höchstzahlverfahrens[236] gesprochen. Der Gesetzgeber stuft diese Alternative der Ausschussbesetzung aber nur als subsidiär ein.

II. Einigung

Zunächst geht der Gesetzgeber davon aus, dass sich die Ratsmitglieder zur Besetzung der Ausschüsse auf einen einheitlichen Wahlvorschlag einigen und dieser einheitliche Wahlvorschlag durch einstimmigen Beschluss der Ratsmitglieder angenommen wird.[237] Der Einigungsprozess ist also gewissermaßen dreistufig. Es genügt nicht, wenn ein einheitlicher Wahlvorschlag einstimmig beschlossen ist, sondern aufgrund der selbstständigen Bedeutung des gesetzlichen Merkmales der Einigung ist diese auch zwingend erforderlich durchzuführen.[238] Einstimmig angenommen werden muss damit ein einheitlicher Wahlvorschlag, auf den man sich geeinigt hat.

Anders als bei der Bestimmung der Ausschussvorsitzenden nach § 58 Abs. 5 sind nicht die Fraktionen zur Einigung aufgerufen, sondern die Ratsmitglieder in ihrer mandatsindividuellen Rechtsstellung. Die Erarbeitung eines einheitlichen Wahlvorschlages kann sich auf einen Ausschuss beziehen, aber auch die Besetzung der Ausschüsse in Gänze erfassen.[239] Einheitlicher Wahlvorschlag bedeutet dabei nicht, dass alle Ratsmitglieder an dem Wahlvorschlag mitgewirkt haben müssen oder mit

---

[233] Vgl. zu dieser Problematik: Mitteilungen StGB NRW 1994, S. 303.
[234] Gesetz vom 17.05.1994 (GV.NRW. S. 270).
[235] VG Düsseldorf, Urteil vom 09.12.1954 – 1 K 26/54, von Mutius, A., Rechtssprechungssammlung, Entscheidung Nr. 3 zu § 35 a. F.
[236] Zum Verfahren ausführlich: *Buckert, S.*, Staats- und Kommunalverwaltung 1974, S. 258; ders., Staats- und Kommunalverwaltung 1975, S. 106; *Dregger A.*, Der Städtetag 1956, S. 237.
[237] Zur Zulässigkeit dieses Verfahrens: OVG Münster, Urteil vom 03.11.1954 – III A 353/54 –, OVGE, 10, 143.
[238] OVG Münster, Beschluss vom 27.09.2002, AZ 15 B 855/02, NWVBl. 2003, S. 101.
[239] *Dieckmann, J./Heinrichs, F. W.*, Gemeindeordnung für das Land NRW, Erl. § 50, S. 226.

ihm einverstanden sind. Es genügt, wenn nur ein einziger Wahlvorschlag vorliegt, der zur Abstimmung gestellt wird.[240] Sobald ein weiterer Wahlvorschlag zur Besetzung des Ausschusses vorgelegt wird, ist der Einigungsprozess bereits auf der ersten Stufe gescheitert. Kommt es aber zur Unterbreitung eines einzigen einheitlichen Wahlvorschlages, auf den man sich anschließend geeinigt hat, muss in einer Abstimmung dieser einheitliche Wahlvorschlag einstimmig angenommen werden. Abstimmungsberechtigt sind wiederum alle Ratsmitglieder. Auf die Stärke der Fraktionen in ihrer Gesamtheit kommt es nicht an.

Der Beschluss über den Wahlvorschlag ist grundsätzlich öffentlich. Auf Antrag mindestens eines Fünftels der Ratsmitglieder ist jedoch geheim abzustimmen.[241] Stimmenthaltungen und ungültige Stimmen zählen auch hier bei der Berechnung der Mehrheit nicht mit, wohl aber bei der Berechnung der Beschlussfähigkeit.[242]

Damit sind die in der Praxis nicht selten zu beobachtenden Irritationen, falls es bei der Abstimmung über den Wahlvorschlag zu Enthaltungen kommt, im Ergebnis unbegründet. Die Ursache für die Unsicherheiten resultiert wohl aus der Tatsache, dass fälschlicherweise hinterfragt wird, ob eine „Einigung" auch bei einer Enthaltung vorliegt. Allerdings geht es in diesem Stadium alleine um die Einstimmigkeit der Annahme des einheitlichen Wahlvorschlages, für die die allgemeinen Regeln über das Beschlussverfahren gelten.

Unproblematisch ist es darüber hinaus, wenn Ratsmitglieder nicht bei der Abstimmung mitwirken. § 50 Abs. 3 stellt auf die Anwesenden[243] und deren tatsächliche Stimmabgabe ab und nicht auf eine qualifizierte Mehrheit in Form eines Quorums der gesetzlichen Anzahl der Ratsmitglieder.

III. Das d`Hondtsche Höchstzahlverfahren

Kommt kein einheitlicher Wahlvorschlag zustande oder wird kein einstimmiger Beschluss über einen einheitlichen Wahlvorschlag, auf den man sich geeinigt hat, erzielt,[244] sieht § 50 Abs. 3 Satz 2 vor, dass nach den Grundsätzen der Verhältniswahl über die Wahlvorschläge abgestimmt wird. Dabei sind gemeinsame Wahlvorschläge mehrerer Fraktionen oder Gruppen erlaubt.[245] § 50 Abs. 3 Satz 3 beschreibt die mathematische Vorgehensweise und legt damit das von dem Belgier Victor d`Hondt entwickelte Höchstzahlverfahren als Ausschussbesetzungsverfahren fest.[246]

---

240 *Kirchhof, R.* in Held u. a., Kommunalverfassungsrecht NRW, Erl. zu 6.5 zu § 50, a. A.: *Micker, K.*, Kommunales Verfassungsrecht NRW, S. 92.

241 § 50 Abs. 1 Satz 4.

242 § 50 Abs. 5.

243 Anders § 58 Abs. 5, nach welchem, falls keine Einigung erzielt wird, die Fraktionen dem Stärkeverhältnis im Rat folgend, ohne dass eine Abstimmung unter den tatsächlich Anwesenden erfolgt, die Ausschussvorsitze für sich in Anspruch nehmen können und anders auch § 39 Abs. 4 S. 1 Nr. 2, nach welchem für die Besetzung der Bezirksausschüsse das bei der Wahl erzielte Stimmenverhältnis im Gemeindebezirk zugrunde zu legen ist.

244 § 50 Abs. 3 Satz 2 ist insofern sprachlich ungenau formuliert, da er nur den Fall erfasst, dass ein einheitlicher Wahlvorschlag nicht zustande kommt.

245 OVG Münster, Urteil vom 26.11.2002 – 15 A 662/02, NWVBl. 2003, S. 267

246 Berechnungsbeispiele enthalten die VV zu § 35 a. F.

Das d'Hondtsche Höchstzahlverfahren wird für jeden Ausschuss gesondert durchgeführt,[247] sofern nicht im Einzelfall für einen Ausschuss eine Einigung erzielt wird. Dieses Verfahren war nicht immer für die Ausschussbesetzung in Nordrhein-Westfalen maßgeblich. Bis zum Jahr 1969 bestimmte die GO NRW lediglich, dass Ausschussbesetzungen nach den Grundsätzen der Verhältniswahl durchzuführen sind. Von 1969[248] bis 1979 wurde das d'Hondtsche Höchstzahlverfahren erstmals vorgeschrieben. Von 1979[249] bis 1984 gab man dem aus dem Restverteilungsverfahren von Thomas Hare und dem Bruchteilverfahren von Horst Niemeyer zusammengesetzten Verfahren Hare/Niemeyer[250] den Vorzug. Seit 1984[251] ist wieder das d'Hondtsche Höchstzahlverfahren für die Wahlen zu den Ausschüssen maßgeblich. Beide Verfahren, sowohl das nach d'Hondt als auch das von Hare/Niemeyer, sind durch die Rechtsprechung anerkannt.[252]

Es ist konstatiert worden, dass kein Verfahren existiert, nach welchem die Zusammensetzung der Ausschüsse exakt das Verhältnis der Zusammensetzung des Rates widerspiegelt[253] und sowohl das Verfahren nach d'Hondt als auch das nach Hare/Niemeyer bei gewissen Konstellationen Ergebnisse aufweist, die mit dem Billigkeitsempfinden nicht voll im Einklang stehen.[254] So wird bezüglich des Verfahrens Hare/Niemeyer kritisiert, dass auch hier gewisse Abweichungen vom mathematischen Proporz auftreten und es in der Praxis erhebliche Schwierigkeiten bereitet, wenn ein Ausschuss aus mehreren Gruppen zu besetzen ist und dass im Vergleich zum d'Hondtschen Höchstzahlverfahren aufgrund der größeren Bedeutung der Zahlenbruchteile hinter dem Komma rechnerische Differenzen entstehen können.[255]

Andererseits wird auch das dem d'Hondtschen Höchstzahlverfahren innewohnende Element der tendenziellen Benachteiligung kleinerer Gruppen bewusst in Kauf ge-

---

247 *Buckert, S.*, Staats- und Kommunalverwaltung, 1974, S. 259, 260; *Rehn, E./Cronauge, U.*, Gemeindeordnung für das Land NRW, Erl. IV, 3 zu § 50.

248 Gesetz vom 16.07.1969, GV. NRW. S. 514.

249 Gesetz vom 15.05.1979, GV. NRW. S. 408.

250 Zum Verfahren: *Oster, R.*, DVP 1995, S. 390; ders. DVP 1996, S. 393; ders. DVP 1996, S. 527.

251 Gesetz vom 29.05.1984, GV. NRW. S. 314.

252 BVerfG, Beschluss vom 08.09.1994 – BvR 1484/94, NVwZ-RR 1995, S. 213, 214; BVerwG, Beschluss vom 14.10.1993 – 7 B 19/93, NVwZ-RR 1994, S. 109; Beschluss vom 05.04.1988 – 7 B 47/88, NVwZ-RR 1988, S. 41; OVG Münster, Urteil vom 23.04.1996 – 15 A 6106/95, NWVBl. 1996, S. 436, 437; VGH Mannheim, Urteil vom 21.12.1992 – 1 S 1834/92, NVwZ-RR 1993, S. 657, 658.

253 BVerfG, Beschluss vom 08.09.1994, NVwZ-RR 1995, S. 213, 214 für die Sitzverteilung bei Gemeinderatswahlen; Beschluss vom 22.05.1963 – 2 BvC/62 –, BVerfGE 16, 130, 144; Beschluss vom 06.12.1961 – BvR 399/61, BVerfGE 13, 243, 247 f.; OVG Münster, Urteil vom 23.04.1996 – 15 A 6106/95, NWVBl. 1996, S. 436, 437; VGH München, Urteil vom 07.10.1992 – 4 B 91.2372, NVwZ-RR 1993, S. 267, 268.

254 BVerwG, Beschluss vom 05.04.1988 – 7 B 47/88, NVwZ-RR 1988, S. 41; VGH München, Urteil vom 07.10.1992 – 4 B 91.2372, NVwZ-RR 1993, S. 267, 268; VGH München, Urteil vom 05.03.1986, Nr. 4 B 85 A. 2589; BayVBl. 1986, S. 366, 367; vgl. auch *Schreiber, O.*, Bay VBl. 1996, S. 138.

255 VGH München, Urteil vom 07.10.1992 – 4 B 91.2372, NVwZ-RR 1993, S. 267, 268; *Rehn, E./Cronauge, U.*, Gemeindeordnung für das Land NRW, Erl. IV, 3 zu § 50.

nommen.[256] Die Rechtsprechung weist jedoch in diesem Zusammenhang darauf hin, dass auch größere Fraktionen durchaus bei der Anwendung des d'Hondtschen Höchstzahlverfahrens benachteiligt werden können.[257] Ein verfassungsrechtlicher Zwang zum Übergang auf ein Berechnungsverfahren, das kleinere Fraktionen im Allgemeinen stärker berücksichtigt, besteht nicht.[258]

Dass sich das d'Hondtsche Höchstzahlverfahren in der nordrhein-westfälischen Kommunalverfassung etabliert hat, zeigt die Tatsache, dass auch die vom Innenminister ins Leben gerufene Kommission zur Überprüfung von Änderungsnotwendigkeiten der GO NRW für die Zukunft eine Rückkehr zum Verfahren Hare/Niemeyer ablehnt.[259] Dagegen findet das Verfahren Hare/Niemeyer im nordrhein-westfälischen Kommunalwahlrecht aktuell Anwendung.[260]

E. Das Ausscheiden und die Ersatzbestimmung von Ausschussmitgliedern

I. Das Ausscheiden von Ausschussmitgliedern

Ein Ratsmitglied scheidet als Ausschussmitglied aus dem Hauptausschuss aus, wenn es sein Ratsmandat verliert.[261]

Zudem ist eine Mandatsniederlegung ausschließlich für den Hauptausschusssitz durch Niederlegung denkbar, ohne dass diese mit einem Ratsmandatsverlust einhergeht.[262] Eine entsprechende Bestimmung enthält das Gesetz zwar nicht, jedoch würde es die Rechtsstellung des Ratsmitgliedes und sein freies Mandat unnötig einschränken, wenn für die Niederlegung des Ausschusssitzes zusätzlich der Ratsmandatsverzicht gefordert würde. Schließlich ist die Ausschussmitgliedschaft nicht kraft Ratsmandates erworben worden, sondern das Innehaben des Ratsmandates ist nur Wählbarkeitsvoraussetzung für den Hauptausschuss. Eine solche Sichtweise stärkt letztlich auch das Ehrenamt, weil sie Reaktionen auf persönliche Überbelastungen durch Mehrfachmitgliedschaften in politischen Gremien erlaubt. Allerdings wird man zur Wahrung der Funktionsfähigkeit der Ausschüsse einen wichtigen Grund für die Mandatsniederlegung verlangen dürfen.[263]

II. Die Ersatzbestimmung

Wenn ein Mitglied des Hauptausschusses ausscheidet, wählen die Ratsmitglieder auf Vorschlag der Fraktion oder Gruppe, welcher das ausgeschiedene Mitglied bei

---

[256] VGH München, Urteil vom 07.10.1992 – 4 B 91.2372, NVwZ-RR 1993, S. 267.
[257] VGH München, Urteil vom 07.10.1992 – 4 B 91.2372, NVwZ-RR 1993, S. 267, 268.
[258] BVerwG, Beschluss vom 14.10.1993 – 7 B 19/93, NVwZ-RR 1994, S. 109.
[259] Seite 26 des Kommissionsberichtes von Januar 2002.
[260] Vgl. § 61 Abs. 4 KWahlO; zur Verfassungsmäßigkeit: OVG Münster, Urteil vom 23.04.1996 – 15 A 6106/99, NWVBl. 1996, S. 436.
[261] Vgl. zu den einzelnen Mandatsverlustgründen: *Kremer, M.*, DVP 2002, S. 365.
[262] *Dieckmann, J./Heinrichs, F. W.*, Gemeindeordnung für das Land NRW, Erl. 4 zu § 50; *Rehn, E./Cronauge, U.*, Gemeindeordnung für das Land NRW, Erl. II, 1 zu § 58; *Seeger, R.*, Die Gemeinde BW, 1974, S. 439; *Scholtis, N.*, Minderheitenschutz in kommunalen Vertretungskörperschaften, S. 105; *von Lennep, H.-G./Paal, T.*, S. 103.
[263] *Streinz, R.*, BayVBl. 1983, S. 709.

seiner Wahl angehörte, einen Nachfolger (§ 50 Abs. 3 Satz 5).[264] Fraglich ist in diesem Zusammenhang, ob die Ratsmitglieder dem Wahlvorschlag folgen müssen oder ob sie ein Wahlrecht in dem Sinne haben, dass sie solange den Vorschlag ablehnen können, bis sie eine vorgeschlagene Person akzeptieren.

Teilweise wird vertreten, die Ratsmitglieder könnten den Vorschlag nicht ablehnen, weil sie ansonsten Minderheitenschutzrechte verletzen würden.[265] Nach anderer Auffassung wird eine solche Bindung des Rates an den Wahlvorschlag abgelehnt, mit der Folge, dass die Ersatzbestimmung solange nicht erfolgen kann, wie der Vorschlag keine Mehrheit findet, ohne dass dadurch aber das Vorschlagsrecht an sich in Frage gestellt werden soll.[266]

Die Lösung des Problems ergibt sich unmittelbar aus der GO NRW durch einen Vergleich von § 50 Abs. 3 Satz 5 und Abs. 4 Satz 2. § 50 Abs. 4 behandelt den mit der oben stehenden Problematik vergleichbaren Fall der Ersatzbestimmung von Vertretern in Organen von juristischen Personen oder Personenvereinigungen. Diese Vertreter sind ebenso wie die Ausschussmitglieder über das Verfahren nach § 50 Abs. 3 in das entsprechende Gremium gewählt worden, sofern ursprünglich neben dem Bürgermeister mehrere Vertreter zu bestellen waren.

Anders als bei der Ersatzbestimmung in Ausschüssen bestimmt § 50 Abs. 4 Satz 2, dass die Ratsmitglieder den Nachfolger für die restliche Zeit nach § 50 Abs. 2 im Wege der Mehrheitswahl wählen und zwar ohne Vorschlagsrecht der Fraktion oder Gruppe, der der Ausscheidende ursprünglich angehörte. Es fehlt also nicht nur das Vorschlagsrecht, sondern durch den Verweis auf § 50 Abs. 2 wird deutlich, dass auch ein Mitglied einer anderen Fraktion oder Gruppe entsandt werden kann mit der Folge, dass die Entsendung der Mitglieder in Organe von juristischen Personen oder Personenvereinigungen nicht mehr spiegelbildlich zum Stärkeverhältnis im Rat stehen muss. Ansonsten hätte der Gesetzgeber die Fortführung der Verhältniswahl anordnen müssen.

Die Differenzierung wird auch daran deutlich, dass der Bürgermeister bei der Entscheidung nach § 50 Abs. 4 Satz 2 Stimmrecht hat, bei der nach § 50 Abs. 3 Satz 5 jedoch nicht. [267] Eine dem Stärkeverhältnis der im Rat vertretenen Fraktionen und Gruppen verhältnismäßige Besetzung beabsichtigte der Gesetzgeber aber durch die vorgeschriebene Anwendung des Verhältniswahlverfahrens nach § 50 Abs. 3 bei der erstmaligen Entsendung. Hiervon weicht er nun im Falle des § 50 Abs. 4 bewusst ab. Wenn der Gesetzgeber also bei der Ersatzbestimmung der Ausschussmitglieder bewusst den Verweis auf § 50 Abs. 2 unterlässt und zudem ein Vorschlagsrecht der Fraktion oder Gruppe einräumt, der der Ausgeschiedene bei seiner Wahl angehörte, gibt er zu erkennen, dass das Verhältniswahlverfahren fortgeführt werden soll. Diese Fortführung soll den Aufwand, der mit einer Auflösung und Neubesetzung des Ausschusses verbunden wäre, umgehen und nicht der Mehrheitsfraktion die Möglichkeit

---

[264] Anders § 58 Abs. 5 S. 5, nach welchem Nachfolger für einen ausgeschiedenen Ausschussvorsitzenden durch die Fraktion bestimmt werden, der er aktuell angehört.
[265] *Rehn, E.*, Städte- und Gemeinderat 1984, S. 344.
[266] *Thiele, R.*, KommunalPraxis N 1995, S. 239.
[267] Vgl. § 40 Abs. 2 Satz 6.

bieten, den frei werdenden Sitz mit einem ihrer Kandidaten zu besetzen und somit die Mehrheitsverhältnisse zu Lasten der Minderheiten zu verzerren.

Durch die fehlende Verweisung auf § 50 Abs. 2 wird aber auch deutlich, dass eine Auswahl gerade nicht stattfinden soll. Der Rat kann daher nicht solange den vorgeschlagenen Nachfolger ablehnen, bis ihm eine Person genehm erscheint. Dies kann er ja auch nicht im ursprünglichen Besetzungsverfahren nach § 50 Abs. 3.

Auch der Minderheitenschutz verbietet eine andere Auslegung. Ansonsten könnte die Mehrheit des Rates den vorgeschlagenen Nachfolger z. B. deshalb ablehnen, weil er ihr aufgrund seiner agilen oppositionellen Haltung zu unbequem ist. Einzig in Betracht käme eine Anwendung des § 50 Abs. 2, wenn dem Rat mehrere Kandidaten als Nachfolger durch die hierzu berechtigte Fraktion oder Gruppe vorgeschlagen werden.

Dass § 50 Abs. 3 Satz 5 von einer Wahl spricht, ist daher im Sinne der Einhaltung des Erfordernisses der unmittelbaren demokratischen Legitimation zu verstehen. Denn eine Benennung allein durch die Fraktionen würde diesem Erfordernis nicht genügen.[268]

Falls sich die Fraktion oder Gruppe, der das ausgeschiedene Ausschussmitglied bei der Wahl angehörte, aufgelöst hat, kommt das Vorschlagsrecht nicht zum Zuge. In diesem besonderen Fall reicht ein Mehrheitsbeschluss zur Neubesetzung des frei gewordenen Sitzes nicht aus. Ansonsten könnte die Mehrheit im Rat die Minderheit übergehen und zu ihren Gunsten das Stärkeverhältnis verschieben. Stattdessen kommt nur ein einstimmiger Beschluss in Betracht und als ultima ratio die Auflösung und Neubesetzung des Ausschusses.[269]

III. Ausscheiden des stellvertretenden Vorsitzenden

Scheidet ein gewählter erster stellvertretender Vorsitzender aus, so rückt nicht ein gegebenenfalls bereits gewählter zweiter stellvertretender Vorsitzender in diese Funktion automatisch nach. Auch findet § 58 Abs. 5 Satz 5 keine Anwendung, wonach bei Ausscheiden eines (stellvertretenden) Vorsitzenden die Fraktion, der der Ausscheidende angehört, den Nachfolger bestimmt.[270] Wenn § 58 Abs. 5 für den Hauptausschuss bei der Wahl der stellvertretenden Vorsitzenden keine Anwendung findet, kann er auch nicht beim Ersatzbestimmungsverfahren heran gezogen werden. Es muss vielmehr ein erster stellvertretender Vorsitzender aus der Mitte des Ausschusses neu gewählt werden. Entsprechendes gilt für weitere Stellvertreter.

---

[268] Vgl. BVerfG, Beschluss vom 15.02.1978 – 2 BvR 134, 268/76 –, BVerfGE 47, 253; OVG Schleswig, Urteil vom 16.11.1993 – 2 L 124/93, NVwZ-RR 1994, S. 459. *Oster, R.*, DVP 1995, S. 390; ders., DVP 1996, S. 393; *Scholler, H./Broß, S.*, VR 1979, S. 230; der Regelung des § 50 Abs. 3 Satz 5 ist aus denselben Gründen die Systematik von § 58 Abs. 1 Satz 7 und 8 ähnlich, wo jedoch ungenau von einer Bestellung die Rede ist.

[269] *Dieckmann, J./Heinrichs, F. W.*, Erl. 4 zu § 50; *Rehn, E./Cronauge, U.*, Gemeindeordnung für das Land NRW, Erl. IV, 5 zu § 50.

[270] Vgl. § 58 Abs. 5 Satz 6, nach welchem die Vorschriften über die Ausschussvorsitze für die stellvertretenden Vorsitze entsprechend gelten. Das hier Satz 5 nicht erwähnt ist, wird wohl auf ein Redaktionsversehen zurückzuführen sein.

§ 4: Vorsitz und stellvertretender Vorsitz

Die Bestimmungen über den Vorsitz (A.) und den stellvertretenden Vorsitz (B.) im Hauptausschuss weichen von denen anderer kommunaler Ausschüsse deutlich ab. Daher ist es gerechtfertigt, den maßgeblichen gesetzlichen Vorschriften für die Besetzung und Wahrnehmung des (stellv.) Hauptausschussvorsitzes besondere Beachtung zu schenken. Dabei ist für die Herausstellung hauptausschussspezifischer Eigenarten auch eine vergleichende Analyse der Bestimmungen über den (stellv.) Hauptausschussvorsitz bis zur Kommunalverfassungsreform 1994 und den seit diesem Zeitpunkt geltenden gesetzlichen Regelungen von Bedeutung. Insbesondere die denkbare Anrechnung des (stellv.) Vorsitzes soll im Zentrum der Erörterungen stehen. Die weiteren Ausführungen über die Wahl des stellvertretenden Vorsitzenden und die mit dem Hauptausschussvorsitz verknüpften Aufgaben (C.) runden das Bild der institutionellen Besonderheit des (stellv.) Hauptausschussvorsitzes ab.

A. Der Bürgermeister als geborener Vorsitzender

I. Vorsitz kraft Gesetzes

Die Vorsitze der kommunalen Ausschüsse werden im Allgemeinen im Wege des Zugriffverfahrens nach § 58 Abs. 5 auf Basis der Anwendung des d`Hondtschen Höchstzahlverfahrens auf die Fraktionen verteilt, falls zuvor keine Einigung zustande kommt.[271] Im Hauptausschuss steht jedoch der Vorsitzende bereits kraft Gesetzes fest. Gemäß § 57 Abs. 3 Satz 1 ist der Bürgermeister geborener Vorsitzender des Hauptausschusses.

II. Anrechnung des Vorsitzes

1. bis zur Kommunalverfassungsreform 1994

Mit der Kommunalverfassungsreform 1994[272] wurde das in Nordrhein-Westfalen geltende norddeutsche Ratsverfassungssystem durch Elemente der süddeutschen Bürgermeisterverfassung modifiziert.[273] Resultat ist eine duale Rat-Bürgermeister-Verfassung mit monokratischer Verwaltungsleitung.[274] Damit ging eine Abkehr von der Doppelspitze (ehrenamtlicher Bürgermeister und Gemeindedirektor) hin zur Einheitsspitze (hauptamtlicher Bürgermeister) einher. Dieser Systemwechsel ist für den

---

[271] Eine Ausnahme bildet hier der Wahlausschuss. Gemäß § 2 Abs. 3 Satz 1 i. V. m. Abs. 2 Satz 1 KWahlG ist der Bürgermeister Vorsitzender kraft Gesetzes. Besonderheiten gelten z. B. auch für den Bezirksausschuss, bei dem der Vorsitzende gemäß § 39 Abs. 4 Nr. 4 aus der Mitte des Ausschusses gewählt wird.

[272] Gesetz vom 14.07.1994, GV. NRW. S. 666; zur neuen Kommunalverfassung: *Fingerhut, R.*, Städte- und Gemeinderat 1993, S. 255 ff.; *Oebbecke, J.*, DÖV 1995, S. 701 ff.; *Schnoor, H.*, NWVBl. 1996, S. 281 ff.; Städte- und Gemeinderat 1991, S. 163 ff.; *von Lennep, H.-G./Paal, T.*, Städte- und Gemeinderat 1994, S. 295 ff.

[273] Ausführlich hierzu *Lingk, A.-K.*, NWVBl. 1999, S. 121 ff.; zur Einordnung des nordrhein-westfälischen Kommunalverfassungssystems in das Spektrum der bisher in Deutschland praktizierten Kommunalverfassungstypen: *Oebbecke, J.*, DÖV 1995, S. 704. Zur neuen kommunalen Verfassungslandschaft in Deutschland zusammenfassend: *Stargardt, H.-J.*, DVP 1994, S. 271 ff.; zur Reformdiskussion vgl. die Beiträge von *Ehlers, D.* u. a. in NWVBl. 1991, S. 397 ff.

[274] *Knemeyer, F.-L.*, JuS 1998, S. 193, 195.

Vorsitz im Hauptausschuss von nicht nur unwesentlicher Bedeutung. Insbesondere für die sogenannte Anrechnung des Vorsitzes im Hauptausschuss ist die Rechtsstellung des hauptamtlichen Bürgermeisters[275] relevant.

Bis 1994 war der Bürgermeister Ratsmitglied und wurde aus der Mitte des Rates von den Ratsmitgliedern gewählt. Als Bürgermeister war er Vorsitzender des Rates und besaß vornehmlich Repräsentationsfunktion sowie einige wichtige Kompetenzen in Bezug auf Dringlichkeitsentscheidungen, Widerspruchs- bzw. Einspruchsmöglichkeiten, Aufstellung der Tagesordnung etc. Hauptverwaltungsbeamter war jedoch der vom Rat gewählte Gemeindedirektor.

Der Bürgermeister war bereits in diesem ehemaligen Kommunalverfassungssystem geborener Vorsitzender des Hauptausschusses. Da er jedoch gleichzeitig Ratsmitglied war und damit regelmäßig einer Fraktion angehörte, wurde er auf die Zahl der unter den Fraktionen zu vergebenden Ausschusssitze angerechnet.[276] Zudem durfte die Fraktion, der der Bürgermeister angehörte, im Rahmen der Durchführung der Besetzung der Ausschussvorsitze nach § 42 Abs. 6 a. F.[277] von ihrem Zugriff auf die erste Höchstzahl keinen Gebrauch machen. Diese galt kraft Gesetzes als für den Hauptausschuss in Anspruch genommen.[278]

2. nach der Kommunalverfassungsreform 1994

Die Kommunalverfassungsreform 1994 veränderte die Rechtsstellung des Bürgermeisters grundlegend. Die Befugnisse des früheren Gemeindedirektors und des ehrenamtlichen Bürgermeisters wurden kombiniert und auf die Funktion des hauptamtlichen Bürgermeisters übertragen bzw. in seiner Person vereinigt.[279] Der Bürgermeister ist von diesem Zeitpunkt an nicht mehr Ratsmitglied, sondern Vorsitzender des Rates. Diese besondere Position im Rat resultiert aus der Direktwahl des Bürgermeisters durch die Bürgerinnen und Bürger und der Entscheidung des Gesetzgebers für ein grundsätzlich dualistisch geprägtes Kommunalverfassungssystem, allerdings bei Beibehaltung der prinzipiellen Allzuständigkeit des Rates und damit des Entscheidungsmonismus.[280] Da der Bürgermeister kein Ratsmitglied ist,[281] kann er auch keiner Fraktion angehören.[282] Dies hat wiederum zur Folge, dass die Anrechnung des Vorsitzes im Hauptausschuss nach geltendem Recht unterbleibt.

3. Erfordernis der Anrechnung

Zu fragen ist, ob die nach geltendem Recht nicht erforderliche Anrechnung des Vorsitzes im Hauptausschuss nicht zu einer unzulässigen Benachteiligung von Minder-

---

275 Zur Rechtsstellung des hauptamtlichen Bürgermeisters nach Änderung der Kommunalverfassung: *Lange, U.*, Der hauptamtliche Bürgermeister; *Nendza, A.*, VR 1996, S. 292 ff.; *Schäfer, R.*, Städte- und Gemeinderat 1994, S. 304 ff.; *Tillmanns, H.*, Städte- und Gemeinderat 1998, S. 79 ff.

276 Vgl. § 42 Abs. 5 Satz 2 a. F.

277 Jetzt § 58 Abs. 1.

278 Vgl. § 42 Abs. 6 Satz 4 a. F.

279 *Oebbecke, J.*, DÖV 1995, S. 703; *Stock, H.-H.*, VR 1995, S. 117.

280 Vgl. *Klieve, L. M.*, VR 2002, S. 344; *Küpper, H.*, NWVBl. 2001, S. 210.

281 Siehe § 37 Nr. 6 KWahlG NRW.

282 Vgl. die Legaldefinition für den Begriff „Fraktion“ in § 56 Abs. 1.

heitenfraktionen führt. Die fehlende Anrechnung des Hauptausschussvorsitzes auf eine Fraktion könnte Interessen des Minderheitenschutzes aber erst dann verletzen, wenn überhaupt eine Zuordnung des Vorsitzes zu einer Fraktion möglich wäre. Die rechtliche Zuordnung des Ausschussvorsitzes zu einer Fraktion scheitert jedoch bereits an der besonderen Rechtsstellung des Bürgermeisters. Der Bürgermeister ist wegen § 37 Nr. 6 KWahlG kein Ratsmitglied und kann damit schon begrifflich nicht einer Fraktion angehören, welche nach der Legaldefinition des § 56 Abs. 1 Satz 1 eine freiwillige Vereinigung von Mitgliedern des Rates oder einer Bezirksvertretung darstellt.

Aber auch tatsächlich findet sich in der kommunalverfassungsrechtlichen Realität nicht immer eine enge Verzahnung zwischen dem Bürgermeister und einer Fraktion im Rat. Ein Vergleich der Mehrheitsverhältnisse in den nordrhein-westfälischen Gemeinderäten und der gewählten Bürgermeister nach den Kommunalwahlen 1999 zeigt auf, dass beispielsweise die CDU in 353 Gemeinden mindestens die relative Mehrheit in den Räten erhielt, sie jedoch in lediglich 263 Gemeinden den Bürgermeister stellt.[283] In den insgesamt 396 Gemeinden konnten sich zudem 47 Einzelbewerber bei der Bürgermeisterwahl durchsetzen.[284]

Eine Analyse der Auswahl- und Nominierungsprozesse von Bürgermeisterkandidatinnen und -kandidaten ergibt zwar, dass die Auswahlmöglichkeiten der Wählerinnen und Wähler durch das Wahlvorschlagsrecht der Parteien erheblich beeinträchtigt sind und sich zumindest nach den ersten Kommunalwahlen noch keine Tendenz zur Bevorzugung parteiunabhängiger Kandidaten herauskristallisiert.[285] Andererseits zeigen die o. g. Zahlen aber auch auf, dass eine Zuordnung des Hauptausschussvorsitzes zu einer Fraktion mit dem Ziel einer Anrechnung aufgrund der Parteizugehörigkeit über die rechtlichen Hindernisse hinaus auch faktisch nicht möglich ist.

B. Der stellvertretende Vorsitzende

I. Der Vergleich mit den anderen Ausschüssen

Wie bereits aufgezeigt, ist die Bestimmung des Vorsitzenden im Hauptausschuss aus dem Verfahren nach § 58 Abs. 5 herausgelöst. Der Hauptausschuss hebt sich aber auch hinsichtlich der Besetzung des stellvertretenden Vorsitzes von den übrigen nach der Gemeindeordnung zu bildenden Ausschüssen ab.[286] Die stellvertretenden Vorsitzenden kommunaler Ausschüsse werden grundsätzlich in dem auch für die ordentlichen Ausschussvorsitze geltenden Einigungs- und Zugriffsverfahren nach § 58 Abs. 5 bestimmt.[287] Für den Hauptausschuss gilt jedoch die spezielle Regelung in § 57 Abs. 3 Satz 3. Danach wählt der Hauptausschuss aus seiner Mitte einen oder mehrere Vertreter des Vorsitzenden.[288] Gemein ist den unterschiedlichen Verfah-

---

283 *Andersen, U./Bovermann, R.*, Im Westen was Neues, S. 19, 223.
284 *Andersen, U./Bovermann, R.*, Im Westen was Neues, S. 223.
285 *Andersen, U./Bovermann, R.*, Im Westen was Neues, S. 233.
286 Eine Ausnahme bildet hier auch der Bezirksausschuss, vgl. § 39 Abs. 4 Nr. 4.
287 Vgl. § 58 Abs. 5 Satz 6.
288 Dieses Verfahren war bis zum Jahre 1979 (GV. NRW.1979, S. 408) auch für die übrigen Ausschüsse maßgeblich.

rensvorschriften damit nur, dass mehrere Stellvertreter bestimmt bzw. gewählt werden können.

II. Einordnung der Stellvertretung des Bürgermeisters im Hauptausschussvorsitz in das Gesamtsystem der Stellvertretung des hauptamtlichen Bürgermeisters

Zur Verdeutlichung der Besonderheit der Stellvertretung des Bürgermeisters im Hauptausschussvorsitz ist das Verständnis des gesamten Stellvertretungssystems im Hinblick auf eine Verhinderung des hauptamtlichen Bürgermeisters erforderlich.

1. Allgemeines zur Stellvertretung des hauptamtlichen Bürgermeisters

Mit der nordrhein-westfälischen Kommunalverfassungsreform wurde das zweigleisige System von „Gemeindedirektor als Verwaltungsspitze" und „Bürgermeister als politische Spitze" abgeschafft. Der hauptamtliche Bürgermeister ist in die Rechtsposition beider früheren Organe eingetreten und vereinigt nun in sich diejenigen Kompetenzen, die einst dem Stadtdirektor als Verwaltungschef zustanden, aber auch diejenigen Zuständigkeiten, die dem ehrenamtlichen Bürgermeister oblagen. Die damit beabsichtigte Beseitigung der Reibungsverluste[289] und der Kompetenzstreitigkeiten in der Gemeindeführung ist jedoch nicht abschließend gelungen. Denn die aus dem ehemaligen Kommunalverfassungssystem bekannten Probleme treten nun auf anderer Ebene zu Tage, nämlich auf der Stellvertretungsebene.[290]

Diese Probleme beginnen bereits auf der terminologischen Ebene.[291] In der GO NRW selbst werden im Zusammenhang mit der Stellvertretung des Bürgermeisters verschiedene Bezeichnungen verwandt. So spricht § 53 Abs. 2 vom „Stellvertreter des Bürgermeisters", § 67 Abs. 1 von „ehrenamtliche Stellvertreter", § 68 Abs. 1 vom „allgemeinen Vertreter". Die unterschiedliche Terminologie setzt sich in der Praxis fort bzw. wird dort sogar um weitere Amtsbezeichnungen – teilweise angelehnt an die frühere Rechtskonstellation nach der ehemaligen nordrhein-westfälischen Kommunalverfassung – angereichert.[292]

Von erheblicher rechtlicher Relevanz sind aber die nach der Kommunalverfassungsreform aufgetretenen und bis heute nicht geklärten Abgrenzungsfragen zwischen dem hauptamtlichen und dem ehrenamtlichen Stellvertreter.

---

[289] Zur Kritik an der Doppelspitze: *Ehlers, D.*, NWVBl. 1991, S. 397 ff.; *Erichsen, H.-U.*, NWVBl. 1990, S. 37 ff.

[290] *Küpper, H.*, NWVBl. 2001, S. 209, der nicht nur auf die Kompetenzschwierigkeiten zwischen den Stellvertretern des Bürgermeisters verweist, sondern auch auf solche zwischen dem Bürgermeister und den Beigeordneten, womit sich die bekannten Probleme der Doppelspitze letztlich auf zwei Ebenen wiederfinden.

[291] Vgl. *Müller, J.*, NWVBl. 1999, S. 405; zur aktuellen Diskussion: Eildienst Städtetag 2002, S. 234.

[292] Vgl. hierzu *Klein, M.* mit Beispielen aus der Praxis, KommunalPraxis N, 1998, S. 71. Zur Entwirrung empfiehlt *Klein, M.*, den hauptamtlichen Vertreter „Stellvertretender Bürgermeister" zu nennen und die ehrenamtlichen Vertreter als „Stellvertretende Ratsvorsitzende" zu bezeichnen; vgl. zu den gebrauchsüblichen Bezeichnungen des „Stellvertreters" auch *Lange, U.*, VR 1997, S. 88; *Schmitz, M.*, VR 1997, S. 89.

a) Eindeutige gesetzliche Kompetenzzuweisungen

Im Grundsatz lässt sich zunächst konstatieren, dass die Zuständigkeiten des früheren Gemeindedirektors im Verhinderungsfall des Bürgermeisters auf den hauptamtlichen Stellvertreter übergegangen sind. Der Rat bestellt gemäß § 68 Abs. 1 zu diesem Zweck einen allgemeinen Vertreter.[293] Zu dessen Kompetenzen gehören neben der Leitung des allgemeinen Geschäftsganges beispielsweise die Vorbereitung und Ausführung von Beschlüssen (§ 62 Abs. 2)[294] oder die Beanstandungspflicht (§§ 54 Abs. 2, 3, 119 Abs. 1).

Des Weiteren sind die Aufgaben der Leitung der Ratssitzungen und der Repräsentation, die früher dem ehrenamtlichen Bürgermeister oblagen, unstreitig nach dem Wortlaut des § 67 Abs. 1 Satz 2 im Verhinderungsfall dem ehrenamtlichen Bürgermeister zuzuordnen. Ferner regelt der Gesetzgeber außerhalb der §§ 67, 68 in einigen Spezialregelungen die Stellvertretung eindeutig. So ist in folgenden Fällen ein hauptamtlicher Stellvertreter zur Vertretung des Bürgermeisters berufen: §§ 36 Abs. 7 S. 2, 39 Abs. 5 (Teilnahme an den Sitzungen der Bezirksvertretungen und Bezirksausschüsse), § 68 Abs. 3 (Vertretung innerhalb der Verwaltung), § 74 Abs. 3 (Unterzeichnung dienstrechtlicher Dokumente), § 113 Abs. 2 S. 2 (Vertretung in Unternehmen oder Einrichtungen).

Unumstritten sind auch zwei weitere Stellvertretungskonstellationen. § 53 Abs. 2 bestimmt, dass Beschlüsse, die die Geltendmachung von Ansprüchen der Gemeinde gegen den Bürgermeister und die Amtsführung des Bürgermeisters betreffen, von seinem Stellvertreter durchzuführen sind. Aufgrund der Weisungsgebundenheit des hauptamtlichen Stellvertreters gegenüber dem Bürgermeister kann die Befugnis zur Ausführung dieser Beschlüsse zur Vermeidung von Interessenkollisionen und zur Wahrung der Integrität der Amtsführung nur vom ehrenamtlichen Stellvertreter ausgeführt werden.[295]

Anders verhält sich der Stellvertretungsfall des § 64 Abs. 1. Hier geht es um die Wahrnehmung klassischer administrativer Kompetenzen. Die Ausführung von Beschlüssen und die Abgabe rechtsverbindlicher Erklärungen aufgrund von Beschlüssen oder verwaltungsinterner Entscheidungsprozesse sind nicht politisch-repräsentativen Charakters, sondern juristisch-administrativer Natur. § 64 Abs. 1 bezweckt damit auch den Schutz der Gemeinden bei der Eingehung rechtlich bedeutsamer

---

[293] Soweit Beigeordnete berufen sind, vertreten sie den Bürgermeister in ihrem Aufgabengebiet unabhängig von einem Verhinderungsfall, § 68 Abs. 2.

[294] A. A.: *Müller, J.*, NWVBl. 1999, S. 406 f., der eine Benehmensherstellung sowohl bei der Vorbereitung der Beschlüsse als auch bei der Ausführung der Beschlüsse fordert.

[295] OVG Münster, Urteil vom 15.02.2000 – 15 A 552/97, nach welchem aber die gerichtliche Vertretung der Gemeinde in Aufsichtsrechtsstreitigkeiten auch dann vom Bürgermeister wahrgenommen wird, wenn dieser den strittigen Ratsbeschluss zuvor beanstandet hat, mit der Folge, dass für eine Stellvertretung kein Raum ist, NWVBl. 2000, S. 375; *Küpper, H.*, NWVBl. 2001, S. 212; *Lange, U.*, Der hauptamtliche Bürgermeister, S. 69; *Müller, J.*, NWVBl. 1999, S. 406; *Oebbecke, J.*, DÖV 1995, S. 704, *Rehn, E./Cronauge, U.*, Gemeindeordnung für das Land NRW, Erl. III zu § 53.

Verpflichtungen. Dem wird aber nur die Stellvertretung im Hauptamt aufgrund des besseren Fachwissens gerecht.[296]

b) Strittige Stellvertretungsbereiche

Darüber hinaus existieren aber Kompetenzen, die früher dem ehrenamtlichen Bürgermeister zustanden, deren Einordnung in das Stellvertretungssystem äußerst umstritten ist. Hierzu gehören insbesondere die Einladung zu den Ratssitzungen, das Aufstellen der Tagesordnung sowie die Befugnis zur Unterzeichnung der Niederschrift, das Widerspruchsrecht gegen Beschlüsse des Rates und der Bezirksvertretung und die Zuständigkeit für den Erlass von Dringlichkeitsentscheidungen. Diese Kompetenzen lassen sich weder in das grundsätzliche Schema der Trennung politischer und administrativer Stellvertretung einordnen, noch drängt sich eine Auslegung nach dem Gesetzestext ohne weiteres auf, wie es in den oben genannten Konstellationen der Fall ist.

aa) Enge Auslegung des § 67 Abs. 1 Satz 2

Eine Auffassung[297] lehnt sich streng an den Wortlaut des § 67 Abs. 1 Satz 2 an mit der Folge, dass tatsächlich nur die Sitzungsleitung und die Repräsentation in das Aufgabengebiet des ehrenamtlichen Stellvertreters des Bürgermeisters fallen. Leitung der Ratssitzungen meint danach nur die Zeit zwischen Eröffnung und Schließung der Sitzung. Die Einladung zur Sitzung, die Aufstellung der Tagesordnung und das Unterschreiben der Niederschrift würden hiervon nicht erfasst. Erst recht stünden dem ehrenamtlichen Stellvertreters des Bürgermeisters keine weiteren Kompetenzen, wie z. B. die Mitwirkung bei Dringlichkeitsentscheidungen nach § 60 Abs. 1 Satz 2 oder das Widerspruchsrecht nach § 54 Abs. 1 zu.

bb) Weite Auslegung des § 67 Abs. 1 Satz 2

Eine andere Auffassung interpretiert den Wortlaut „Leitung der Sitzung" weitergehender.[298] Die Tätigkeiten von der Aufstellung der Tagesordnung bis zur Unterzeichnung der Niederschrift seien als Annexkompetenzen bzw. als organisatorische Einheit zu sehen, die durch eine einengende Auslegung des Wortlautes des § 67 Abs. 1 Satz 2 künstlich auseinander gerissen würden. Daher sei der ehrenamtliche Stellvertreter im Verhinderungsfall des Bürgermeisters zur Einladung zur Sitzung, zum Aufstellen der Tagesordnung und zur Unterzeichnung der Niederschrift befugt.

cc) Historisch orientierte Auffassung

Eine weitere Meinung interpretiert das System der Stellvertretung des Bürgermeisters über den Wortsinn des § 67 Abs. 1 Satz 2 hinaus in Anlehnung an die Zuständigkeitsverteilung zwischen Gemeindedirektor und Bürgermeister vor der Kommu-

---

[296] So auch *Küpper, H.*, NWVBl 2001, S. 213.

[297] *Kutter, U.*, VR 1998, S. 394; *Lange, U.*, Der hauptamtliche Bürgermeister, S. 151; *Lingk, A.-K.*, Die Reform der nordrhein-westfälischen Kommunalverfassung, S. 237; *Rehn, E./Cronauge, U.*, Gemeindeordnung für das Land NRW, Erl. III zu § 67; Mitteilungen StGB NRW 1995, S. 356 ff.

[298] *Dieckmann, J./Heinrichs, F. W.*, Gemeindeordnung für das Land NRW, § 67, Rn. 1; *Erichsen, H.-U.*, Kommunalverfassungsrecht des Landes NRW, S. 108 ff.; *Küpper, H.*, NWVBl. 2001, S. 213; *Nendza, A.*, VR 1996, S. 298.

nalverfassungsreform im Jahr 1994.[299] Entsprechend ihrer Herkunft aus dem alten Recht werden die Rechte und Pflichten auf die Stellvertreter übertragen. So sei der ehrenamtliche Stellvertreter zur Einberufung des Rates befugt, da die Einberufung schon immer eine Angelegenheit des Ratsvorsitzenden gewesen sei.[300] Dasselbe gelte für die Unterzeichnung der Niederschrift. Auch das Widerspruchsrecht und die Befugnis, in dringenden Fällen zu entscheiden, würden bei Verhinderung des Bürgermeisters dem ehrenamtlichen Stellvertreter obliegen.[301]

dd) Stellungnahme

Die anfangs aufgezeigten eindeutigen Kompetenzzuweisungen einmal ausgenommen, scheint es wenig sachgerecht, das Stellvertretungssystem künstlich in verschiedene Bereiche aufzusplitten. Grundsätzlich ist nach der vorhandenen Gesetzessystematik davon auszugehen, dass der Gesetzgeber auf der Stellvertretungsebene die Zweigleisigkeit in Form einer hauptamtlichen und ehrenamtlichen Stellvertretung angelehnt an die frühere Rechtskonstellation beibehalten wollte. Jedenfalls fehlen Anhaltspunkte dafür, dass er eine Vermengung der ehrenamtlichen und hauptamtlichen Funktionen außerhalb der vertretungsrechtlichen Spezialzuweisungen abweichend gegenüber der früheren Rechtssystematik durchgängig bis zur Stellvertretungsebene zu vollziehen beabsichtigte. Daher ist im Grundsatz der letztgenannten Auffassung zu folgen.

Darüber hinaus ist es aber ergänzend geboten, dass der ehrenamtliche Bürgermeister bei der Aufstellung der Tagesordnung das Benehmen mit dem hauptamtlichen Stellvertreter herstellt.[302] Der Gesetzgeber geht grundsätzlich auch bei der Vorbereitung von Ausschusssitzungen davon aus, dass Politik und Verwaltung den Sitzungsinhalt abstimmen.[303] Es ist im Interesse der Verwaltung, frühzeitig über die zu beratenden Sachgegenstände informiert zu werden, da ihr schließlich auch die Vorbereitung der Beschlüsse obliegt. Andererseits begünstigt es die Leitung der Ratssitzung durch den ehrenamtlichen Stellvertreter, wenn diese frühzeitig in den Prozess der Festsetzung der Tagesordnung eingebunden ist und von der Verwaltung die notwendigen Informationen im Vorfeld der Sitzung erhält. Das Schwergewicht der Einflussmöglichkeit muss aber nicht bei der Verwaltung liegen.

Dass Dringlichkeitsentscheidungen deswegen durch den ehrenamtlichen Stellvertreter zu treffen sind, weil er im Gegensatz zum hauptamtlichen Stellvertreter alleine über die demokratische Legitimation durch Wahl verfügt, um anstelle des Gremiums zu entscheiden, überzeugt nicht.[304] Auch der hauptamtliche Stellvertreter wird vom

[299] Vgl. *Oebbecke, J.*, DÖV, S. 704, der einen Erbengrundsatz aufstellt, nach welchem bei Zweifelsfragen hinsichtlich der Stellvertretung des Bürgermeisters auf die frühere Aufgabenverteilung zwischen ehrenamtlichen Bürgermeister und Gemeindedirektor zurückgegriffen werden müsse; *Schmitz, M.*, VR 1997, S. 90.
[300] *Müller, J.*, NWVBl. 1999, S. 406.
[301] *Müller, J.*, NWVBl. 1999, S. 407.
[302] *Klein, M.*, KommunalPraxis N 1998, S. 72.
[303] § 58 Abs. 1 S. 2.
[304] So aber *Kirchhof, R.* in Held u. a., Kommunalverfassungsrecht NRW, Erl. 2.1 zu § 67; *Klein, M.*, Kommunalpraxis N 1998, S. 72; im Ergebnis auch *Küpper, H.*, NWVBl. 2001, S. 217, *Müller, J.*, NWVBl. 1999, S. 407.

Rat bestellt (§ 68). Dass er selbst nicht Ratsmitglied ist, mindert nicht sein demokratisches Legitimationsniveau.[305] Weiterhin ist die Tatsache, dass die Verwaltung in den Vorbereitungsprozess der Dringlichkeitsentscheidung bereits eingebunden ist, kein durchschlagendes Argument für die Kompetenzbegründung des ehrenamtlichen Bürgermeisters.[306] Schließlich bereitet die Verwaltung auch die Beschlüsse vor, ohne dass hieraus automatisch eine Kompetenzzuweisung für den ehrenamtlichen Stellvertreter resultieren muss. Die Beteiligung der Verwaltung durch Vor- und Nachbereitung der Beschlüsse ist vielmehr Ausfluss aus dem der nordrhein-westfälischen Kommunalverfassung zugrunde liegenden Funktionsverteilungsprinzip zwischen Gemeindevertretung und Verwaltung.

Daher spricht für eine Wahrnehmung der Stellvertretungsfunktion bei Dringlichkeitsentscheidungen durch den ehrenamtlichen Stellvertreter die konsequente Fortführung der hier vertretenen historisch orientierten Auffassung. Das Recht zur Einlegung des Widerspruchs gegen Beschlüsse des Rates oder der Bezirksvertretungen ist eher politischer Natur, so dass auch hier die Stellvertretung durch den ehrenamtlichen Stellvertreter erfolgt.[307]

2. Besonderheiten der Stellvertretung im Hauptausschussvorsitz

Die Stellvertretung im Hauptausschuss ist besonderer Natur, da sie als speziellere Regelungsmaterie dem allgemeinen, durch die §§ 67, 68 normierten Stellvertretungssystem vorgeht. Im Folgenden sollen Besonderheiten der Stellvertretung im Hauptausschussvorsitz gegenüber anderen kommunalen Ausschüssen, aber auch gegenüber dem Rat verdeutlicht werden.

a) Das Stimmrecht

aa) Untergehen des Stimmrechts im Vertretungsfall

Stellvertretung bedeutet das Eintreten in die Rechtsposition des Vertretenen für den Fall der tatsächlichen oder rechtlichen Verhinderung. Grundsätzlich hat der Stellvertreter daher bei Ausübung der Vertretungsfunktion alle Rechte und Pflichten des Vertretenen, d. h. es geht kein Recht des Vertretenen verloren, wenn er an der Ausübung seines Amtes gehindert ist.

Für die Stellvertretung im Hauptausschuss existiert allerdings eine Besonderheit hinsichtlich des Stimmrechts des Bürgermeisters. Um diese Besonderheit zu veranschaulichen, bedarf es zunächst eines Blickes auf die Stellvertretungskonstellation in den übrigen Ausschüssen nach der GO NRW. Dort nimmt bei Verhinderung des Ausschussvorsitzenden ein von der jeweiligen Fraktion bestimmter stellvertretender Ausschussvorsitzender die zu vertretenden Aufgaben wahr. Hierzu gehört im Wesentlichen die Sitzungsleitung. Der stellvertretende Vorsitzende ist bei der Ausübung der Vorsitzendenfunktion ebenso stimmberechtigt, wie er es im Normalfall bei Anwesenheit des Ausschussvorsitzenden ist. Das Stimmrecht ist nämlich nicht an den

---

[305] Vgl. zum Legitimationsniveau von Ratsmitgliedern und durch sie gewählte Mandatsträger: *Wacker, J.*, Sachkundige Bürger und Einwohner in gemeindlichen Ausschüssen, S. 93 ff.

[306] So aber *Klein, M.*, KommunalPraxis N 1998, S. 73.

[307] *Kirchhof, R.* in Held u. a., Kommunalverfassungsrecht NRW, Erl. 2.1 zu § 67; *Küpper, H.*, NWVBl. 2001, S. 217.

Ausschussvorsitz geknüpft, sondern an das Mitgliedschaftsrecht. In concreto bedeutet dies, dass letztlich kein Stimmrecht verloren geht, denn der Vorsitz wird vom stellvertretenden Ausschussvorsitzenden wahrgenommen und das Stimmrecht von einem für den Ausschussvorsitzenden in seiner Funktion als ordentliches Ausschussmitglied regelmäßig gewählten stellvertretenden Ausschussmitglied.

Im Hauptausschuss nimmt zwar der stellvertretende Vorsitzende, der Mitglied des Hauptausschusses ist,[308] im Vertretungsfall den Vorsitz wahr. Er übt dabei auch sein originär aus dem Mitgliedschaftsrecht resultierendes Stimmrecht aus. Das Stimmrecht des Bürgermeisters geht jedoch verloren und ist nicht vertretungsfähig.[309] Denn es ist nur ein Stellvertreter für die Vorsitzfunktion gewählt und nicht auch eine stellvertretende Person, die – ähnlich einem stellvertretenden Mitglied im Ausschuss – den Bürgermeister vertreten würde.

bb) beratende Mitwirkung des allgemeinen Vertreters

Ist der Bürgermeister verhindert und nimmt der stellvertretende Vorsitzende die Sitzungsleitungsfunktion wahr, ist aber fraglich, ob nicht der allgemeine Vertreter des Bürgermeisters mit beratender Stimme an der Sitzung des Hauptausschusses teilnehmen kann. Sofern der allgemeine Vertreter Beigeordneter ist, ist er zumindest aus § 69 Abs. 2 Satz 1 berechtigt, in Angelegenheiten seines Geschäftsbereiches an den Sitzungen des Hauptausschusses teilzunehmen.

Ein über die bloße Anwesenheit hinausgehendes Beratungsrecht könnte sich für den Fall der Verhinderung des Bürgermeisters aus § 58 Abs. 1 Satz 3 ergeben. Nach dieser Vorschrift hat der Bürgermeister das Recht, an den Sitzungen aller Ausschüsse mit beratender Stimme teilzunehmen. Auf Verlangen ist ihm jederzeit das Wort zu erteilen. Bei Verhinderung wird dieses Recht auch seinem hauptamtlichen Stellvertreter eingeräumt.[310] Für den Hauptausschuss kann § 58 Abs. 1 Satz 3 jedoch direkt keine Anwendung finden, denn der Bürgermeister hat hier nicht nur ein Mitberatungsrecht, sondern nach § 57 Abs. 3 Satz 2 ein Stimmrecht aufgrund seiner besonderen Rechtsposition.

§ 58 Abs. 1 Satz 3 könnte aber für den Fall der Verhinderung des Bürgermeisters entsprechend anzuwenden sein, mit der Folge, dass der hauptamtliche Stellvertreter ein Beratungsrecht im Hauptausschuss ausüben kann.

Eine analoge Anwendung von Rechtsvorschriften setzt zum einen eine planwidrige Regelungslücke, zum anderen eine gleichwertige Interessenslage voraus.[311] Eine gleichwertige Interessenslage liegt vor, da es in beiden Konstellationen um die Regelung der Stellvertretung des Bürgermeisters in Ausschüssen geht.

---

[308] Vgl. § 57 Abs. 3 Satz 3: „wählt aus seiner Mitte".

[309] Vgl. zum Stimmrecht des abwesenden Bürgermeisters in der Ratssitzung: *Küpper, H.*, NWVBl. 2001, S. 214; siehe auch zur Ausübung des Stimmrechts im Vertretungsfall: *Schmitz, M.*, VR 1997, S. 90, der ebenso eine Vertretung des Stimmrechts des Bürgermeisters im Rat und im Hauptausschuss als systemwidrig ablehnt.

[310] *Rehn, E./Cronauge, U.*, Gemeindeordnung für das Land NRW, Erl. I, 4 zu § 58.

[311] *Hamann, W.*, Juristische Methodik, S. 27.

Es müsste aber auch eine planwidrige Regelungslücke gegeben sein. Der Gesetzgeber hat die Stellvertretung des Bürgermeisters als Hauptausschussvorsitzender bewusst anders gestaltet als die in den übrigen Ausschüssen. Dies steht im Zusammenhang mit der besonderen Rechtsstellung des Bürgermeisters, der zwar den Vorsitz im Hauptausschuss führt und Stimmrecht hat, nicht aber dessen Mitglied ist. Parallel hierzu vollzieht sich der Stellvertretungsfall im Rat. In beiden Fällen ist das Stimmrecht des Bürgermeisters nicht vertretungsfähig. Jedoch ist aufgrund der Regelung in § 58 Abs. 1 Satz 3 davon auszugehen, dass der Gesetzgeber in jedem Fall gesichert wissen wollte, dass die durch den Bürgermeister vertretene Verwaltung ihre Stellungnahme zu Tagesordnungspunkten in den politischen Gremien abzugeben berechtigt ist. Es handelt sich hier um ein Mitwirkungsrecht der Verwaltung und nicht um ein Mitwirkungsrecht, welches ausschließlich der besonderen Rechtsstellung des Bürgermeisters zuzuordnen ist. Es entspricht demnach dem mutmaßlichen Willen des Gesetzgebers, ein Beratungsrecht der Verwaltung in jedem Ausschuss zu sichern, unabhängig davon, ob es vom Bürgermeister oder bei Verhinderung von seinem hauptamtlichen Stellvertreter wahrgenommen wird. Hierfür spricht auch, dass dem Gemeindedirektor bzw. seinem allgemeinen Vertreter bereits nach altem Recht ein Äußerungsrecht zustand.[312] Wäre der Bürgermeister nicht geborener Vorsitzender des Hauptausschusses, stünde ihm das Beratungsrecht nach § 58 Abs. 1 Satz 3 zu und damit für den Fall der Verhinderung auch dem hauptamtlichen Stellvertreter. Das Mehr an Rechten des Bürgermeisters im Hauptausschuss kann im Sinne eines argumentum a maiore ad minus nicht im Falle der Stellvertretung im Vergleich zu den übrigen Ausschüssen zu einem Weniger führen.

Daher ist § 58 Abs. 1 Satz 3 im Fall der Verhinderung des Bürgermeisters im Hauptausschuss entsprechend anwendbar mit der Folge, dass vor dem Hintergrund der Vertretungsregelung in § 68 Abs. 1 der hauptamtliche Stellvertreter ein Beratungsrecht innehat.

b) Aufstellen der Tagesordnung

Auch bei der Aufstellung der Tagesordnung erweist sich ein Vergleich mit dem bei den übrigen Ausschüssen Anwendung findenden Verfahren als dienlich, um eine weitere Besonderheit für den Stellvertretungsfall im Hauptausschuss herauszustellen.

Die Aufstellung der Tagesordnung der Ausschusssitzungen ist Sache des jeweiligen Ausschussvorsitzenden. Dabei hat er nach § 58 Abs. 2 Satz 2 das Benehmen mit dem Bürgermeister herzustellen. Diese Verfahrensweise bewirkt eine auf die Bedürfnisse von Politik und Verwaltung abgestimmte synergetische Vorgehensweise im Interesse ökonomischer Verfahren und Entscheidungsprozesse. Zwar hat der Ausschussvorsitzende gegenüber dem Bürgermeister insofern das stärkere Recht, als ein Einvernehmen nicht erforderlich ist.[313] Jedoch liegt das Schwergewicht für die Aufstellung der Tagesordnung in der Praxis eindeutig beim Bürgermeister, bei welchem regelmäßig Kenntnisse sowohl über die aus Sicht der Verwaltung als auch aus

---

[312] § 48 Abs. 1 Satz 2 und Abs. 2 Satz 2 a. F.
[313] *Hofmann, H./Muth, M./Theisen, R.-D.*, Kommunalrecht in NRW, S. 424.

dem Blickwinkel der Politik relevanten Verwaltungsvorgänge und damit potentiellen Tagesordnungspunkte vorhanden sind.

Üblicherweise wird die Tagesordnung der Ausschusssitzungen von den die Ausschüsse betreuenden Fachämtern erstellt und unter Berücksichtigung der entscheidungsreifen Verwaltungsvorlagen sowie eventueller Anträge, Anregungen und Beschwerden, Anfragen, etc. dem Ausschussvorsitzenden zur Unterschrift vorgelegt. Dieser nimmt in der Praxis grundsätzlich allenfalls kleinere Korrekturen oder Ergänzungen vor. Diesen Prozess der Benehmensherstellung, der in den übrigen Ausschüssen auch im Falle der Stellvertretung des Ausschussvorsitzenden gilt, berücksichtigt die GO NRW für den Hauptausschuss nicht.

Dies ist einsichtig für den Normalfall, in dem der Bürgermeister selbst als Bindeglied zwischen Verwaltung und Politik die Tagesordnung aufstellt. Wenn er aber durch den stellvertretenden Ausschussvorsitzenden des Hauptausschusses bei der Aufstellung der Tagesordnung vertreten wird,[314] ist nach dem Gesetzeswortlaut keine Benehmensherstellung zwischen dem stellvertretenden Ausschussvorsitzenden und der Verwaltungsspitze vorgesehen. Eine dem § 58 Abs. 2 Satz 2 entlehnte Regelung existiert nämlich in diesem Zusammenhang nicht. Eine Benehmensherstellung ist aber mit Rücksicht auf die ihr innewohnenden oben angesprochenen Vorteile auch im Hauptausschuss unverzichtbar, wenn der Bürgermeister durch den stellvertretenden Ausschussvorsitzenden bei der Aufstellung der Tagesordnung vertreten wird. Wenn § 58 Abs. 2 Satz 2 für die Aufstellung der Tagesordnung durch den stellvertretenden Ausschussvorsitzenden anderer Ausschüsse gilt, muss er auch für den Hauptausschuss entsprechend herangezogen werden dürfen, weil es sich hier offensichtlich um eine gesetzgeberische Planwidrigkeit und zugleich um eine gleichwertige Interessenlage handelt. Daher ist im Stellvertretungsfall die Tagesordnung vom stellvertretenden Hauptausschussvorsitzenden im Benehmen mit dem hauptamtlichen Stellvertreter des Bürgermeisters aufzustellen.

III. Die Anrechnung des stellvertretenden Vorsitzes

In Konsequenz der Tatsache, dass der Bürgermeister nicht Mitglied des Rates ist und damit auch nicht Mitglied des Hauptausschusses sein kann, ist die Anrechnung des Hauptausschussvorsitzes auf eine Fraktion entfallen. Mit der Gesetzesänderung ging auch der Wegfall der Anrechnung des stellvertretenden Ausschussvorsitzes einher.

Dies schafft zwar praktische Erleichterungen, da nach altem Recht mit der Verteilung der stellvertretenden Ausschussvorsitze wegen der Anrechnung gewartet werden musste, bis der Hauptausschuss die Stellvertreter gewählt hatte.[315] Systemgerecht scheint dies jedoch nicht.

---

[314] Aufgrund der speziellen Stellvertretungsregel im Hauptausschuss ist für eine Einladung durch den hauptamtlichen oder ehrenamtlichen Stellvertreter des Bürgermeisters kein Raum. Vielmehr wird der Hauptausschuss in diesem Fall vom stellvertretenden Hauptausschussvorsitzenden einberufen. Siehe auch *Kutter, U.*, VR 1998, S. 394.

[315] *Rehn, E./Cronauge, U.*, Gemeindeordnung für das Land NRW, Erl. V zu § 57; KPBl. 1979, S. 1026.

Stellvertretende Hauptausschussvorsitzende sind immer Ratsmitglieder und damit regelmäßig Fraktionsmitglieder. Die Anrechnung des Hauptausschussvorsitzes ist also möglich, ohne dass damit die vom Gesetzgeber beabsichtigte besondere Stellung des Bürgermeisters berührt würde. Insbesondere im Hinblick auf die mögliche Zusammenlegung mit dem Finanzausschuss erweist es sich als unbillig, von einer Anrechnung abzusehen. Rein verfahrenspraktische Erwägungen dürfen hier nicht den Ausschlag geben. Es gibt zahlreiche von den Gremien zu treffende Entscheidungen, die in zeitlicher Abhängigkeit zueinander stehen. Zwar würde die Anrechnung des stellvertretenden Hauptausschussvorsitzes auf eine Fraktion dazu führen, dass sich beim Zugriff auf die stellvertretenden Ausschussvorsitze wegen der fehlenden Anrechnung des Hauptausschussvorsitzes Verschiebungen dergestalt ergeben können, dass eine Fraktion den Vorsitz in einem Ausschuss hat, eine andere aber den stellvertretenden Vorsitz. Dies ist aber dann eine hinzunehmende Begleiterscheinung der Tatsache, dass die Ausschussvorsitzenden nicht wie früher aus der Mitte der Ausschüsse gewählt werden,[316] und dass der Bürgermeister eine Rechtsstellung eigener Art im nordrhein-westfälischen Kommunalverfassungsrecht einnimmt.

Eine Anrechnungsvorschrift für den stellvertretenden Ausschussvorsitz ist demnach vor dem Hintergrund möglichst gleicher Mitwirkungsrechte der Fraktionen und möglichst gleichberechtigtem Zugang zu den politischen Funktionen aus Gründen des Minderheitenschutzes rechtspolitisch wünschenswert.

IV. Die Wahl des stellvertretenden Vorsitzenden

1. Wählbarkeitsvoraussetzungen

§ 57 Abs. 3 Satz 3 bestimmt, dass der stellvertretende Vorsitzende des Hauptausschusses „aus seiner Mitte“ zu wählen ist. Der stellvertretende Hauptausschussvorsitzende muss folglich Ratsmitglied sein und dem Ausschuss angehören. Klärungsbedürftig ist allerdings die Frage, ob beratende Ausschussmitglieder im Sinne von § 58 Abs. 1 Satz 7 oder Satz 11 stellvertretende Vorsitzende im Hauptausschuss sein können. Denn schließlich gehören diese dem Ausschuss als Mitglieder an und sind damit zu seiner „Mitte“ zu zählen.

Für die übrigen Ausschüsse ist die Frage vom Gesetzgeber explizit entschieden worden. § 58 Abs. 5 Satz 1 reduziert den Kreis der potentiellen Vorsitzenden auf „stimmberechtigte“ Ratsmitglieder.[317] Dies gilt über die Verweisungsnorm des § 58 Abs. 5 Satz 6 auch für stellvertretende Ausschussvorsitzende. Eine derartige Konkretisierung fehlt aber gerade in § 57 Abs. 3 für den stellvertretenden Ausschussvorsitz im Hauptausschuss. Dies könnte den Schluss erlauben, der Gesetzgeber habe durch die Verwendung unterschiedlicher Formulierungen auch eine vom gewöhnlichen Verfahren abweichende Regelung treffen wollen. Jedoch sprechen die folgenden Überlegungen gegen ein solches Ergebnis.

---

[316] Geändert durch Gesetz vom 15.05.1979, GV. NRW. S. 408.

[317] Eingefügt durch Gesetz vom 14.07.1994, GV. NRW. S. 666; *Kirchhof, R.* in Held u. a., Kommunalverfassungsrecht NRW, Erl. 6.8 zu § 58.

Hinsichtlich der Ausschussvorsitzenden und ihrer Stellvertreter in den übrigen Ausschüssen war lange umstritten, ob beratende Ratsmitglieder in diese Funktionen bestellt werden dürfen. Diesen Streit hat der Gesetzgeber durch die Einfügung des Wortes „stimmberechtigte" in § 58 Abs. 5 Satz 1 im negativen Sinne entschieden. Wenn nicht zugleich die Formulierung des § 57 Abs. 3 entsprechend erweitert wurde, mag dies auf ein Versehen bzw. mangelndes Bewusstsein für ein Regelungsbedürfnis zurückzuführen sein. Für eine absichtliche Differenzierung fehlen jedenfalls die Anhaltspunkte. Im Sinne eines Erst-Recht-Schlusses ist davon auszugehen, dass der Gesetzgeber nicht einem beratenden Ausschussmitglied den Zugang zum stellvertretenden Ausschussvorsitz im Hauptausschuss öffnen will, wenn er das für die von ihren gesetzlichen Aufgaben her unbedeutenderen Ausschüsse nicht zulässt. Daher dürfen im Ergebnis nur stimmberechtigte Ratsmitglieder stellvertretende Vorsitzende im Hauptausschuss sein.

Die Wahlzeit der stellvertretenden Ausschussvorsitzenden ist nicht abhängig von der des Bürgermeisters. Scheidet der Bürgermeister im Laufe einer Wahlperiode aus, bleiben die stellvertretenden Ausschussvorsitzenden im Amt. Es ist zweckmäßig, die stellvertretenden Ausschussvorsitzenden bereits in der ersten Sitzung des Hauptausschusses zu wählen. Damit wird die Arbeitsfähigkeit des Gremiums für den Fall der Verhinderung des Bürgermeisters gesichert.

Wenn der Bürgermeister in der ersten Sitzung des Hauptausschusses verhindert ist, leitet der Altersvorsitzende die Sitzung.[318] In diesem Fall muss die Wahl der stellvertretenden Ausschussvorsitzenden aber gleich zu Beginn geschehen.[319]

2. Anforderungen an die Wahl

Für den Hauptausschuss muss mindestens ein Stellvertreter gewählt werden.[320] Es können aber auch mehrere Stellvertreter gewählt werden. Vor dem Hintergrund, dass z. B. für die Besetzung der Ausschüsse, die Bestimmung der Ausschussvorsitzenden und deren Stellvertreter und die Wahl der stellvertretenden Bürgermeister das Stärkeverhältnis der im Rat vertretenen Fraktionen bzw. die auf die jeweiligen Wahlvorschläge abgegebenen Stimmen ausschlaggebend sind, muss weiter beleuchtet werden, ob § 57 Abs. 3 Satz 3 eine Mehrheitswahl oder eine Verhältniswahl verlangt oder ob im Einzelfall sogar der Übergang zu einem Mehrheitsbeschluss möglich ist. Wahlvorschlagsberechtigt ist jedes einzelne Ausschussmitglied und auch der Bürgermeister als Vorsitzender.[321]

---

[318] Zur Sitzungsleitung durch den Altersvorsitzenden: OVG Münster, Urteil vom 14.11.1962 – III A 623/62 –, von Mutius A., Rechtsprechungssammlung, Entscheidung Nr. 2 zu § 32 a. F.

[319] Vgl. *Kirchhof, R.* in Held u. a., Kommunalverfassungsrecht NRW, Erl. 4 zu § 67.

[320] Im Gegensatz zu § 67 Abs. 2 Satz 1, der die Wahl der ehrenamtlichen Stellvertreter des Bürgermeisters betrifft, verwendet der Gesetzgeber in § 57 Abs. 3 Satz 2 keine pluralische Formulierung.

[321] Anders bei der Wahl der stellvertretenden Bürgermeister nach § 67. Wegen § 67 Abs. 2 Satz 2 müssen mindestens zwei Personen einen Wahlvorschlag einreichen.

a) Die Wahl nur eines Stellvertreters

§ 57 Abs. 3 Satz 3 verpflichtet den Hauptausschuss, mindestens einen Stellvertreter für den Ausschussvorsitzenden zu wählen. Wenn nur ein Stellvertreter gewählt werden soll, stellt sich die Frage nach einer Verhältniswahl erst gar nicht. Stattdessen findet die allgemeine Regelung über das Wahlverfahren in § 50 Abs. 2 Anwendung. Danach ist die relative Mehrheitswahl das maßgebliche Wahlverfahren, soweit nicht an anderer Stelle spezielle Wahlvorschriften getroffen werden, was für den stellvertretenden Hauptausschussvorsitz nicht der Fall ist. Gewählt ist diejenige Person, die mehr als die Hälfte der gültigen Stimmen erreicht hat. Eine Mehrheit der gesetzlichen Mitgliederzahl im Sinne einer absoluten Mehrheit ist also nicht erforderlich. Falls diese Mehrheit in einem ersten Wahlgang nicht erreicht wird, findet zwischen den Personen, welche die beiden höchsten Stimmenzahlen erzielen, eine engere Wahl statt. Gewählt ist in dieser engeren Wahl, wer die meisten Stimmen auf sich vereinigt. Sollten die zur Wahl vorgeschlagenen Personen in diesem engeren Wahlgang gleich viele Stimmen erhalten, so entscheidet das Los. Das Verfahren nach § 50 Abs. 2 findet unabhängig davon Anwendung, ob im Einzelfall nur ein Kandidat für die Wahl vorgeschlagen ist.

Der teilweise vertretenen Auffassung, in einem solchen Fall wäre der Übergang zu einem Mehrheitsbeschluss nach § 50 Abs. 1 zulässig,[322] muss folgendes entgegengehalten werden. Wahlen nach § 50 Abs. 2 und Beschlüsse im engeren Sinne nach § 50 Abs. 1 weisen weitestgehend strukturelle Gemeinsamkeiten auf, da sie beide abstimmungstechnische Vorgänge zur Willensbildung des Gremiums darstellen, die in einen Beschluss im weiteren Sinne münden.[323] Der Gesetzgeber war aber gehalten, für die Besetzung von Funktionen durch Personen andere Verfahrensmodalitäten zu schaffen, als es bei einer Sachentscheidung erforderlich ist. Im letzten Fall mag z. B. die Regelung, dass ein Antrag bei Stimmengleichheit abgelehnt ist, ausreichen. Bei einer Personenwahl zwischen mehreren Bewerbern befriedigt dieses Ergebnis nicht, da bei Stimmengleichheit die zu besetzende Funktion unbesetzt bliebe bzw. ein neues Verfahren erforderlich wäre.

Darüber hinaus hat der Gesetzgeber hinsichtlich der Beschlüsse im engeren Sinne und der Wahlen bewusst unterschiedliche Regelungen über die Möglichkeit der namentlichen und geheimen Abstimmung getroffen. So ist eine namentliche Wahl im Gegensatz zu einem namentlichen Beschluss nicht gesetzlich vorgesehen und bei der Wahl genügt es für das Erfordernis einer geheimen Abstimmung bereits, wenn ein Mitglied der offenen Abstimmung widerspricht, während § 50 Abs. 1 für eine geheime Abstimmung im Rahmen von Beschlüssen ein weitaus größeres Quorum fordert. Die Differenzierung ist gerechtfertigt, weil es sich bei Wahlen um Personenentscheidungen handelt, die in der Regel sensibel sind. Vor dem Hintergrund möglicher

---

322 OVG Münster, Beschluss vom 28.11.1991 – 15 B 3521/91, Mitteilungen StGB NRW 1992, S. 32; Mitteilungen StGB NRW 1993, S. 170; *Gutknecht, R.*, Der Städtetag 1963, S. 131; *Kirchhof, R.* in Held u. a., Kommunalverfassungsrecht NRW, Erl. 5.2 zu § 50; vgl. auch die Forderung der Kommission zur Reform der Gemeindeordnung, Eildienst Landkreistag 2002, S. 219.

323 Hierzu: *Kirchhof, R.* in Held u. a., Kommunalverfassungsrecht NRW, Erl. zu § 50; *Rehn, E./ Cronauge, U.*, Gemeindeordnung für das Land NRW, Erl. I, 2 zu § 50.

persönlicher oder kollegialer Beziehungen unter den Mitgliedern des Gremiums soll es den Politikern ausnahmsweise erlaubt sein, ihre Stimme unerkannt abzugeben. Das Instrumentarium der geheimen Wahl dient im Wesentlichen sowohl dem Minderheitenschutz, aber auch dem öffentlichen Interesse an der Entscheidungsfreiheit der Mandatsträger, die nur nach ihrer freien, durch Rücksicht auf das öffentliche Wohl bestimmten Überzeugung abzustimmen haben.[324] Druck durch Dritte, der sich insbesondere im Zusammenhang mit Personenentscheidungen ergeben kann, muss verlässlich ausgeschlossen werden können. Auch eine namentliche Auflistung darüber, wer wen gewählt hat, ist aus ähnlichen Erwägungen heraus unerwünscht.

Diese letzten Überlegungen müssen aber auch für den Fall gelten, dass nur eine Person zur Wahl vorgeschlagen wird. Denn eine Entscheidung gegen diese Person ist unabhängig davon denkbar, ob ein Alternativvorschlag unterbreitet wird. Insofern ist zum Schutze der Willensäußerungsfreiheit der Mitglieder des Gremiums ein Übergang vom Verfahren nach § 50 Abs. 2 zu § 50 Abs. 1 bei nur einem Bewerber nicht zulässig. Eine Wahl durchzuführen, bedeutet mithin nicht, dass hierfür eine Auswahl von Bewerbern vorhanden sein muss.[325] Für dieses Ergebnis spricht auch, dass der Gesetzgeber nur ausnahmsweise in § 71 Abs. 2 Satz 4 die Wiederwahl eines Beigeordneten durch Beschluss nach § 50 Abs. 1 zulässt. Eine ähnliche Regelung im Rahmen des § 50 Abs. 2 für alle Fälle, in denen nur ein Bewerber vorhanden ist, hat der Gesetzgeber nicht getroffen.

b) Die Wahl mehrerer Stellvertreter

Sofern im nordrhein-westfälischen Kommunalverfassungsrecht mehrere Wahlstellen zu besetzen sind, geschieht dies grundsätzlich im Rahmen einer Verhältniswahl (z. B. §§ 50 Abs. 3 und 4, 67 Abs. 2). Überall dort, wo kein spezielles Wahlverfahren vorgeschrieben ist, greifen die allgemeinen Vorschriften über die relative Mehrheitswahl.

Ein Abweichen von § 50 Abs. 2 ohne gesetzlichen Verweis ist nicht zulässig. Mehrheitswahl und Verhältniswahl stehen in einem Regel-Ausnahme-Verhältnis zueinander. Das Verhältniswahlsystem ist als Ausnahmeregelung nicht analogiefähig.[326]

Dies wird noch dadurch unterstrichen, dass § 57 Abs. 3 Satz 3 nicht der einzige Sonderfall im Vergleich zum Verfahren nach § 58 Abs. 5 darstellt. § 39 Abs. 4 Nr. 4 bestimmt für die Bezirksausschüsse ebenfalls die Wahl aus der Mitte der Mitglieder durch das Gremium selbst und weist damit Parallelen zum Hauptausschuss auf. Anders als in § 57 Abs. 3 Satz 3 bestimmt § 39 Abs. 4 Nr. 4 aber, dass § 67 Abs. 2 für die Wahl mehrerer stellvertretender Ausschussvorsitzender entsprechend anzuwenden ist und damit eine Verhältniswahl stattfindet. Der Gesetzgeber hat aber – diese Vorschrift vor Augen – die Wahl der stellvertretenden Hauptausschussvorsitzenden abweichend geregelt. Ein spezieller Verweis auf die Verhältniswahl fehlt gerade in

---

[324] OVG Münster, Urteil vom 05.09.1980, 15 – A 1684/7, Mitteilungen StGB NRW 1981, S. 248.

[325] Jetzt auch OVG Münster, NWVBl. 2002, S. 381, 382, welches das personale Element der Wahl betont; *Rehn, E./Cronauge, U.*, Gemeindeordnung für das Land NRW, Erl. III, 1 zu § 50.

[326] *Stüer, B.*, Städte- und Gemeinderat 1985, S. 243.

§ 57 Abs. 3 Satz 3 für die Wahl mehrerer Stellvertreter des Ausschussvorsitzenden. Daher ist ohne weiteres auf ihre Wahl § 50 Abs. 2 anwendbar. Im Ergebnis müssen daher auch mehrere stellvertretende Hauptausschussvorsitzende trotz möglicher Bedenken hinsichtlich des Minderheitenschutzes im Wege der Mehrheitswahl gewählt werden. Ein Übergang zur Verhältniswahl ist hier rechtspolitisch wünschenswert.

c) Stimmrecht bei der Wahl

Abstimmungsberechtigt bei der Wahl der stellvertretenden Hauptausschussvorsitzenden sind zunächst alle stimmberechtigten Mitglieder des Hauptausschusses. Gemäß §§ 43 Abs. 2, 31 Abs. 3 Nr. 2 unterliegen selbst die Kandidaten keinem Mitwirkungsverbot bei der Abstimmung.

Fraglich ist, ob der Bürgermeister bei der Wahl der stellvertretenden Hauptausschussvorsitzenden Stimmrecht hat. Dagegen könnte sprechen, dass er in Bezug auf alle übrigen Ausschüsse weder bei der Besetzung nach § 50 Abs. 3 noch bei der Bestimmung der Ausschussvorsitzenden und ihrer Stellvertreter nach § 58 Abs. 5 an der Entscheidung beteiligt ist. Zudem ist der Bürgermeister nicht Mitglied des Hauptausschusses.

Allerdings darf das Stimmrecht als wichtigstes demokratisches Mitwirkungsrecht nur dann verwehrt werden, wenn hierfür dem Gesetz ausreichende Anhaltspunkte zu entnehmen sind. § 40 Abs. 2 Satz 6 erwähnt den § 57 Abs. 3 Satz 3 nicht. Im Rahmen der Durchführung einer Mehrheitswahl nach § 50 Abs. 2 ist der Bürgermeister stets stimmberechtigt. § 57 Abs. 3 Satz 3 macht die Wahlberechtigung nicht von der Mitgliedschaft im Hauptausschuss abhängig, sondern räumt dem Ausschuss in seiner Gesamtheit das Wahlrecht ein. Zum Hauptausschuss in seiner Gesamtheit gehört aber auch der Bürgermeister, der zwar kein Ausschussmitglied ist, jedoch den Vorsitz innehat.

Insoweit können dem Gesetz keine überzeugenden Argumente gegen ein Stimmrecht des Bürgermeisters bei der Wahl der stellvertretenden Hauptausschussvorsitzenden entnommen werden. Der Bürgermeister ist demnach bei der Wahl der stellvertretenden Hauptausschussvorsitzenden stimmberechtigt.

3. Einzelfragen

a) Behandlung von Ja- und Nein-Stimmen und Voraussetzungen für eine engere Wahl

Gewählt ist nach § 50 Abs. 2 Satz 2 die vorgeschlagene Person, die mehr als die Hälfte der gültigen Stimmen erhalten hat. Im Gegensatz zu Wahlentscheidungen geht es bei anderen Abstimmungsformen um Sachentscheidungen mit allenfalls mittelbarem personalen Bezug.

Während bei Sachentscheidungen zu einer Abstimmungsfrage Ja- und Nein-Stimmen zweifelsfrei zugeordnet werden können, gestaltet sich der rechtliche Umgang mit einem solchen Abstimmungsverhalten bei Personenentscheidungen schwieriger. Der Gesetzgeber wertet Nein-Stimmen im Rahmen einer Wahl unabhängig von der Anzahl der vorgeschlagenen Kandidaten in § 50 Abs. 2 Satz 3 als gültige Stimmen.[327]

Ist nur ein Kandidat für den stellvertretenden Hauptausschussvorsitz vorgeschlagen, so ist diese Person gewählt, wenn sie mehr als die Hälfte der gültigen Stimmen erhält.

Bei mehreren vorgeschlagenen Personen für den stellvertretenden Hauptausschussvorsitz ist diejenige Person gewählt, die mehr als die Hälfte der gültigen, für alle Kandidaten abgegebenen Stimmen erhalten hat. Wird diese Zahl nicht erreicht, findet nach § 50 Abs. 2 Satz 4 eine engere Wahl (Stichwahl) zwischen den Personen statt, welche die beiden höchsten Stimmenzahlen erreicht haben. In dieser engeren Wahl setzt sich diejenige Person durch, die die meisten Stimmen auf sich vereinigt.

Eine engere Wahl muss nicht zwingend unter zwei Personen durchgeführt werden. Nach dem Gesetzeswortlaut, der auf die beiden höchsten Stimmenzahlen abstellt, ist es auch möglich, dass drei oder mehr Personen sich der engeren Wahl stellen können, gegebenenfalls sogar alle Kandidaten, die bereits im ersten Wahlgang zur Wahl standen.

Beispiel 1[328]:

Ein Hauptausschuss hat neben dem Bürgermeister als Vorsitzenden 12 Mitglieder. Vorgeschlagen werden für das Amt des stellvertretenden Hauptausschussvorsitzenden die Kandidaten A, B und C. Die Auswertung der abgegebenen 13 gültigen Stimmen ergibt folgendes Abstimmungsergebnis:

A: 5 Stimmen
B: 4 Stimmen
C: 4 Stimmen

Da niemand mehr als die Hälfte der gültigen Stimmen erreicht hat, kommt es zu einer „engeren“[329] Wahl zwischen allen Kandidaten, denn die beiden höchsten Stimmenzahlen sind 5 und 4. Wird das gleiche Abstimmungsergebnis erzielt, ist A gewählt, denn nach § 50 Abs. 2 Satz 4 kommt es nun nur noch darauf an, wer die meisten Stimmen auf sich vereinigt.

Beispiel 2:

Von den 13 abgegebenen Stimmen entfallen auf

A: 6 Stimmen
B: 6 Stimmen
C: 1 Stimme

Auch hier kommt es zu einer „engeren“ Wahl zwischen allen drei Kandidaten, denn niemand erreicht mehr als die Hälfte der abgegebenen gültigen Stimmen und die

---

[327] Kritisch hierzu: *Sundermann W.*, DVP 1993, S. 180.

[328] Zu den verschiedenen denkbaren Abstimmungskonstellationen siehe auch *Schwabe, J./ Sundermann, W.*, Kommunalverfassungsrecht NRW, S. 94.

[329] Tatsächlich handelt es sich hier nicht mehr um eine engere Wahl, da alle Kandidaten noch einmal zur Wahl gestellt werden.

beiden höchsten Stimmenzahlen sind wiederum 6 und 1.[330] Bleibt es auch im zweiten Wahlgang bei diesem Ergebnis, so muss nach § 50 Abs. 2 Satz 5 das Los entscheiden, weil niemand die meisten Stimmen erreicht hat.

Die Abgabe von Ja- und Nein-Stimmen ist nur bei einer geheimen Wahl mit Stimmzetteln möglich, da der Vorsitzende bei der offenen Wahl nur nach den Stimmen für die einzelnen Kandidaten sowie nach Enthaltungen fragen wird. Wie mit Ja- und Nein-Stimmen zu verfahren ist, soll vor dem Hintergrund der weiteren Beispiele erläutert werden:

Beispiel 3:

Es wird nur A als Kandidat für den stellvertretenden Hauptausschussvorsitz vorgeschlagen. Die 13 Stimmen werden in geheimer Abstimmung wie folgt abgegeben:

A: 4 Stimmen
4 Ja-Stimmen
5 Nein-Stimmen

A ist gewählt worden. Die Ja-Stimmen sind als für den einzigen vorhandenen Wahlvorschlag abgegeben zu werten. Nein-Stimmen gelten nach § 50 Abs. 2 Satz 3 als gültige Stimmen, da ihr Erklärungswert eindeutig ist und eine andere Betrachtungsweise die Entscheidungsfreiheit des Wählers in nicht hinnehmbarer Weise verkürzen sowie die Legitimation des so Gewählten einschränken würde.[331] Somit hat A die geforderte Mindeststimmenzahl von 7 (mehr als die Hälfte von 13 gültigen Stimmen) um eine Stimme übertroffen.

Beispiel 4:

Sachverhalt wie in Beispiel 3. Das Abstimmungsergebnis lautet:

A: 6 Stimmen
7 Nein-Stimmen

A ist nicht gewählt. Es wurden insgesamt 13 gültige Stimmen abgegeben. A hätte 7 Stimmen benötigt.

Beispiel 5:

Es stehen die drei Kandidaten A, B und C für das Amt des stellvertretenden Hauptausschussvorsitzenden zur Verfügung. Die 13 Stimmen verteilen sich wie folgt:

A: 5 Stimmen
B: 2 Stimmen
C: 1 Stimme
5 Ja-Stimmen

Die Ja-Stimmen gelten in diesem Fall nicht als gültige Stimmen, da sie nach ihrem Erklärungsinhalt nicht eindeutig einem Bewerber zugeordnet werden können. Somit

[330] A. A.: *Held, F. W.*, VR 1993, S. 191; *Kirchhof, R.* in Held u. a., Kommunalverfassungsrecht NRW, Erl. 4.5 zu § 50.
[331] OVG Münster, Urteil vom 30.04.1992 – 15 A 402/91, DÖV 1993, S. 1099, 1100.

verbleiben 8 gültige Stimmen. A ist gewählt, da er mehr als die Hälfte der gültigen Stimmen erhalten hat.

Beispiel 6:

Sachverhalt wie in Beispiel 5. Die Abstimmung ergibt:

A: 3 Stimmen
B: 1 Stimme
C: 1 Stimme
1 Nein-Stimme
7 Enthaltungen[332]

A ist nicht gewählt. Zwar werden die 7 Enthaltungen nach § 50 Abs. 5 Satz 1 nicht zur Berechnung der Mehrheit mitgezählt. Jedoch wird die Nein-Stimme nach § 50 Abs. 2 Satz 3 als gültige Stimme gewertet, womit insgesamt 6 gültige Stimmen vorliegen. A hätte, um mehr als die Hälfte der Stimmen zu erzielen und damit gewählt zu werden, aber mindestens 4 der hier abgegebenen 6 gültigen Stimmen erhalten müssen. Nach dem eindeutigen Gesetzeswortlaut wird auch hier die Nein-Stimme als gültige Stimmen behandelt. Diese gesetzliche Vorgabe nimmt die Rechtsprechung des OVG Münster auf,[333] nach welcher die Stimmabgabe nicht als ungültig gewertet werden darf, wenn sie den Willen des Wählenden zweifelsfrei erkennen lässt. Ein Wahlsystem, welches die Ratsmitglieder daran hindere, auch bei nur einem Wahlvorschlag mit „Nein" zu stimmen, verkürze die Entscheidungsfreiheit des Wählenden in nicht hinnehmbarer Weise.

Teilweise wird die gesetzliche Regelung als verfehlt angesehen, da sie in Missdeutung der Rechtsprechung nicht zwischen dem Vorliegen eines oder mehrerer Wahlvorschläge unterscheide.[334] Nur bei einem Wahlvorschlag sei eine Nein- oder Ja-Stimme eindeutig dem Wählerwillen zuzuordnen, bei mehreren Wahlvorschlägen könne dagegen ein „Nein" bedeuten, dass alle Vorgeschlagenen abgelehnt werden, es müsse aber nicht so verstanden werden.[335]

Dem ist entgegenzuhalten, dass ein „Nein" auf eine Ablehnung aller vorgeschlagenen Kandidaten hindeutet. In diesem Fall lässt sich der Wählerwille wenigstens insoweit eindeutig erschließen, als er auf keinen aufgeführten Kandidaten positiv schließen lässt.[336]

---

[332] Enthaltungen sind bei einer geheimen Abstimmung in unterschiedlicher Form denkbar: Abgabe eines unbeschrifteten Stimmzettels, Ankreuzen an der für Enthaltungen vorgesehenen Stelle, Angabe des Wortes Stimmenthaltung, fehlende Abgabe eines Stimmzettels, vgl. auch *Kirchhof, R.* in Held u. a., Kommunalverfassungsrecht NRW, Erl. 3.5 zu § 50.

[333] OVG Münster, Urteil vom 30.04.1993 – 15 A 402/91, NWVBl. 1993, S. 411, 412; Beschluss vom 28.11.1991 – 15 B 3521/91, NWVBl. 1992, S. 92.

[334] *Sundermann, W.*, DVP 1994, S. 436.

[335] *Sundermann, W.*, DVP 1994, S. 436.

[336] Dem steht auch nicht die Entscheidung des BVerwG, Beschluss vom 04.02.1993 – 7 B 93/92, NVwZ 1993, S. 378, 398 entgegen, wonach Nein-Stimmen bei mehreren Bewerbern ungültig seien. Dieses Urteil bezieht sich nämlich auf die Rechtslage in Bayern, nach der auch Stimmen für nicht vorgeschlagene Kandidaten abgegeben werden können, weshalb eine Nein-Stimme in diesem Fall keinen eindeutigen Erklärungswert haben kann.

Nach der Rechtsprechung verlangt das Demokratieprinzips nicht, dass mehr als die Hälfte der abgegebenen Stimmen gültig sind.[337]

b) Stichwahl

aa) Pattsituation bei zwei Kandidaten im ersten Wahlgang

Das Gesetz sieht in § 50 Abs. 2 Satz 4 eine Stichwahl vor, wenn im ersten Wahlgang niemand mehr als die Hälfte der gültigen Stimmen erhalten hat. Wenn nur zwei Kandidaten vorgeschlagen sind und diese im ersten Wahlgang die gleiche Stimmenzahl erhalten, ist fraglich, ob ohne Durchführung einer Stichwahl unmittelbar zum Losentscheid nach § 50 Abs. 2 S. 6 übergegangen werden kann. Bei der Problemlösung ist zu bedenken, dass der Losentscheid als Zufallsentscheidung eine vom Gesetzgeber vorgesehene ultima ratio darstellt, die im Gegensatz zum Beschlussverfahren nach § 50 Abs. 1 nur Anwendung findet, weil Wahlen ihrer Natur nach auf einen bestimmten Erfolg angelegt sind. Es ist durchaus denkbar, dass sich die Mitglieder des Gremiums in einem zweiten Wahlgang aus unterschiedlichsten Motiven heraus anders verhalten als im ersten. Dem Losentscheid muss daher immer die Stichwahl vorausgehen.[338]

bb) Scheitern nur eines Kandidaten im ersten Wahlgang

Ist nur ein Kandidat für die Besetzung der Funktion des stellvertretenden Hauptausschussvorsitzenden vorhanden und erreicht dieser im ersten Wahlgang nicht mehr als die Hälfte der gültigen Stimmen, stellt sich die Frage, ob ein zweiter Wahlgang zulässig ist.

Das Gesetz sieht einen zweiten Wahlgang in Form einer Stichwahl für die Fälle vor, in denen keiner der vorgeschlagenen Bewerber im ersten Wahlgang mehr als die Hälfte der gültigen Stimmen erhalten hat. Personenentscheidungen sollen – wenn nötig letztlich durch Losentscheid – getroffen werden, um die Funktionsfähigkeit der zu besetzenden Ämter und Gremien sichern zu können. Allerdings gebietet der Charakter dieser Vorschrift als Ausnahmeregelung eine restriktive Auslegung.[339] Zunächst ist eine Stichwahl begrifflich nur unter mehreren Bewerbern möglich. Einen zweiten Wahlgang bei nur einem Bewerber durchzuführen, wäre rein tatsächlich ein zweiter Wahlversuch, für dessen Legitimation das Gesetz aber nichts hergibt. Konsequenterweise müsste bei Scheitern des zweiten Wahlversuches als dritter Schritt ein Losentscheid darüber erfolgen, ob die vorgeschlagene Person gewählt ist oder nicht. Eine solche Entscheidung kann dem Gremium aber nicht aufgezwungen werden, da ansonsten jede vorgeschlagene Person faktisch zufällig gewählt werden könnte, wenn sich das Gremium in zwei Wahlgängen gegen sie bzw. nicht für sie ausspricht. Nach dem zweiten Wahlgang das Wahlverfahren abzubrechen, hieße willkürlich und nicht abschließend von der Anwendungsbreite des § 50 Abs. 2 Gebrauch zu machen. Daher ist die Durchführung eines zweiten Wahlganges bei Vorschlag nur eines Bewerbers nicht zulässig.

---

[337] BVerwG, Beschluss vom 04.02.1993 – 7 B 93/92, NVwZ 1993, S. 378.
[338] So auch Mitteilungen StGB NRW 1990, S. 57.
[339] So auch *Witte, G.*, KPBl. 1992, S. 440.

cc) Berücksichtigung von Nein-Stimmen bei der Stichwahl

Bei der Stichwahl werden Nein-Stimmen nicht mehr berücksichtigt. Nur im ersten Wahlgang zählen Nein-Stimmen bei der Berechnung der gültigen Stimmen mit. Wenn bei einer Hauptausschussgröße von 16 Mitgliedern zuzüglich des Bürgermeisters in einer Stichwahl 14 Nein-Stimmen, 2 Stimmen für den Kandidaten A und 1 Stimme für den Kandidaten B abgegeben werden, ist also A gewählt, da es allein auf die Mehrheit der Stimmen ankommt.[340]

c) Losentscheid

Führt auch die Stichwahl im Ergebnis zur Stimmenparität, sieht das Gesetz den Losentscheid vor, denn Wahlen sind zur Wahrung der Funktionsfähigkeit von Ämtern und Gremien auf Erfolg angelegt. Der Losentscheid ist als Zufallsentscheidung eine klare und vertretbare Lösung[341] und die ultima ratio, um eine Entscheidung herbeizuführen.[342]

Er steht einem Beschluss des Rates gleich und unterliegt bei rechtswidrigem Verfahren daher auch der Beanstandungspflicht des Bürgermeisters.[343]

Sollte der Bürgermeister das Los nicht selbst ziehen wollen, spricht nichts gegen die Wahrnehmung dieser Aufgabe durch eine andere Person. Diese muss wegen des dem Losentscheid innewohnenden Zufälligkeitselementes nicht unbedingt Ratsmitglied sein. [344] Es kann sogar besonderer Ausdruck der Zufälligkeit und Nichtbeeinflussbarkeit des Losentscheides sein, wenn ein nicht dem Rat oder der Verwaltung angehöriger Zuhörer das Los zieht. Das Gesetz weist jedenfalls in § 50 Abs. 2 S. 6 entgegen anderen Vorschriften[345] diese Kompetenz nicht ausdrücklich dem Bürgermeister zu, wenn sie sich auch aus seiner Sitzungsleitungskompetenz vorrangig ergeben mag.

Um Manipulationen weitgehend auszuschließen, bietet es sich in der Praxis an, tatsächlich Lose zu ziehen und nicht mangels gesetzlicher Konkretisierungen auf andere Verfahren auszuweichen, die einen Losentscheid im weiteren Sinne darstellen können. Denn grundsätzlich gibt es nicht nur ein zulässiges Verfahren der Losziehung, sondern es kommen auch andere Verfahren in Betracht, wenn durch sie ein nicht beeinflusstes Zufallsergebnis herbeigeführt wird.[346] Das Verfahren muss in jedem Fall transparent gestaltet sein und die Chancengleichheit unter den Kandidaten garantieren. So ist nach einer Entscheidung des Bundesverwaltungsgerichtes

---

[340] Vgl. auch *Hofmann, H./Muth, M./Theisen, R.-D.*, Kommunalrecht in NRW, S. 405.

[341] *Pestalozza, C.*, NVwZ 1993, S. 1069 unter Bezugnahme auf BerlVerfGH, Urteil vom 19.10.1992.

[342] *Rehn, E./Cronauge, U.*, Gemeindeordnung für das Land NRW, Erl. III, 4 zu § 50.

[343] OVG Münster, Urteil vom 29.03.1967, von Mutius, A., Rechtsprechungssammlung, Entscheidung Nr. 4 zu § 39 a. F.

[344] Vgl. VG Darmstadt, Urteil vom 30.05.1994, 3 E 1281/93.

[345] Siehe §§ 50 Abs. 3 S. 4, 58 Abs. 5 S. 3, 67 Abs. 2 S. 4.

[346] BVerwG, Beschluss vom 15.05.1991 – 6 P 15/89, NJW 1991, S. 3231, 3232; VGH München, Beschluss vom 13.12.1991 – 17 P 90.3560, NJW 1991, 2306, 2307, der einen Münzwurf für zulässig hält, wenn die Münze genügend hochgeworfen wurde und durch ihr Auftreffen auf einer harten Unterlage in mehrfache Umdrehung versetzt worden ist.

Streichholzziehen wegen der Manipulationsgefahr jedenfalls kein zulässiges Losverfahren.[347]

d) geheime Wahl

Anders als § 67 Abs. 2 Satz 1, der für die Wahl der ehrenamtlichen Stellvertreter des Bürgermeisters eine geheime Abstimmung vorschreibt, wird die Wahl des stellvertretenden Hauptausschussvorsitzenden nach den allgemeinen Verfahrensvorschriften des § 50 Abs. 2 durchgeführt. Das heißt, grundsätzlich findet eine offene Abstimmung statt. Wenn aber auch nur ein Hauptausschussmitglied der offenen Abstimmung widerspricht, muss die Wahl nach § 50 Abs. 2 Satz 1 geheim durch Abgabe von Stimmzetteln durchgeführt werden. Ein solcher Widerspruch muss unmittelbar im Zusammenhang mit dem Wahlvorgang stehen und unverzüglich geäußert werden. Eine spätere Rüge des Wahlverfahrens genügt den gesetzlichen Ansprüchen an den Widerspruch nicht.[348]

Das Fehlen von kommunalrechtlichen Spezialregelungen zur Durchführung einer geheimen Wahl erlaubt es nicht, eine solche vor dem Hintergrund des Selbstorganisationsrechts beliebig zu handhaben. Vielmehr folgen die Verfahrensanforderungen aus dem allgemeinen Wahlrechtsgrundsatz der geheimen Wahl,[349] die auch für Wahlen innerhalb kommunaler Organe gelten.

Das Prinzip der geheimen Wahl gehört zu den die demokratische Staatsform der Bundesrepublik Deutschland mitprägenden Wahlrechtsgrundsätzen, das im engen Zusammenhang mit der freien Wahl steht und eine unbeeinflusste Stimmabgabe garantieren soll.[350] Daher sind an die Durchführung einer geheimen Wahl hohe verfahrensrechtliche Anforderungen zu stellen, die eine Beobachtung der Stimmabgabe durch Dritte oder andere Wähler sowie eine Rekonstruktion der Wahlentscheidung des Wählers unmöglich machen.[351] Derartige Vorkehrungen, die weitestgehend die Gefahr der Identifizierung eines Wählers ausschließen, stellen z. B. die getrennte Abgabe der Stimmen in Wahlkabinen unter Verwendung eines einheitlichen Stiftes dar,[352] sowie die Ausgabe vorgedruckter Stimmzettel, auf denen lediglich noch ein Kreuz angebracht werden muss.[353] Außerdem darf die Beschaffenheit der Stimmzettel eine nachträgliche Individualisierungsmöglichkeit nicht zulassen.[354]

---

[347] BVerwG, Beschluss vom 15.05.1991 – 6 P 15/89, NJW 1991, S. 3231, 3232.

[348] VGH Mannheim, Urteil vom 21.12.1992 – 1 S 1834/92, NVwZ-RR 1993, S. 657, 658.

[349] VG Aachen, Beschluss vom 19.09.1995 – 4 L 1360/95, NVwZ-RR 1996, S. 414, 415.

[350] OVG Münster, Urteil vom 17.12.1958 – III A 1014/58, OVGE 14, 257, 262; *Maunz, T./Dürig, G.*, Grundgesetz, Art. 38 GG, Rn. 47 und 54.

[351] OVG Lüneburg, Beschluss vom 07.03.1990 – 10 M 5/90 –, DVBl. 1990, S. 831, 833; OVG Münster, Beschluss vom 12.02.1982 – 12 B 2305/81, NVwZ 1982, S. 684, 685. *Meyer, H.*, Kommunalwahlrecht in HdkWP, Band II, S. 41.

[352] *Jung, F. J./Jaxt, D.*, ZRP 1985, S. 50, 51 f.

[353] Allerdings ist die Wahl nicht automatisch ungültig, wenn Stimmzettel verteilt werden, die handschriftlich ausgefüllt werden müssen, denn es ist auch möglich, die Schrift zu verstellen oder in Druckbuchstaben zu schreiben, vgl. *Rehn, E./Cronauge, U.*, Gemeindeordnung für das Land NRW, Erl. I, 3 zu § 50.

[354] Vgl. hierzu eingehend *Bücking, H.-J.*, DVP 1997, S. 47 ff. Nach OVG Münster, Beschluss vom 23.04.1996 – 15 A 5854/95, NWVBl. 1996, S. 436 ist die Benutzung von Wahlumschlägen nicht erforderlich.

Trotz dieser Vorkehrungen kann der Versuch der Durchbrechung des Wahlgeheimnisses nicht ausgeschlossen werden, wenn Fraktionen eine bestimmte Kennzeichnung von Stimmzetteln verabredet haben, um ein einheitliches Abstimmungsverhalten zu demonstrieren oder mögliche Abweichler in den eigenen Reihen zu fraktionstreuer Abstimmung zu bewegen.[355] Um derartige Missbrauchsmöglichkeiten von vornherein zu unterbinden, sieht die Rechtsprechung alle von der zuvor bestimmten Art und Weise abweichend gekennzeichneten Stimmzettel als ungültig an, ohne aber die gesamte Wahl für ungültig zu erklären.[356]

Der Grundsatz der geheimen Wahl ist schon dann verletzt, wenn die Möglichkeit zur Beobachtung der Stimmabgabe bestand. Es kommt nicht darauf an, dass die Stimmabgabe tatsächlich von einem Dritten oder einem anderen Wähler beobachtet wurde.[357]

C. Die Aufgaben des Vorsitzenden

Nach § 58 Abs. 2 Satz 1 finden auf die Ausschussmitglieder und das Verfahren in den Ausschüssen die für den Rat geltenden Vorschriften entsprechende Anwendung. Die Aufgaben des Bürgermeisters in seiner Funktion als Hauptausschussvorsitzender und als Ratsvorsitzender entsprechen sich daher.[358] Dies gilt allerdings nur, soweit § 58 nicht besondere Regelungen für die Ausschüsse trifft, wie z. B. für das Aufstellen der Tagesordnung, die Bekanntmachung oder die Mitgliedschaft von sachkundigen Bürgern oder Einwohnern.

I. Einberufung zur Sitzung und Aufstellen der Tagesordnung

1. Einberufung

a) Begriff

Unter Einberufung einer Sitzung ist das frist- und formgemäße Zusenden der Einladung zu verstehen, welche Zeit und Ort der Sitzung benennt sowie eine vollständige und hinreichend bestimmte Liste der öffentlichen und nichtöffentlichen Tagesordnungspunkte enthält.[359]

b) Turnus der Sitzungen

aa) Anwendung des § 47 Abs. 1 Satz 3

Für Ausschüsse enthält die GO NRW keine ausdrückliche Bestimmung darüber, wie häufig Ausschusssitzungen stattfinden müssen.[360] Nach § 47 Abs. 1 Satz 3 soll der Rat zusammentreten, so oft es die Geschäftslage erfordert. Jedoch soll die Einberu-

---

[355] Vgl. VG Wiesbaden, Urteil vom 28.05.1986 – III E 298/86, NVwZ-RR 1989, S. 97, 99.

[356] OVG Lüneburg, Beschluss vom 07.03.1990 – 10 M 5/90 –, DVBl. 1990, S. 831, 833; vgl. auch *Grasser, W.*, BayVBl. 1988, S. 513, 514 f.

[357] OVG Lüneburg, Beschluss vom 07.03.1990 – 10 M 5/90 –, DVBl. 1990, S. 831; Urteil vom 28.02.1984 – 2 A 37/83, NVwZ 1985, S. 850; OVG Münster, Beschluss vom 12.02.1982 – 12 B 2305/81, NVwZ 1982, S. 684, 685; VG Aachen, Beschluss vom 19.09.1995 – 4 L 1360/95, NVwZ-RR 1996, S. 414.

[358] *Lange, U.*, Der hauptamtliche Bürgermeister, S. 83.

[359] Vgl. *Rothe, K.-H.*, NVwZ 1992, S. 531.

[360] *Rehn, E./Cronauge, U.*, Gemeindeordnung für das Land NRW, Erl. II, 3 zu § 58.

fung wenigstens alle 2 Monate erfolgen. Aus der Verweisungsvorschrift des § 58 Abs. 2 Satz 1 kann aber nicht gefolgert werden, dass diese Ordnungsvorschrift[361] auch für die Ausschüsse gelten soll. Dies schon deshalb nicht, weil der Rat – von spezialgesetzlich vorgesehenen Ausschüssen abgesehen – nur zur Errichtung der in § 59 aufgeführten Ausschüsse verpflichtet ist. Richtet er auf fakultativer Basis einen Ausschuss ein, weil er hierfür ein Bedürfnis sieht, so gehört auch die Bestimmung des Turnus der Sitzungen in die Organisationshoheit des Rates bzw. ist sie Gegenstand der Einberufungskompetenz des Ausschussvorsitzenden.

Allein die Tatsache, dass der Hauptausschuss zu den Pflichtausschüssen des § 59 zählt, vermag keine andere Betrachtungsweise zu rechtfertigen. Mit der Maßgabe des § 47 Abs. 1 Satz 1 intendierte der Gesetzgeber ein regelmäßiges Zusammentreten des wichtigsten Entscheidungsorgans der Gemeindeordnung.[362] Der Rat besitzt nach § 41 Abs. 1 Satz 2 und weiterer außerhalb dieses Ausschließlichkeitskataloges normierten Zuständigkeiten eine Vielzahl originärer Entscheidungskompetenzen, die sich der Delegationsmöglichkeit entziehen. Daher ist es für die Erfüllung der gesetzlichen Aufgaben der Gemeinde und für eine funktionierende Selbstverwaltung unerlässlich, dass dieses Gremium regelmäßig tagt.

Auch in der Tatsache, dass der Rat in der Praxis eine große Anzahl delegationsfähiger Kompetenzen auf die Ausschüsse überträgt, kann kein Argument für die entsprechende Anwendung des § 47 Abs. 1 Satz 3 gesehen werden. Schließlich verfügt der Rat über ein Rückholrecht, welches es ihm erlaubt, die Entscheidung im Einzelfall bei Bedarf wieder an sich zu ziehen.

bb) Notwendigkeit der Einberufung und Einschränkungen der Einberufungskompetenz des Bürgermeisters

(1) Der Anspruch nach § 47 Abs. 1 Satz 4

Die Einberufung des Hauptausschusses ist geboten, wenn die administrativen und politischen Geschäfte ein Tätigwerden durch Beratung oder Entscheidung verlangen. Hinsichtlich der Entscheidung über die Einberufung hat der Bürgermeister ein weites Ermessen. Allgemein hat dieses pflichtgemäße Ermessen seine Grenze im Willkürverbot.[363]

Gleichwohl kann der Bürgermeister bei der Entscheidung über die Einberufung des Hauptausschusses nicht beliebig verfahren. Die Mitgliedschaftsrechte der einzelnen Ausschussmitglieder gehen zwar nicht soweit, dass ein einzelnes Ausschussmitglied die Einberufung des Ausschusses erzwingen kann.[364] Aufgrund der Minderheiten schützenden Vorschrift des § 47 Abs. 1 Satz 4, die über § 58 Abs. 2 Satz 1 auch für den Hauptausschuss entsprechend Anwendung findet, ist der Bürgermeister jedoch verpflichtet, den Hauptausschuss einzuberufen, wenn es ein Fünftel der Ausschussmitglieder unter Angabe der zur Beratung zu stellenden Gegenstände verlangt. Wenn § 47 Abs. 1 Satz 4 diesen Anspruch auf Einberufung auch den Fraktionen zu-

---

361 *Kirchhof, R.* in Held u. a., Kommunalverfassungsrecht NRW, Erl. 3.2 zu § 47.

362 Kritisch zu derartigen Vorgaben des Gesetzgebers: *Thiele, R.* vor dem Hintergrund des § 38 Abs. 1 NLO, KommunalPraxis N 2000, S. 31.

363 *Erlenkämper, F.*, NVwZ 1993, S. 432.

364 Vgl. VG Oldenburg, Kommunalpraxis N 2000, S. 31.

billigt, ist dies allerdings ausschließlich für den Rat zu verstehen. Nach dem Wortlaut der Legaldefinition des § 56 Abs. 1 Satz 1 existieren Fraktionen nur im Rat und in den Bezirksvertretungen. Für die Ausschüsse kennt die GO NRW den Fraktionsbegiff nicht.[365] Er ist vom Gesetzgeber wohl auch deshalb nicht gewollt, weil ansonsten einer kleinen Anzahl von Ausschussmitgliedern, gegebenenfalls einer „Ein-Mann-Fraktion" umfangreiche Rechte zustehen würden, die eine Überdehnung des Minderheitenschutzes darstellen könnten.[366] Da § 47 Abs. 1 Satz 4 über § 58 Abs. 1 Satz 1 für das Verfahren in den Ausschüssen nur entsprechend gilt, kann der Fraktionsbegriff nicht ohne weiteres entgegen dem Wortlaut des § 56 Abs. 1 Satz 1 umgedeutet werden. Dafür spricht ferner, dass der Gesetzgeber in § 57 Abs. 4 Satz 2 hinsichtlich der Einspruchsmöglichkeit durch Ausschussmitglieder ausdrücklich nur von einem Fünftel als notwendiges Quorum spricht und nicht mehr – wie im Zusammenhang mit den Vorschriften für das Verfahren im Rat – zusätzlich von einer Fraktion. Auch hat nicht etwa eine Ratsfraktion das Recht zur Einberufung des Hauptausschusses.

Der Antrag eines Fünftels der Ausschussmitglieder auf Einberufung muss den konkreten Beratungsgegenstand bezeichnen. Es können auch mehrere Beratungsgegenstände benannt werden, soweit sie hinreichend bestimmt sind.[367] Näher begründet werden muss der Einberufungsantrag nicht.[368] Ein Schrifterfordernis ist § 47 Abs. 1 Satz 4 nicht zu entnehmen. Die Erreichung des Quorums muss aber für den Bürgermeister erkennbar sein, was regelmäßig einen schriftlichen Antrag mit einer entsprechenden Zahl von Unterschriften voraussetzen wird.

(2) Sperrklauseln in der Geschäftsordnung

In der kommunalen Praxis enthalten Geschäftsordnungen vielfach sogenannte Sperrklauseln, nach denen eine Angelegenheit, über die abschließend beraten und beschlossen wurde, innerhalb einer bestimmten Frist nicht erneut auf die Tagesordnung gesetzt werden darf. Eine solche Regelung befreit den Bürgermeister von seiner Pflicht, den Hauptausschuss einzuberufen oder den beantragten Gegenstand in die Tagesordnung aufzunehmen.[369] Er muss aber bei der Anwendung der Geschäftsordnungsregelung dem Minderheitenschutz der §§ 47 Abs. 1 Satz 4 und § 48 Abs. 1 Rechnung tragen.

Grenzen sind diesem Minderheitenschutz durch das allgemeine Verbot des Rechtmissbrauchs, welches in der Geschäftsordnung entsprechend konkretisiert sein kann, gesetzt. Das heißt, letztlich sind Sperrklauseln in der Geschäftsordnung an den §§ 47 Abs. 1 Satz 4 und 48 Abs. 1 zu messen. Darüber hinaus darf der Bürgermeister einen Einberufungsantrag auch wegen erkennbar mangelnder Ernsthaftigkeit,

---

365 *Kirchhof, R.* in Held u. a., Kommunalverfassungsrecht NRW, Erl. 8.1 zu § 58; *Rehn, E./ Cronauge, U.*, Erl. II, 1 zu § 58.

366 Vgl. *Schwabe, J./Sundermann, W.*, Kommunalverfassungsrecht NRW, S. 138.

367 *Rehn, E./Cronauge, U.*, Gemeindeordnung für das Land NRW, Erl. I, 3 zu § 47.

368 OVG Münster Beschluss vom 13.09.1995 – 15 B 2233/95, NWVBl. 1996, S. 7; *Kirchhof, R.* in Held u. a., Kommunalverfassungsrecht NRW, Erl. 4 zu § 47.

369 A. A: *Rehn, E./Cronauge, U.*, Gemeindeordnung für das Land NRW, Erl. I, 3 zu § 47, Erl. I, 1 zu § 48.

Sinnlosigkeit oder tatsächlicher Beratungsunfähigkeit unberücksichtigt lassen.[370] Gegebenenfalls kommt bei fortwährendem, sich an der Grenze zum Rechtsmissbrauch befindendem Verhalten auch eine Auflösung und sofortige Neubesetzung des Hauptausschusses als Problemlösung in Betracht. Von dem Recht nach § 47 Abs. 1 Satz 4 kann allerdings nicht in der Zeit vom Tag der Einberufung durch den Bürgermeisters bis zum Tag der Sitzung Gebrauch gemacht werden, da das Begehren einer Minderheit nach Einberufung in diesem Fall nicht mehr schutzwürdig sein kann. Sofern es um die Erweiterung der Tagesordnung geht, findet insoweit § 48 Abs. 1 als die speziellere Vorschrift Anwendung.[371]

(3) Dringlichkeit und andere ausschließliche gesetzliche Zuständigkeiten

Eine weitere Einschränkung der Entscheidungshoheit des Bürgermeisters bei der Einberufung des Hauptausschusses ergibt sich aus den diesem zugewiesenen gesetzlichen Zuständigkeiten. Nach § 60 Abs. 1 Satz 1 entscheidet der Hauptausschuss in Angelegenheiten, die der Beschlussfassung des Rates unterliegen, falls dessen Einberufung nicht rechtzeitig möglich ist. Liegt ein solcher Dringlichkeitsfall vor, ist der Bürgermeister verpflichtet, den Hauptausschuss einzuberufen, falls dies rechtzeitig möglich ist. Darüber hinaus wird der Bürgermeister aufgrund der besonderen Stellung des Hauptausschusses im kommunalverfassungsrechtlichen Gefüge, insbesondere vor dem Hintergrund seiner Koordinierungsfunktion den Hauptausschuss regelmäßig einberufen müssen, sobald es die Geschäftslage erfordert.

c) Form und Frist der Einberufung

Bei der Einberufung des Hauptausschusses hat der Bürgermeister die Geschäftsordnungsbestimmungen hinsichtlich Frist und Form zu beachten.[372] Eine fehlerhafte Ladung ist rechtserheblich und kann die Rechtswidrigkeit der Beschlüsse nach sich ziehen.[373] Allerdings ist es möglich, dass auf die Einhaltung der Ladungsfrist nachträglich in der Sitzung verzichtet wird, wenn die Einladung verspätet zugegangen ist.[374] Dies kann jedoch nur dann gelten, wenn die Öffentlichkeit rechtzeitig über den Sitzungstermin unterrichtet wurde. Die Bestimmung einer ausreichenden Ladungsfrist soll nämlich nicht nur die Ausschussmitglieder vor Überrumpelungen schützen, sondern sie ist auch maßgebliches Kriterium für den Zeitpunkt der Unterrichtung der Öffentlichkeit über die Sitzung im Wege der Bekanntmachung. Sofern hier nicht durch Ortsrecht andere Regelungen getroffen werden, kann die Frist für eine rechtzeitige Sitzungsbekanntmachung gerade auch vor dem Hintergrund der Regelung des § 58 Abs. 2 Satz 3 deutlich kürzer bemessen sein als die Einberufungsfrist.

---

370 OVG Münster, Urteil vom 16.12.1983 – 15 A 2027/83, NVwZ 1984, S. 325.

371 Vgl. auch *Rehn, E./Cronauge, U.*, Gemeindeordnung für das Land NRW, Erl. I, 3 zu § 47.

372 Vgl. § 47 Abs. 2.

373 Zum Problem der fehlerhaften Ladung zu Ausschusssitzungen: *Behnel, I.*, NWVBl. 1993, S. 406 ff.; zu den rechtlichen Folgen von Geschäftsordnungsverstößen: *Schneider, O.*, NWVBl. 1996, S. 91.

374 *Kutter, U.*, VR 1998, S. 394; *Rehn, E./Cronauge, U.*, Gemeindeordnung für das Land NRW, Erl. II, 3 zu § 47; vgl. auch die ausdrückliche Bestimmung in § 34 Abs. 4 GemO RhPf.

Für eine formgerechte Einberufung reicht es aus, wenn nur das Original des Ladungsschreibens handschriftlich unterzeichnet ist.[375]

Sollten in einer Sitzung nicht alle Tagesordnungspunkte abgearbeitet werden können, ist eine Fortsetzung am nächsten Tag nicht ohne weiteres zulässig. Vielmehr muss zum Schutz der Mandatsträger vor terminlichen Überrumpelungen eine weitere Sitzung terminiert werden, zu der ordnungsgemäß einzuladen ist.[376] Dies gilt jedoch nicht, wenn bereits in der Einladung zur ursprünglichen Sitzung auf die Fortführung der Sitzung am nächsten Tag hingewiesen wurde. Denn dann sind sowohl die Hauptausschussmitglieder als auch die Öffentlichkeit im Vorfeld hinreichend informiert worden.

Die Einberufungskompetenz des Bürgermeisters umfasst auch die Befugnis, den Zeitpunkt des Beginns der Sitzungen festzustellen.[377] Dabei muss der Bürgermeister allerdings trotz des Freistellungsanspruches nach § 44 Abs. 2 Satz 1 auf die beruflichen und geschäftlichen Beanspruchungen der Gremiumsmitglieder Rücksicht nehmen.[378] Außerdem darf der Grundsatz der Öffentlichkeit der Sitzungen nicht dadurch ausgehöhlt werden, dass Sitzungen zu Unzeiten einberufen werden, die es Berufstätigen nicht erlauben, ihr demokratisches Kontrollrecht durch Teilnahme als Zuhörer an den Sitzungen auszuüben.[379] Ebenso wird die Organisationsbefugnis des Bürgermeisters bei der Wahl des Sitzungsortes durch den Grundsatz der Sitzungsöffentlichkeit begrenzt.[380] Aufgrund der Vorteile, die sich sowohl aus zentralen als auch dezentralen Sitzungsorten sowie fixen oder variierenden Sitzungsorten ergeben können, steht dem Bürgermeister hier aber ein weiter Ermessensspielraum zu, der allein durch das Willkürverbot begrenzt wird.[381] In jedem Fall muss die Sitzung im gemeindlichen Hoheitsgebiet stattfinden.[382]

In der Praxis kommt es vor, dass die Einladungen teilweise deutlich vor Ablauf der durch die Geschäftsordnung festgelegten Einberufungsfrist mit Rücksicht auf bevorstehende Fraktionssitzungen (insbesondere der Mehrheitsfraktion) versandt werden. Bei einer solchen Vorgehensweise setzt sich der Bürgermeister der Gefahr aus, dass möglicherweise noch ein fristgerechter Antrag auf Aufnahme eines Beratungsgegenstandes in die Tagesordnung nach § 48 Abs. 1 Satz 2 gestellt wird. Denn die Frist nach § 48 Abs. 1 Satz 2 ist naturgemäß länger bemessen als diejenige nach § 47 Abs. 2 Satz 1. Damit ist in der Praxis der frühestmögliche Einberufungstermin der Zeitpunkt des Ablaufs der Frist nach § 48 Abs. 1 Satz 2. Auf die Möglichkeit,

---

[375] VG Wiesbaden, Beschluss vom 26.04.1994 – 3/3 G 269/94 –, von Mutius, A., Rechtsprechungssammlung, Entscheidung Nr. 1 zu § 47.

[376] Mitteilungen StGB NRW 1992, S. 318.

[377] VGH Mannheim, Urteil vom 11.06.1991 – 1 S 780/90, DÖV 1992, S.168.

[378] Vgl. VGH Mannheim, Urteil vom 11.06.1991 – 1 S 780/90, DÖV 1992, S. 168, 169.

[379] Vgl. eingehend hierzu OVG Saarland, Urteil vom 22.04.1993 – 1 R 35/91 –, DÖV 1993, S. 964, 965, das den Verfahrensgrundsatz der Öffentlichkeit bei einem Sitzungsbeginn von 16.15 Uhr als nicht verletzt ansieht; zu weitgehend und unbestimmt ist die Forderung von *Gramlich, L.*, dass Sitzungen erst nach Feierabend beginnen dürfen, wobei er allerdings selbst für Ausschusssitzungen eine Lockerung vorsieht , DÖV 1982, S. 147.

[380] OVG Münster, Urteil vom 21.07.1989 – 15 A 713/87, NVwZ 1990, S. 186, 187.

[381] OVG Münster, Urteil vom 21.07.1989 – 15 A 713/87, NVwZ 1990, S. 187.

[382] So auch *Kirchhof, R.* in Held u. a., Kommunalverfassungsrecht NRW, Erl. 7.2 zu § 48.

fristgerecht eingegangene Tagesordnungsanträge vor Ablauf der Ladungsfrist noch nachzusenden, sollte jedenfalls verzichtet werden, weil sich hieraus je nach Einzelfall eine Verkürzung der Rechtsposition der Minderheiten ergeben kann. Diesen nachgeschobenen Punkten kommt naturgemäß nicht dieselbe Aufmerksamkeit zu, und wenn der Bürgermeister nicht die bereits bestehende Tagesordnung ändern will, stellen sie auch in der Unterrichtung der Öffentlichkeit ein bloßes Nachreichen dar.

d) Absage einer bereits einberufenen Sitzung

Problematisch ist die Frage, unter welchen Voraussetzungen der Bürgermeister eine bereits einberufene Hauptausschusssitzung absagen darf. Grundsätzlich muss man dem Bürgermeister die Befugnis, eine Sitzung abzusagen als Annexkompetenz im Sinne eines actus contrarius zur Einberufungsbefugnis zubilligen. Vor dem Hintergrund des Willkürverbotes darf er aber eine bereits anberaumte Sitzung nicht aus unsachlichen oder persönlichen Gründen annullieren.[383] Erst recht gilt dies, wenn er zur Einberufung verpflichtet war. Insbesondere muss berücksichtigt werden, dass die Versendung der Einladung durch den Bürgermeister geeignet ist, einer Gruppierung von Ausschussmitgliedern zuvorzukommen, die möglicherweise einen Antrag nach §§ 58 Abs. 1 Satz 1, 47 Abs. 1 Satz 4 zu stellen beabsichtigte. Wenn dann auf einen solchen Antrag im Hinblick auf die bereits erfolgte Einladung verzichtet wird, ist es vor dem Hintergrund des Minderheitenschutzes bedenklich, die Kompetenz zum Absagen eines Sitzungstermins ohne weitere Voraussetzungen dem Bürgermeister zuzubilligen. Der Bürgermeister ist vor Absage einer Sitzung daher zumindest gehalten, über die einzelnen Parteien und Wählergruppen hinaus stichprobenartig zu eruieren, ob die Absage der Sitzung auf breite Akzeptanz stößt. Im Idealfall müsste er diese Frage mit mindestens 80 % der Ausschussmitglieder klären.[384] Befragt er nicht zumindest jede Fraktion mit Blick auf ein möglicherweise im Vertrauen auf die anberaumte Sitzung zurückgestelltes Begehren nach § 47 Abs. 1 Satz 4, ist die Absage der Sitzung rechtswidrig.

2. Aufstellen der Tagesordnung

a) Funktion der Tagesordnung

Die Tagesordnung für die Ausschusssitzungen setzt gemäß § 58 Abs. 2 Satz 2 der Ausschussvorsitzende mit dem Bürgermeister fest. Für den Hauptausschuss bedarf es naturgemäß dieser Benehmensherstellung nicht, weil der Bürgermeister selbst Vorsitzender des Ausschusses ist. Für den Stellvertretungsfall ist aber eine Benehmensherstellung des stellvertretenden Ausschussvorsitzenden mit dem hauptamtlichen Stellvertreter des § 58 Abs. 2 Satz 2 erforderlich.[385]

Die Tagesordnung hat zum einen die Funktion, die kommunalen Mandatsträger vor Überrumpelungen zu schützen und ihnen eine sachgerechte Vorbereitung zu ermöglichen, zum anderen soll sie über das Instrumentarium der Bekanntmachung den

---

[383] *Kirchhof, R.* in Held u. a., Kommunalverfassungsrecht NRW, Erl. 1.2 zu § 47.
[384] Vgl. auch Mitteilungen StGB NRW 1992, S. 159.
[385] Siehe die Ausführungen unter § 4, B, II, 2b.

Bürger unterrichten und ihm die Möglichkeit geben, sich zu informieren und demokratische Kontrolle auszuüben.[386]

b) Inhalt der Tagesordnung und Einschränkungen der Aufstellungskompetenz des Bürgermeisters

aa) Der Anspruch nach § 48 Abs. 1 Satz 2

Bei der Aufstellung der Tagesordnung orientiert sich der Bürgermeister zunächst an den Sachgegenständen, die er aus der Verwaltungstätigkeit heraus für beratungs- oder entscheidungsreif hält. Ihm steht dabei ein breiter Spielraum sowohl im Hinblick auf die Festsetzung als auch die Reihenfolge der Tagesordnung zu. Allerdings ist der Bürgermeister gemäß § 48 Abs. 1 Satz 2 verpflichtet, Vorschläge in die Tagesordnung aufzunehmen, die ihm innerhalb einer in der Geschäftsordnung zu bestimmenden Frist von einem Fünftel der Ausschussmitglieder vorgelegt werden.[387] Einer Fraktion wird dieses Recht nicht zugebilligt, da sie nur als Untergliederung des Rates oder einer Bezirksvertretung existiert, nach dem klaren Wortlaut des § 56 Abs. 1 aber nicht in Ausschüssen.[388] Soweit der Vorsitzende bzw. Wortführer einer ausreichend großen Gruppe von Gremiumsmitgliedern gleicher Parteizugehörigkeit den Antrag nach § 48 Abs. 1 Satz 2 ausdrücklich in deren Namen stellt, ist für den Gremiumsvorsitzenden das Quorum jedoch erkennbar erreicht. Das setzt aber voraus, dass zuvor die Mitglieder der Gruppe sich damit einverstanden erklärt haben, dass Anträge ihres Wortführers auch als in ihrem Namen gestellt gelten sollen.

Für die Bestimmung des fristgerechten Eingangs des Antrages nach § 48 Abs. 1 Satz 2 ist nicht auf den Zeitpunkt der tatsächlichen Verfügungsgewalt abzustellen, sondern darauf, wann der Bürgermeister von dem Antrag nach regelmäßigen Verhältnissen Kenntnis nehmen kann.[389] Hierfür spricht der Wortlaut des Gesetzes („vorgelegt" und nicht etwa „eingegangen"). Aus der gesetzlichen Formulierung „vorgelegt" ist zu schließen, dass der Gesetzgeber Schriftform voraussetzt. Ein Anspruch des Einzelnen auf Aufnahme eines Gegenstandes in die Tagesordnung besteht aber weder einfachgesetzlich noch ist er verfassungsrechtlich geboten.[390]

---

386 *Kirchhof, R.* in Held u. a., Kommunalverfassungsrecht NRW, Erl. 1 zu § 48.

387 Zur Verfassungsmäßigkeit dieser Regelung vgl. BVerfG, Beschluss vom 27.11.1989 – 2 BvR 246/89, NVwZ 1990, S. 355.

388 Vgl. OVG Münster, Beschluss vom 23.12.1988 – 15 B 3157/88; VG Düsseldorf, Beschluss vom 26.10.1988 – IL 2006/88; Der Kommissionsbericht zur Reform der GO NRW sieht als Empfehlung die Erweiterung der Einflussrechte von Fraktionen auf die Tagesordnung von Ausschusssitzungen vor; ablehnend: Landkreistag NRW in Eildienst Landkreistag NRW 2002, S. 220.

389 VG Kassel, Beschluss vom 12.03.1996, von Mutius, A., Rechtsprechungssammlung, Entscheidung Nr. 4 zu § 48. In dem vom Gericht zu behandelnden Fall galt ein am späten Freitagabend per Fax eingegangener Antrag daher erst als am Montagmorgen zugegangen.

390 BVerwG, Beschluss vom 14.12.1992 – 7 B 50.92 –, DVBl. 1993, S. 891, 892; OVG Schleswig, Urteil vom 16.11.1993 – L 124/93, NVwZ-RR 1994, S. 459, 460; VGH Mannheim, Urteil vom 29.05.1984 – 1 S 252/84, NVwZ 1984, S. 664, 665; anders das bayerische Recht, vgl. VGH München, Urteil vom 10.12-1986 – 4 B 85 A. 916, NVwZ 1988, S. 83.

Jedoch ist dem Tagesordnungsantrag des Einzelnen, auch wenn er unterhalb der Schwelle eines Anspruchs steht, aufgrund seiner eine bestimmte Wählerschaft repräsentierenden Stellung eine gewisse Rechtswirkung insoweit zuzusprechen, als der Bürgermeister ihn im Rahmen der Ermessensausübung bei Aufstellung der Tagesordnung zu berücksichtigen hat. Dem Bereich des ganz Unverbindlichen ist er demnach nicht zuzuordnen.[391] Vielmehr besteht insoweit ein Anspruch auf fehlerfreie Ermessensausübung.

Die Geschäftsordnung darf das Recht von Minderheiten nach § 48 Abs. 1 Satz 2 nicht durch die Bestimmung weiterer Antragsvoraussetzungen einschränken, denn das Gesetz regelt die Materie zum Schutz der Minderheiten insoweit abschließend.[392]

bb) Tagesordnungspunkte aus einer vorherigen Sitzung

Das Aufstellungsrecht des Bürgermeisters hinsichtlich der Tagesordnung des Hauptausschusses wird weiterhin dadurch beschränkt, dass Tagesordnungspunkte, die in der vergangenen Sitzung nicht mehr behandelt wurden, in die Tagesordnung der neuen Sitzung aufgenommen werden müssen.[393]

cc) Dringlichkeit

Eine weitere Einschränkung ergibt sich aus der Pflicht des Bürgermeisters, im Dringlichkeitsfall entweder eine noch nicht geplante Sitzung zu terminieren und den dringlichen Tagesordnungspunkt festzusetzen oder aber die Tagesordnung einer schon geplanten, bevorstehenden Sitzung um den dringlichen Tagesordnungspunkt vor Versendung der Einladung zu erweitern. Er muss dringende Angelegenheiten aufnehmen, um eine Entscheidung unter Abweichung vom Kollegialprinzip durch den Bürgermeister und ein weiteres Ausschussmitglied nach § 60 Abs. 1 Satz 2 zu vermeiden.

Der Bürgermeister muss ferner Dringlichkeitsentscheidungen in die Tagesordnung aufnehmen, die nach § 60 Abs. 2 Satz 1 beschlossen wurden und die der Genehmigung durch den Hauptausschuss bedürfen.

dd) Öffentlicher und nichtöffentlicher Teil

Der Bürgermeister ist bei seiner Entscheidung über den Inhalt der öffentlichen und nichtöffentlichen Tagesordnung verpflichtet, gewisse Angelegenheiten in die nichtöffentliche Tagesordnung aufzunehmen. Hierzu gehören alle Angelegenheiten, deren vertrauliche Beratung im öffentlichen Interesse oder im Interesse einzelner Personen liegt.[394] Das Interesse an der Nichtöffentlichkeit muss dabei das Interesse an einer demokratischen Kontrolle, die durch die Öffentlichkeit von Sitzungen sichergestellt werden soll, überwiegen.[395] Erforderlich ist insgesamt die Herstellung einer prakti-

---

[391] OVG Schleswig, Urteil vom 16.11.1993 – L 124/93, NVwZ-RR 1994, S. 459.
[392] OVG Münster, Beschluss vom 13.09.1995 – 15 B 2233/95, NWVBl. 1996, S. 7, 8.
[393] *Rothe, K.-H.*, NVwZ 1992, S. 531.
[394] VG Köln, Urteil v. 25.01.1985, Az. 4 K 3729/84.
[395] Mitteilungen StGB NRW, S. 387.

schen Konkordanz zwischen den datenschutzrechtlich relevanten Grundrechten und dem kollidierenden Grundsatz der Öffentlichkeit.[396]

Ein Verstoß gegen den Öffentlichkeitsgrundsatz liegt auch dann vor, wenn die Sachdiskussion grundlos in der nichtöffentlichen Sitzung geführt werden soll, um dort Argumente auszutauschen, der eigentliche Beschluss aber sodann öffentlich gefasst werden soll.[397]

Gemäß § 48 Abs. 2 Satz 2 kann der Rat in der Geschäftsordnung die Nichtöffentlichkeit für bestimmte Angelegenheiten vorschreiben. Dabei ist er aber selbst dem Grundsatz der Sitzungsöffentlichkeit verpflichtet. Der Bürgermeister ist an diese Geschäftsordnungsbestimmung gebunden, weil der Gesetzgeber eine Konkretisierung durch den Rat erlaubt hat. Dies gilt auch für die gesetzliche Option, eine Einwohnerfragestunde aufgrund einer entsprechenden Geschäftsordnungsregelung in die Tagesordnung aufzunehmen.[398] Im Übrigen können die dem Bürgermeister gesetzlich zugewiesenen Kompetenzen aber nicht durch Geschäftsordnungsregelung unterlaufen werden.[399] So wäre es wegen der ausdrücklichen Kompetenzzuweisung des § 48 Abs. 2 Satz 1 an den Bürgermeister zur Festsetzung der Tagesordnung nicht zulässig, wenn der Rat den Bürgermeister durch Geschäftsordnung anweisen würde, als Standardtagesordnungspunkt für jede Sitzung z. B. den Beratungsgegenstand „Eingänge" vorzusehen. Eine derartige Regelung hätte allenfalls empfehlenden Charakter.

Als geheimhaltungsbedürftige Angelegenheiten für die Tagesordnung kommen insbesondere in Betracht: Personalangelegenheiten, Grundstücksangelegenheiten, Öffentliche Auftragsvergabe, Angelegenheiten der zivilen Verteidigung, Abgabenangelegenheiten, Rechnungsprüfungsangelegenheiten,[400] aber auch z. B. das prozesstaktische Vorgehen in einem von der Gemeinde geführten Rechtsstreit.[401]

ee) Sachverhalte, die der Beanstandung unterliegen

Der Bürgermeister wird schon im eigenen Interesse Angelegenheiten erneut auf die Tagesordnung setzen, in denen er zuvor eine Beanstandung nach § 54 Abs. 3 ausgesprochen hat. Aber auch gesetzlich ist er hierzu verpflichtet, denn der Gesetzgeber geht erkennbar von einer unverzüglichen Weiterbehandlung solcher Angelegenheiten aus, was in der Natur der Sache liegt.

ff) Anregungen und Beschwerden nach § 24

Ferner kann der Bürgermeister in seiner Kompetenz über die Aufstellung der Tagesordnung dadurch eingeschränkt sein, dass der Rat den Hauptausschuss als Be-

---

[396] *Ehlers, D./Heydemann, C.*, DVBl. 1990, S. 4.

[397] VGH Mannheim, Urteil vom 20.07.2000 – 14 S 237/99, NVwZ-RR 2001, S. 462.

[398] §§ 58 Abs. 2 S. 1, 48 Abs. 1 S. 3; Einwohnerfragestunden sind durch Gesetzesänderung vom 17.05.1994 (GV.NRW. S. 270) nunmehr auch in Ausschüssen zulässig.

[399] OVG Münster, Beschluss vom 13.09.1995 – 15 B 2233/95 –, von Mutius, A., Rechtsprechungssammlung, Entscheidung Nr. 3 zu § 48.

[400] Vgl. im einzelnen *Kirchhof, R.* in Held u. a., Kommunalverfassungsrecht NRW, Erl. 13 zu § 48; *Rehn, E./Cronauge, U.*, Erl. V, 2 zu § 48.

[401] OVG Münster, Urteil vom 24.04.2001 – 15 A 3021/97, NVwZ-RR 2002, S. 135, 136.

schwerdeausschuss im Sinne von § 24 bestimmt hat. Dann hat er Anregungen und Beschwerden zu deren Erledigung auf die Tagesordnung des Hauptausschusses zu setzen.

gg) Prüfungsrecht des Bürgermeisters

Dem Bürgermeister steht ein Prüfungsrecht von Tagesordnungsanträgen nur hinsichtlich Form und Frist zu. Ein materielles Prüfungsrecht wird von der Rechtsprechung selbst dann verneint, wenn der Tagesordnungsantrag auf einen gesetzeswidrigen Beschluss hinauslaufen würde.[402] Aufgrund des eindeutigen Gesetzeswortlautes[403] ist dieser Auffassung entgegen der in der Literatur vorgebrachten Kritik[404] zu folgen.

Darüber hinaus sprechen die teleologischen Gründe des Minderheitenschutzes für eine solche Auslegung.[405] Die Verwerfungskompetenz für Tagesordnungspunkte liegt schließlich bei der Volksvertretung.[406] Lediglich bei Schikane, Rechtsmissbrauch[407] oder dem Versuch der Schädigung des Ansehens des Bürgermeisters[408] kann die Aufnahme eines Tagesordnungspunktes abgelehnt werden.[409] Die GO NRW kennt keine Regelung, die es verbietet, die Aufnahme eines bestimmten Tagesordnungspunktes, der schon einmal behandelt worden ist, innerhalb einer bestimmten Frist erneut zu beantragen, ohne dass sich die Sach- oder Rechtslage wesentlich geändert hat. Häufig ergeht daher zur Vermeidung von Rechtsmissbrauch eine entsprechende Geschäftsordnungsregelung. Die Rechtsprechung hat eine Frist von einem Jahr als zulässig erachtet. [410]

Unabhängig von der Frage, ob der Ausschuss in der Sache einen Beschluss fassen darf, ist dem Antragsteller bei einem formal ordnungsgemäß gestellten Tagesordnungspunkt zunächst grundsätzlich Gelegenheit zu geben, den Antrag in der Sitzung

---

402 OVG Münster, Urteil vom 16.12.1983 – 15 A 2027/83 –, DVBl. 1984, S. 155; OVG Lüneburg, Urteil vom 14.12.1984 – 5 OVG A 212/83, DVBl. 1984, S. 734; OVG Koblenz, Urteil vom 19.03.1985 – 7 A 41/84 –, DVBl. 1985, S. 906, 909; anders die Rechtslage in Baden-Württemberg: Nach § 34 Abs. 1 Satz 5 GemO BW muss der Verhandlungsgegenstand zum Aufgabengebiet des Gremiums gehören.

403 § 48 Abs. 1 S. 2: „hat".

404 *Raum, B.*, DÖV 1985, S. 824, der auf das Gesetzmäßigkeitsprinzip hinweist.

405 *Hofmann, H./Muth, M./Theisen, R.-D.*, Kommunalrecht in NRW, S. 391; *Schoch, F. K.*, DÖV 1986, S. 136. Hingegen können die von *Schoch, F. K.* angeführten gesetzessystematischen Gründe (die GO NRW sei ausschließlich auf eine repressive Kontrolle von Entscheidungen angelegt) nach der Kommunalverfassungsreform nicht mehr durchgreifen. Mit Einfügung u. a. des § 26 ist der GO NRW ein präventiver Kontrollmechanismus nicht mehr fremd.

406 *Ehlers, D.*, NWVBl. 1990, S. 49.

407 Vgl. hierzu OVG Münster, Urteil vom 23.02.1993 – 15 A 2273/92 –, Städte- und Gemeinderat 1993, S. 312, 313.

408 OVG Koblenz, Urteil vom 19.03.1985 – 7 A 41/84 –, DVBl. 1985, S. 906.

409 OVG Lüneburg, Urteil vom 14.12.1984 – 5 OVG A 212/83; OVG Münster, Urteil vom 16.12.1983 – 15 A 2027/83, DVBl. 1984, S. 155; OVG Koblenz, Urteil vom 19.03.1985 – 7 A 41/84, DVBl. 1985, S. 906; vgl. auch *Schwerdtner, E.* zu den Rechten von Minderheiten in bezug auf die Tagesordnung, DÖV 1990,S. 17.

410 Vgl. OVG Lüneburg, Beschluss v. 17.09.1982 – OVG B 46/82.

zu begründen.[411] Ein Anspruch darauf, dass sich der Ausschuss mit der Angelegenheit auch in der Sache befasst, besteht aber nicht.[412]

c) Bestimmtheit der festgesetzten Beratungsgegenstände

Die Tagesordnungspunkte müssen den gesetzlichen Anforderungen an die Bestimmtheit genügen, damit die Ratsmitglieder vor Überrumpelungen geschützt werden und die Öffentlichkeit hinreichend über die Beratungsgegenstände in Kenntnis gesetzt wird.[413] Aus ihr muss klar erkennbar sein, was beraten und beschlossen werden soll.[414] Durch die Mitteilung der Tagesordnungspunkte soll die sachgerechte Beratung gesichert und eine umfassende Vorbereitung ermöglicht werden. Das setzt die Konkretisierung der in der Einladung mitgeteilten Tagesordnungspunkte voraus.[415] Bei der Aufstellung der Tagesordnung muss der Bürgermeister daher beachten, dass die Tagesordnungspunkte hinreichend bestimmt abgefasst sind. Dabei ist nicht erforderlich, dass etwa der zu fassende Beschluss sich aus der Tagesordnung ergibt bzw. der Tagesordnungspunkt bis in alle Einzelheiten beschrieben ist.[416] Der Tagesordnungspunkt muss aber den Beratungsgegenstand so summarisch oder schlagwortartig wiedergeben, dass die Ratsmitglieder wissen, worüber beraten und beschlossen werden soll.[417]

d) Zeitliche Reichweite der Aufstellungskompetenz

Fraglich ist, bis zu welchem Zeitpunkt der Bürgermeister „Herr" der Tagesordnung ist und in diesem Zusammenhang insbesondere, ob und bis wann er bereits feststehende Tagesordnungspunkte aus eigener Kompetenz absetzen kann.

Teilweise wird vertreten, der Bürgermeister könne bis zum Sitzungsbeginn vor Eintritt in die Beratung einzelne Tagesordnungspunkte streichen.[418]Eine andere Meinung hält die Änderung der Tagesordnung durch den Bürgermeister nur bis zum Ablauf der Ladungsfrist, d. h. bis zum Zusammentritt des Rates, für zulässig.[419] Die Tagesordnung könne in der Sitzung selbst nur durch Ratsbeschluss geändert werden. Ausgehend vom Wortlaut des § 48 Abs. 1 Satz 4 ist der letzteren Auffassung zu folgen. Die Formulierung „in der Sitzung" umfasst nach wortlautgetreuer Auslegung auch den Zeitraum des Sitzungsbeginns nach Eröffnung der Sitzung.

---

[411] OVG Münster, Urteil vom 21.12.1988 – 15 A 951/87 –, Eildienst Städtetag NRW 1989, S. 360, 361; OVGE 15, 87; OVG Lüneburg, Die Gemeinde 1984, S. 227; kritisch: *Erlenkämper, F.*, NVwZ 1990, S. 127.

[412] VG Schleswig, Urteil vom 08.08.1996 – 6 A 62/96, von Mutius, A., Rechtsprechungssammlung, Entscheidung Nr. 5 zu § 48; VG Freiburg, Urteil vom 16.03.1978 – VS III 193/77 –, von Mutius A., Rechtsprechungssammlung, Entscheidung Nr. 4 zu §§ 31 Abs. 1, 35 Abs. 1 a. F.

[413] Vgl. OVG Münster, NWVBl. 1996, S. 7; *Rothe, K.-H.*, NVwZ 1992, S. 530.

[414] OVG Lüneburg, Beschluss vom 27.01.1975 – IX OVG A 37/72, KPBl. 1975, S. 714.

[415] VG Braunschweig, Urteil vom 03.11.1997, Az. 1 A 1159/97, Kommunalpraxis N Verwaltungsrechtsprechungsreport N 1998, S. 11.

[416] *Rothe, K.-H.*, NVwZ 1992, S. 530.

[417] OVG Münster, Beschluss vom 13.09.1995 – 15 B 2233/95, NVwZ-RR 1996, S. 222.

[418] KPBl. 7/8 2000, S. 92.

[419] *Kirchhof, R.* in Held u. a., Kommunalverfassungsrecht NRW, Erl. 4.1 zu § 48; *von Lennep, H.-G./Paal, T.*, Leitfaden, S. 41.

e) Vorbereitung der Beschlüsse

Der Bürgermeister ist gemäß § 62 Abs. 2 Satz 1 verpflichtet, die Beschlüsse des Hauptausschusses vorzubereiten. In welcher Form dies zu geschehen hat, bestimmt die GO NRW nicht.[420] Bei der Ausübung dieser ihm zugewiesenen Befugnis der Sitzungsvorbereitung ist er allerdings nicht frei von Bindungen. Nach der Rechtsprechung muss er vielmehr die Mitglieder des Gremiums in einer dem Umfang und dem Schwierigkeitsgrad des Verhandlungsgegenstandes angepassten Art und Weise informieren.[421] Dabei spielen auch der bisherige Kenntnisstand der zu informierenden Mandatsträger sowie die Vorgeschichte und die Begleitumstände eine Rolle.[422] Regelmäßig genügen zusammenfassende Darstellungen der wesentlichen Entscheidungskriterien.[423]

Fest steht jedenfalls, dass nicht jeder Tagesordnungspunkt vom Bürgermeister schriftlich vorbereitet werden muss.[424] Gegebenenfalls ist auch ein mündlicher Vortrag in der Sitzung ausreichend.[425] Die Beschlussunterlagen müssen regelmäßig unter Einhaltung der Ladungsfristen an die ordentlichen Ausschussmitglieder versandt werden.[426] Tischvorlagen genügen jedenfalls dann noch den Informationsansprüchen der Mandatsträger, wenn zuvor sämtliche Ratsmitglieder auf Grund vorausgegangener interfraktioneller Gespräche über einen leicht überschaubaren Tagesordnungspunkt informiert worden sind.[427]

Ein weitergehender individueller Informations- und Vorbereitungsanspruch des einzelnen Ausschussmitgliedes besteht nicht. Seine Informationsrechte erschöpfen sich insoweit in dem in der Geschäftsordnung näher ausgestalteten Fragerecht und dem Akteneinsichtsrecht aufgrund des Verlangens einer qualifizierten Minderheit.[428] Auch haben Fraktionen keinen aus der GO NRW folgenden Anspruch, dass ihnen kostenlos Verwaltungsunterlagen, die der Vorbereitung der Sitzung dienen sollen, durch den Bürgermeister zur Verfügung gestellt werden.[429]

II. Bekanntmachung

Es ist Aufgabe des Bürgermeisters, Zeit, Ort und Tagesordnung der Sitzung bekannt zu machen. Dabei bedarf es keiner öffentlichen Bekanntmachung im Sinne von § 48

420 Anders z. B. die KV M-V, vgl. OVG Greifswald, Beschluss vom 20.05.1998 – 2 M 66/98, DÖV 1998, S. 1014, 1015.
421 OVG Münster, Urteil vom 06.10.1994 – 15 A 1759/91.
422 OVG Münster, Urteil vom 08.07.1959 – III A 611/59 –, OVGE 15, 87, 93.
423 Vgl. VG Stade, Urteil vom 28.04.1992, 4 A 33/91.
424 *Foerstemann, F.*, Vorsitz und Verfahren in der kommunalen Vertretungskörperschaft in HdkWP, Band II, S. 93 f.
425 Vgl. VGH Kassel, Beschluss vom 26.08.1986 – 2 T G 6798/86, NVwZ 1988, S. 82, 83.
426 OVG Greifswald, Beschluss vom 20.05.1998 – 2M 66/98 –, DÖV 1998, S. 1014, 105. Mit den in der Praxis verbreiteten sog. Tischvorlagen kann jedenfalls kein rechtswidriges Informationsdefizit ausgeglichen werden, siehe zu diesem Problemkreis: *Schmitz W.*, VR 1990, S. 266.
427 VGH Mannheim, Urteil vom 24.06.2002 – 1 S 896/00, NVwZ-RR 2003, S. 56.
428 VGH Mannheim, Urteil vom 25.03.1999, 1 S 2059/98 –, DVBl. 1999, S. 1752; *Krell, D.*, Kommunalpraxis N 1995, S. 267.
429 OVG Münster, Urteil vom 29.04.1988 – 15 A 2207/85, DÖV 1989, S. 28.

Abs. 1 Satz 4, wie § 58 Abs. 1 Satz 3 ausdrücklich bestimmt. Es genügt vielmehr, dass der Bürgermeister die Öffentlichkeit in geeigneter Weise unterrichtet. Diese Unterrichtungsverpflichtung ist unabhängig davon, ob es sich um eine öffentliche oder nichtöffentliche Sitzung handelt, denn das Gesetz differenziert diesbezüglich nicht.[430] Datensensible Tagesordnungspunkte der nichtöffentlichen Sitzung müssen Geheimnis wahrend abgefasst werden.[431] Die in der Praxis gebräuchlichste Form der Unterrichtung der Öffentlichkeit über das Stattfinden von Hauptausschusssitzungen ist eine einfache Pressemitteilung.

Aus § 58 Abs. 2 S. 3 letzter Halbsatz ergibt sich, dass die Bekanntmachung von Ausschusssitzungen in die Kompetenz des Bürgermeisters und nicht des jeweiligen Ausschussvorsitzenden fällt. Daher ist für die Bekanntmachung der Hauptausschusssitzung im Vertretungsfall nicht der stellvertretende Hauptausschussvorsitzende, sondern der allgemeine Vertreter zuständig.

III. Sitzungsleitung

1. Eröffnung, Schließung und Verhandlungsführung

Der Bürgermeister als Vorsitzender des Hauptausschusses hat nach §§ 58 Abs. 2 Satz 1, 51 Abs. 1 die Pflicht, die Sitzungen zu eröffnen und zu schließen sowie die Verhandlungen zu leiten.[432] Zu Beginn der Sitzung hat er die ordnungsgemäße Einberufung und die Beschlussfähigkeit des Hauptausschusses festzustellen. Zur Sitzungsleitung gehören insbesondere das Aufrufen der Tagesordnungspunkte, das Erteilen und Entziehen des Wortes, die Kontrolle der Einhaltung der Geschäftsordnungsregelungen[433], die Durchführung der Abstimmungen, die Feststellung des Abstimmungsergebnisses, die Entscheidung, über welchen Antrag zuerst abgestimmt wird[434], die Entscheidung über eine en-bloc oder getrennte Abstimmung[435] sowie die Ausübung des Haus- und Ordnungsrechtes. Dabei hat der Vorsitzende sich objektiv und unparteiisch zu verhalten.

2. Abstimmungsleitung

Grundsätzlich erfolgen Abstimmungen offen durch die Abgabe von Handzeichen.[436] § 50 Abs. 1 Satz 4 sieht ausnahmsweise die Möglichkeit einer namentlichen Ab-

---

[430] Vgl. auch *Kirchhof, R.* in Held u. a., Kommunalverfassungsrecht NRW, Erl. 7.2 zu § 48.

[431] *Ehlers, D./Heydemann, C.*, DVBl. 1990, S. 6.

[432] Vgl. zum Recht des Bürgermeisters auf Schließung und Vertagung der Sitzung VG Düsseldorf, Beschluss vom 04.06.1965 1 L 174/65 –, von Mutius, A., Rechtsprechungssammlung, Entscheidung Nr. 3 zu § 36 a. F., das dem Bürgermeister insoweit eine starke Rechtsstellung zubilligt, als es die Rechtswirksamkeit einer Schließung durch den Bürgermeister auch gegen den Willen der Mehrheit der Ratsmitglieder anerkennt; ebenso *Kirchhof, R.* in Held u. a., Kommunalverfassungsrecht NRW, Erl. 5 zu § 51.

[433] Nach den VV zu § 36 a. F. befindet bei Zweifeln über die Auslegung der Geschäftsordnung der Bürgermeister alleine, wie zu verfahren ist.

[434] Vgl. hierzu ausführlich *Schmitz, M.* NVwZ 1992, S. 547.

[435] Vgl. hierzu *Röper, E.*, NVwZ 2000, S. 1392.

[436] Gelegentlich kommt es auch zum sog. „Hammelsprung“, unter welchem das Betreten des Sitzungssaals durch verschiedene Türen die mit „Ja“, „Nein“ oder „Enthaltung“ gekennzeichnet sind, verstanden wird.

stimmung auf Antrag einer in der Geschäftsordnung zu bestimmenden Zahl von Gremiumsmitgliedern, Satz 5 ausnahmsweise eine geheime Abstimmung vor, wenn mindestens ein Fünftel der Gremiumsmitglieder dies verlangen. Durch die Geschäftsordnung kann das Quorum von einem Fünftel noch erhöht werden. Neben dem Gesetzeswortlaut, der Rechtssystematik und der Entstehungsgeschichte der Vorschrift, sprechen teleologische Erwägungen für eine solche Auffassung. Denn § 50 Abs. 1 Satz 5 dient nicht dem Minderheitenschutz, sondern dem Schutz vor Anträgen von Minderheiten auf geheime Abstimmung, um das Öffentlichkeitsprinzip zu erhalten.[437] Die geheime Abstimmung ist keine Frage der Sitzungsöffentlichkeit. Sie findet sowohl in nichtöffentlichen als auch in öffentlichen Sitzungen statt. Geheim wird immer dann abgestimmt, wenn die Geheimhaltung besonders vorgeschrieben ist oder beantragt wird.

Im Zusammenhang mit der geheimen Abstimmung ergeben sich regelmäßig Schwierigkeiten im Rahmen der Sitzungsleitung. Ausgeräumt wurde zunächst vom Gesetzgeber die Frage, wie bei gleichzeitigem Vorliegen eines Antrages auf namentliche Abstimmung und geheime Abstimmung zu verfahren ist. § 50 Abs. 1 Satz 6 räumt nun ausdrücklich der geheimen Abstimmung den Vorrang ein.[438]

Fraglich bleibt, wie der Gremiumsvorsitzende in der Sitzung feststellt, dass ein Antrag von mindestens einem Fünftel der Mitglieder auf geheime Abstimmung vorliegt.

Soweit der Vorsitzende bzw. Wortführer einer ausreichend großen Fraktion bzw. Gruppe von Gremiumsmitgliedern gleicher Parteizugehörigkeit den Antrag auf geheime Abstimmung ausdrücklich in deren Namen stellt, ist für den Gremiumsvorsitzenden das Quorum erkennbar erreicht. Er ist dann verpflichtet, über den Sachgegenstand geheim abstimmen zu lassen.[439]

Stellt der Vorsitzende bzw. Wortführer den Antrag nicht ausdrücklich im Namen „seiner“ Gremiumsmitglieder, so ist der Vorsitzende des Gremiums im Rahmen seiner Sitzungsleitungskompetenz gehalten, sich durch eine Nachfrage bestätigen zu lassen, dass der Antrag als im Namen der anderen Mitglieder gestellt gilt.[440]

Keinesfalls darf der Gremiumsvorsitzende über den Antrag Einzelner auf geheime Abstimmung abstimmen lassen, denn die zwingende Rechtsfolge des Gesetzes, eine geheime Abstimmung durchzuführen, wird bereits durch den Antrag eines hinreichenden Quorums ausgelöst und nicht etwa erst durch einen Beschluss. Der Gremiumsvorsitzende muss sich daher auf andere Weise als durch Abstimmung vergewissern, ob der Antrag auf geheime Abstimmung durch eine ausreichende Anzahl von Mitgliedern unterstützt wird. Dies wird nur durch eine gezielte Nachfrage möglich sein, ohne dabei die Grenzen zur Abstimmung zu verwischen.[441]

---

[437] OVG Münster, Urteil vom 21.09.1993 – 15 A 1811/91, NWVBl. 1994, S. 133, 134.
[438] Gesetz vom 29.05.1984, GV. NRW. S. 314.
[439] § 50 Abs. 1 S. 5: „ist geheim abzustimmen“.
[440] A. A.: *Dahlen, H.-J.*, KommunalPraxis N 1997, S. 168.
[441] Vgl. *Dahlen, H.-J.*, KommunalPraxis N 1997, S. 169.

IV. Hausrecht und Ordnungsgewalt

Gemäß § 51 Abs. 1 hat der Bürgermeister in den Sitzungen Ordnungsgewalt und er übt das Hausrecht aus. Diese Vorschrift ist über § 58 Abs. 2 Satz 1 für den Hauptausschuss entsprechend anwendbar.

1. Begriffliches

Im Rahmen seiner Ordnungsgewalt und seines Hausrechts hat der Bürgermeister das Recht, aber auch die Pflicht, für einen ordnungsgemäßen Sitzungsablauf zu sorgen und Störungen, die auf die Funktionsfähigkeit des Gremiums zielen, mit verhältnismäßigen Maßnahmen abzuwehren. Dabei müssen Störung und Ordnungsmaßnahme in einem engen, zeitlichen Zusammenhang stehen.[442]

Während das Hausrecht sich auf die Beseitigung von Störungen außerhalb der Gemeindeverwaltung stehender Personen bezieht, erstreckt sich die Ordnungsgewalt auf durch die Mitglieder des Gremiums oder durch Bedienstete verursachte Beeinträchtigungen der Funktions- und Arbeitsfähigkeit.[443] Damit kommt nur der Ausübung des Hausrechts Verwaltungsaktqualität zu, da es der aus der Ordnungsgewalt resultierenden Maßnahme an Außenwirkung mangelt.[444] Sowohl das Hausrecht als auch die Ordnungsgewalt haben dienende Funktion, weil sie auf die Ermöglichung der Funktion jeglicher Verwaltungsausübung abzielen.[445] Zur konkretisierenden Ausübung der Ordnungsgewalt und des Hausrechts gehören insbesondere die in der Praxis bedeutsamen Kompetenzen des Bürgermeisters, Tonbandaufnahmen zu untersagen[446], ein Rauchverbot für Sitzungen zu verhängen[447] oder die Verwendung von den ordnungsgemäßen Sitzungsverlauf störenden Aufklebern und Plakaten zu unterbinden[448].

2. Sitzungsausschluss und Entzug der Sitzungsentschädigung

Die Rechtmäßigkeit eines Ausschlusses aus der Sitzung ist als ultima ratio[449] nach dem Grundsatz der Verhältnismäßigkeit zu beurteilen.[450] Der Sitzungsausschluss kommt nur nach wiederholtem Ordnungsruf, Wortentziehung und notfalls einer Sit-

---

[442] VG Düsseldorf, Urteil vom 16.06.1964 – 1 K 418/64 –, von Mutius, A., Rechtsprechungssammlung, Entscheidung. Nr. 2 zu § 36 a. F.

[443] So die h. M.; vgl. OVG Münster, Urteil vom 26.04.1990 – 15 A 864/88, NWVBl. 1990, S. 296, 297 mit weiteren Nachweisen. Insgesamt ist die Abgrenzung von Hausrecht und Ordnungsrecht sehr umstritten, vgl. *Tettinger, P./Ennuschat, J.*, NWVBl. 2002, S. 246, Fn. 19.

[444] *Rothe, K.-J.*, NVwZ 1992, S. 536.

[445] OVG Münster, Urteil vom 26.04.1990, NWVBl. 1990, S. 296, 297.

[446] Vgl. zur Zulässigkeit von Tonbandaufnahmen *Ehlers, D./Heydemann, C.*, DVBl. 1990, S. 5; Mitteilungen StGB NRW 2003, S. 35.

[447] Vgl. hierzu BVerwG, Beschluss vom 16.08.1989 – 7 B 118/89, NVwZ 1990, S. 165; OVG Münster, Urteil vom 22.07.1990 – 15 A 709/88, VR 1991, S. 34, 35 und eingehend *Rothe, K.-H.*, NVwZ 1992, S. 534.

[448] Vgl. BVerwG, Beschluss vom 12.02.1988 – VII B 123.87, Eildienst Landkreistag NRW 1989, S. 98, 99.

[449] VG Gießen, Beschluss vom 13.12.2001 – 8 G 3801/01, NVwZ-RR 2002, S. 598, 599.

[450] VGH Kassel, Beschluss vom 15.12.1989 – 6 TG 3696/89, DÖV 1990, S. 622; VGH Mannheim, Urteil vom 11.10.1982 – 1 S 828/81, VBlBW 1983, S. 342, 343.

zungsunterbrechung zur Abkühlung der Gemüter in Betracht.[451] Sinn und Zweck des Sitzungsausschlusses ist es, die Funktionsfähigkeit des Gremiums sicherzustellen.[452] Dieses Interesse ist abzuwägen mit dem für den Betroffenen verbundenen Nachteil, sein organschaftliches Mitwirkungsrecht nach § 43 Abs. 1, das zum Kernbereich der Mandatsausübung gehört, nicht ausüben zu können.[453]

Deshalb erfordert der Sitzungsausschluss ein besonders krasses Fehlverhalten, das die Grenzen des Tragbaren erheblich überschreitet und mitursächlich für die Beeinträchtigung des Sitzungsverlaufes ist.[454]

Voraussetzung für den Sitzungsausschluss ist gemäß § 51 Abs. 3 Satz 1 eine konkretisierende Geschäftsordnungsregelung.[455] Fehlt diese, so kann weder durch den Hauptausschuss selbst noch durch den Bürgermeister der Sitzungsausschluss verhängt werden oder die Sitzungsentschädigung entzogen werden.[456] Außerdem hat der Hauptausschuss selbst über die Berechtigung des Sitzungsausschlusses in der nächsten Sitzung zu befinden.

Aufgrund einer entsprechenden Geschäftsordnungsregelung kann auch der Ausschluss für zukünftige Sitzungen verhängt werden. Dieser bedarf aber entgegen dem Sitzungsausschluss für die aktuelle Sitzung, der bei entsprechender Geschäftsordnungsregelung nach §§ 58 Abs. 1 Satz 1, 51 Abs. 3 Satz 1 allein durch den Bürgermeister ausgesprochen werden kann, in jedem Fall eines Hauptausschussbeschlusses nach § 51 Abs. 2. Angelehnt an die oben genannten Grundsätze ist hierfür zunächst das Vorliegen eines untragbaren Fehlverhaltens erforderlich. Darüber hinaus muss für weitere Sitzungen, für die das Ausschussmitglied ausgeschlossen werden soll, zu befürchten sein, dass sich massive Störungen des Sitzungsverlaufes ergeben, z. B. weil die Beratung eines strittigen Punktes über mehrere Sitzungen verteilt ist. Der Ausschuss muss gewissermaßen im Rahmen einer Prognose des künftigen Verhaltens des Ausschussmitgliedes über einen zukünftigen Sitzungsausschluss entscheiden. Als reine Strafsanktion darf die Möglichkeit des Ausschlusses für künftige Sitzungen nicht gesehen werden. Dies würde eine nicht hinnehmbare Einschränkung des Mitgliedschaftsrechtes bedeuten und gegebenenfalls auch die Mehrheitsverhältnisse für künftige Ausschusssitzungen verzerren, was zu einer missbräuchlichen Anwendung verleiten würde.

Als weitere gesetzliche Sanktion von kommunalpolitischem Fehlverhalten kommt nach § 51 Abs. 2 Satz 1 die Entziehung der Sitzungsentschädigung in Betracht. Auch hier ist eine konkretisierende Geschäftsordnungsregelung notwendig. Mildere Sanktionsmöglichkeiten von Fehlverhalten in einer kommunalpolitischen Sitzung sind nicht

---

451 *Kirchhof, R.* in Held u. a., Kommunalverfassungsrecht NRW, Erl. 3.1 zu § 51; *Rehn, E./ Cronauge, U.*, Gemeindeordnung für das Land NRW, Erl. III zu § 51.

452 VGH Kassel, Beschluss vom 15.12.1989 – 6 TG 3696/89, DÖV 1990, S. 622; VG Frankfurt, Beschluss vom 19.10.1981 – VII/ 1 G 5025/81, NVwZ 1982, S. 52.

453 *Tettinger, P./Ennuschat, J.*, NWVBl. 2002, S. 246.

454 VGH Kassel, Beschluss vom 15.12.1989 – 6 TG 3696/89, DÖV 1990, S. 622; VGH München, Urteil vom 29.07.1987 – Nr. 4 B 86.01352, BayVBl. 1988, S. 16 f.; VG Koblenz, Urteil vom 30.11.1993 – 2 K 4013/92.KO –, DVP 1994, S. 352, 353.

455 *Kirchhof, R.* in Held u. a., Kommunalverfassungsrecht NRW, Erl. 3.1 zu § 51.

456 *Rehn, E./Cronauge, U.*, Gemeindeordnung für das Land NRW, Erl. III zu § 51.

förmliche Maßnahmen, wie Hinweise, Ermahnungen oder Rügen. Als rechtserhebliche Sanktion greift der förmliche Ordnungsruf in das Statusrecht des Mandatsträgers ein.[457]

Da der förmliche Ordnungsruf Vorstufe weiterer, schwerwiegender Sanktionsmöglichkeiten ist, muss er für den Betreffenden als solcher klar erkennbar geäußert werden.[458] Der förmliche Ordnungsruf setzt anders als nur formlose Maßnahmen zur Begegnung von kommunalpolitischem Fehlverhalten eine Überschreitung der Grenzen des Erträglichen durch den Betreffenden voraus, die vor dem Hintergrund der Sitzungsgepflogenheiten nicht hinnehmbar ist.[459]

V. Unterzeichnung der Niederschrift

Dio Niederschrift der in den Sitzungen des Hauptausschusses gefassten Beschlüsse ist gemäß § 58 Abs. 7 obligatorisch. Dabei bloibt es dem Rat im Wesentlichen überlassen, welche Anforderungen er an die Niederschrift stellt. In der Praxis wird entweder ein Beschlussprotokoll oder eine Verhandlungsniederschrift erstellt.

Als Mindestinhalte muss die Niederschrift Angaben über den Ort, die Anwesenden, Sitzungsbeginn und –ende, die gestellten Anträge, die Abstimmungsergebnisse[460] und die gefassten Beschlüsse enthalten. Darüber hinaus ist es zwecks Beweissicherung für ein ordnungsgemäßes Verfahren sinnvoll, insbesondere Ausführungen über die Öffentlichkeit und Nichtöffentlichkeit, Befangenheitserklärungen, Abwesenheitszeiten, Ordnungsmaßnahmen,[461] exakte Stimmenverhältnisse, Verfahrensweise bei der Abstimmung (offen, geheim, namentlich, en bloc), Anträge, Fragen und persönliche Erklärungen[462] in die Niederschrift aufzunehmen.

Die Niederschrift ist vom Bürgermeister und einem vom Hauptausschuss zu bestellenden Schriftführer zu unterzeichnen. Möglich ist zwar die Bestellung eines Ausschussmitgliedes zum Schriftführer,[463] üblicherweise wird aber auf Vorschlag des Bürgermeisters ein Verwaltungsbediensteter mit der Protokolltätigkeit betraut. Gegen den Willen des Bürgermeisters ist aufgrund seiner Organisationsgewalt nach § 62 keine Einsetzung eines Verwaltungsbediensteten als Schriftführer möglich.[464] Ergänzend zu § 52 bestimmt § 58 Abs. 7, dass die Niederschrift den Ausschussmitgliedern zuzuleiten ist.

Die Niederschrift ist eine öffentliche Urkunde im Sinne von § 415 ZPO.[465] Dies hat zur Konsequenz, dass die beurkundeten Tatsachen bis zum Beweis des Gegenteils

---

[457] OVG Koblenz, Urteil vom 29.11.1994 – 7 A 10194/94, NVwZ-RR 1996, S. 52, 53.
[458] OVG Koblenz, Urteil vom 29.11.1994 – 7 A 10194/94, NVwZ-RR 1996, S. 52, 53.
[459] OVG Koblenz, Urteil vom 29.11.1994 – 7 A 10194/94, NVwZ-RR 1996, S. 52, 53.
[460] Nach OVG Brbg, Beschluss vom 28.06.2000 – 2 A 45/00 –, DÖV 2001, S. 346 muss die Niederschrift nicht die konkrete Zahl der einem Antrag zustimmenden Stimmen ausweisen.
[461] Vgl. hierzu OVG Koblenz, Urteil vom 17.05.1988 – 7 A 64/87, NVwZ-RR 1988, S. 42, 43.
[462] Vielerorts wird dies durch die Geschäftsordnung auch verlangt.
[463] *Sundermann, W.*, DVP 1994, S. 435.
[464] *Rehn, E./Cronauge, U.*, Gemeindeordnung für das Land NRW, Erl. I, 1 zu § 52.
[465] *Erlenkämper, F.*, NVwZ 1993, S. 432.

der Niederschrift nicht.[466] Die Niederschrift darf nach ihrer Unterzeichnung nicht mehr geändert werden. Richtigstellungen sind durch entsprechende Ausweisungen im folgenden Protokoll vorzunehmen.[467]

[466] OVG Münster, Urteil vom 17.02.1982, 15 A 2676/81.

[467] *Kirchhof, R.* in Held u. a., Kommunalverfassungsrecht NRW, Erl. 3.2 zu § 52.

§ 5: Amtszeit des Hauptausschusses und seiner Mitglieder

In diesem Kapitel werden die Amtszeit des Hauptausschusses (A.) und die seiner Mitglieder (B.) untersucht. Dabei sind insbesondere die Zulässigkeit der Auflösung des Ausschusses und die Abwahl einzelner Mitglieder von Interesse. Weiterhin soll ein Blick auf die Möglichkeit der Veränderung der Ausschusssitzzahl im Laufe der Wahlperiode geworfen werden (C.).

A. Amtszeit des Hauptausschusses

I. Beginn und Ende

Unter § 3, A, III wurde die Auffassung vertreten, dass der Hauptausschuss in der konstituierenden Sitzung des Rates zu wählen ist. Damit beginnt seine Amtszeit mit dem Errichtungsbeschluss des Rates zu Beginn der Wahlperiode. Nach dem Grundsatz, dass Ausschüsse in ihrer Existenz abhängig vom Bestehen des sie einrichten den Organs sind, endet die Amtszeit des Hauptausschusses spätestens mit Zusammentritt des neu gewählten Rates.[468]

Zwar ist der Hauptausschuss ein gesetzlicher Pflichtausschuss, jedoch besteht er in seiner Zusammensetzung nicht bereits kraft Gesetzes, sondern es bedarf für seine Existenz eines Errichtungsbeschlusses durch den Rat. Fraglich ist, ob der Hauptausschuss ununterbrochen während der gesamten Wahlzeit des Rates bestehen muss, oder ob seine Amtszeit – wenn auch nur für eine juristische Sekunde – unterbrochen werden darf.

II. Unterbrechung durch Auflösung

Aufgrund seines Charakters als Pflichtausschuss darf der Hauptausschuss nicht durch den Rat ersatzlos aufgelöst werden. Untersucht werden soll im Folgenden aber, ob und unter welchen Voraussetzungen er unter der Bedingung einer sofortigen Neubildung aufgelöst werden kann.

1. Zulässigkeit

Die GO NRW enthält im Gegensatz zu anderen Gesetzen[469] keine die Amtszeit der Ausschüsse konkretisierenden Regelungen. § 57 Abs. 2 Satz 1 bestimmt lediglich, dass ein Hauptausschuss in jeder Gemeinde gebildet werden muss, ohne ausdrücklich eine Amtszeit „für die Dauer der Wahlzeit" festzulegen. Daraus wird überwiegend geschlossen, dass auch der Hauptausschuss als Pflichtausschuss den freiwilligen Ausschüssen entsprechend während der Wahlzeit aufgelöst werden darf. Bedingung

---

[468] *Rauball, J./Pappermann, E./Roters, W.*, Gemeindeordnung für NRW, § 43 a. F., Rn. 9; vgl. § 42 Abs. 2; eine andere gesetzliche Regelung enthält § 56 Abs. 5 Satz 1 GO Brbg, nach welchem der Hauptausschuss nach Ende der Wahlperiode seine Tätigkeit bis zum Zusammentritt des neuen Gremiums weiter ausübt.

[469] Vgl. § 2 Abs. 2 AG-KJHG und hierzu VG Düsseldorf, Beschluss vom 09.03.1992 – 1 L 641/92 –15, *Knemeyer, F.-L.*, EzKommR 3613.15; §§ 15 Abs. 2 GkG NRW, 10 Abs. 1 SparkG, 17 POG NRW, 51 Abs. 2 S. 1 KrO NRW.

sei aber seine unverzügliche Neubildung.[470] Teilweise wird aber auch die Möglichkeit des Rates, den Hauptausschuss aufzulösen, verneint.[471] Allein aus der Tatsache, dass in der GO NRW im Gegensatz zu anderen gesetzlichen Vorschriften keine Regelung für die Dauer der Wahlzeit vorhanden sei, könne noch nicht der Gegenschluss gezogen werden, dass eine Auflösung während der Wahlzeit möglich ist. Vielmehr müsse man aufgrund der Lückenhaftigkeit der GO NRW insgesamt eher im Wege der Analogie dazu gelangen, dass eine Auflösung des Hauptausschusses ausgeschlossen ist, auch wenn er unverzüglich neu gebildet werden würde.[472]

Für diese letzte Ansicht könnte die Heraushebung des Hauptausschusses als Pflichtausschuss sprechen. Der Gesetzgeber schreibt die Errichtung verbindlich vor und geht damit von einer dauerhaften Existenz dieses Gremiums aus. Zudem weist er dem Hauptausschuss gegenüber anderen Ausschüssen herausragende Kompetenzen zu.

Scheinbar erhärtet wird aber die andere Auffassung, der Hauptausschuss könne unter der Bedingung der sofortigen Wiederbesetzung aufgelöst werden dadurch, dass § 58 Abs. 6 von der Möglichkeit der Auflösung von Ausschüssen spricht, ohne dabei die Pflichtausschüsse aus seinem Regelungsgehalt auszunehmen. Eine eingehende Beschäftigung mit dem Wortlaut und der Systematik des § 58 Abs. 6 lassen jedoch Zweifel an einer Eignung dieser Regelung im Hinblick auf die Argumentation für eine Möglichkeit der Auflösung des Hauptausschusses aufkommen.

Die Regelung des § 58 Abs. 6 zielt zunächst darauf ab, die erneute Anwendung des Zugriffsverfahrens für die Verteilung der (stellvertretenden) Ausschussvorsitze für die Fälle vorzuschreiben, in denen Ausschüsse während der Wahlzeit neu gebildet, aufgelöst oder ihre Aufgaben wesentlich verändert werden. Da das Zugriffsverfahren für den Hauptausschuss wegen der speziellen Regelung in § 57 Abs. 3 Sätze 1 und 3 keine Anwendung findet, ist schon aus diesem Grund fraglich, ob die Regelung des § 58 Abs. 6 als Argument für eine mögliche Auflösung des Hauptausschusses herangezogen werden darf. Darüber hinaus ist zu untersuchen, welche Bedeutung dem Begriff „aufgelöst" in dieser Vorschrift zukommt. Teilweise wurde vertreten, dass hiermit jede Auflösung gemeint ist, unabhängig davon, ob es sich um eine ersatzlose Auflösung handelt oder um eine Auflösung mit dem Ziel einer anschließenden personellen Neubesetzung. Überwiegend wird aber davon ausgegangen, dass § 58 Abs. 6 nur den Fall der ersatzlosen Auflösung betrifft.[473] Dieser Ansicht ist aufgrund der

---

[470] *Körner, H.*, Ausschüsse, Kommissionen und Deputationen in HdkWP, Band II, S.132; *Dieckmann, J./Heinrichs, F. W.*, Gemeindeordnung für das Land NRW, Erl. 4 zu § 50; *Rauball, J./Pappermann, E./Roters, W.*, Gemeindeordnung für NRW, § 42 a. F., Rn. 9; *Rehn, E./Cronauge, U.*, Gemeindeordnung für das Land NRW, Erl. IV, 5 zu § 50; *Schulte-Beckhausen, O.*, Die Gemeinde (NRW) 1955, S. 46; *von Lennep, H.-G./Paal, T.*, Leitfaden, S. 103.

[471] *Bestgen, N.*, Die Gemeinde (NRW) 1954, S. 182; *Schatter, H.*, Der Öffentliche Dienst 1953, S. 210.

[472] Vgl. *Bestgen, N.*, Die Gemeinde (NRW) 1954, S. 181.

[473] VG Gelsenkirchen, Urteil vom 16.07.1993 – 15 K 1554/92180, NWVBl. 1994, S. 179, 180; *Beckmann, M.*, NWVBl. 1994, S. 126; *Kirchhof, R.* in Held u. a., Kommunalverfassungsrecht NRW, Erl. 10 zu § 58; *Rehn, E./Cronauge, U.*, Gemeindeordnung für das Land NRW, Erl. V, 5 zu § 58.

Entstehungsgeschichte und des vom Gesetzgeber beabsichtigten Zwecks zuzustimmen. Mit der Einfügung des § 58 Abs. 6 durch Änderungsgesetz vom 29.05.1984 wollte der Gesetzgeber zugunsten des Minderheitenschutzes die Lücke schließen, die entstand, wenn durch wesentliche Veränderungen der Zusammensetzung oder der Aufgaben oder durch Auflösung ohne anschließende Neubildung dem der Ausschussvorsitzverteilung nach § 58 Abs. 1 zugrunde liegenden Verfahren nachträglich die Geschäftsgrundlage entzogen wird.[474] § 58 Abs. 6 meint also die ersatzlose Auflösung eines Ausschusses, die für den Hauptausschuss aufgrund seines Charakters als Pflichtausschuss nicht in Betracht kommt.

Wenn man dieser Interpretation folgt und weiter beachtet, dass die erste Variante des § 58 Abs. 6 („während der Wahlzeit neu gebildet") auf den Hauptausschuss keine Anwendung finden kann, weil sie die erstmalige Bildung im Laufe einer Wahlperiode nach der Konstituierung der Pflichtausschüsse betrifft, ist eine Argumentation mit dem Wortlaut des § 58 Abs. 6 für die Möglichkeit der Auflösung des Hauptausschusses während der Wahlzeit unzulässig.

Zudem wurde eingangs bereits erwähnt, dass die Regelung des § 58 Abs. 6 ohnehin auf eine Verpflichtung zur Neuanwendung des Zugriffsverfahrens abzielt, welches für den Hauptausschuss keine Anwendung findet. Hätte der Gesetzgeber die Ausdehnung des Regelungsgehaltes auf den Hauptausschuss gewollt, so hätte er im Kontext des § 58 Abs. 6 die Notwendigkeit der Wiederholung des Verfahrens nach § 57 Abs. 2 Satz 3 anordnen müssen. Damit liefert § 58 Abs. 6 im Ergebnis kein Argument für die Zulässigkeit der Auflösung des Hauptausschusses.

Neben der Tatsache, dass der Gesetzgeber die Bildung des Hauptausschusses nicht ausdrücklich für die Dauer der Wahlzeit angeordnet hat, sprechen aber noch andere Gesichtspunkte dafür, eine Auflösung unter der Bedingung der sofortigen Neubildung für zulässig zu erachten.

Zum einen wäre eine Erhöhung der Sitzzahl des Hauptausschusses während der Wahlperiode ohne das Vorliegen eines einstimmigen Beschlusses nicht möglich. Wenn die Sitzzahl im Laufe der Wahlperiode erhöht wird, muss für die Besetzung der neuen Sitze im Falle mangelnder Einigung das Verhältniswahlverfahren erneut Anwendung finden.[475] Eine beschränkte Anwendung des Verhältniswahlverfahrens allein auf die zusätzlichen Sitze würde aber einen Vorteil für die stärkeren Fraktionen bedeuten. Denn dann würden die Höchstzahlen nicht in Fortführung des bereits zum Zeitpunkt der ursprünglichen Besetzung begonnenen Verfahrens zugeteilt werden, sondern von Beginn neu zugeteilt werden, so dass hiervon wiederum die stärkste Fraktion profitieren würde. Daher kommt nur eine Auflösung des Ausschusses in Betracht, damit alle Sitze im Wege des Verhältniswahlverfahrens neu besetzt werden können. Denn auch die ursprünglich bei der ersten Besetzung vorgenommene Verhältniswahl kann nicht fortgeführt werden, da es auf die Anzahl der tatsächlich abgegebenen Stimmen für einen Wahlvorschlag im Zeitpunkt der Besetzung der neuen Sitze ankommt.

---

[474] Vgl. hierzu ausführlich *Beckmann, M.*, NWVBl. 1994, S. 126; Mitteilungen StGB NRW 1993, S. 411.

[475] Siehe die Ausführungen unter § 5, B, C.

Zum anderen muss es auch im Hauptausschuss zur Wahrung der Funktions- und Arbeitsfähigkeit grundsätzlich möglich sein, Mitglieder abzuberufen. Ein Hauptausschussmitglied, welches die Ausschussarbeit behindert, kann abhängig von den Stimmenverhältnissen im Ausschuss dessen Beschlüsse so beeinflussen, dass auch vorberatende Beschlüsse für den Rat ihre meinungsfilternde und den Rat entlastende Wirkung verlieren.[476] Die Abberufung eines Ausschussmitgliedes kann aber grundsätzlich nur einstimmig erfolgen.[477] Ein einstimmiger Beschluss wird allerdings schon deshalb in der Praxis regelmäßig nicht erzielt werden, weil das betreffende Ratsmitglied nach §§ 43 Abs. 2, 31 Abs. 3 Nr. 2 keinem Mitwirkungsverbot unterliegt und kaum für eine eigene Abberufung votieren wird.

Aus diesen Gründen muss eine Auflösung des Hauptausschusses unter der Bedingung der sofortigen Neubildung möglich sein. Ansonsten hätte der Rat keine Möglichkeit, auf eine gegebenenfalls drohende Arbeits- und Funktionsunfähigkeit zu reagieren und wäre über die gesamte Wahlperiode an die einmal festgelegte Sitzzahl gebunden.[478]

2. Anforderungen an den Auflösungsbeschluss

Die Auflösung eines Ausschusses ist durch einfachen Mehrheitsbeschluss möglich.[479] In der Literatur wird in diesem Zusammenhang darauf aufmerksam gemacht, dass dies auch dann gilt, wenn die Ausschussmitglieder einstimmig durch einheitlichen Wahlvorschlag bestellt worden sind.[480] Dieser im Ergebnis richtigen Überlegung liegt wohl zugrunde, dass die Auflösung des Ausschusses gleichzeitig die Abberufung aller seiner Mitglieder bedeutet und damit die Umkehrung des Wahlaktes nach § 50 Abs. 3. Ausnahmsweise soll dann bei einer kompletten Abberufung aller Ausschussmitglieder im Wege der Auflösung ein Mehrheitsbeschluss ausreichen.

Allerdings stellt sich die Auflösung des Ausschusses nicht als actus contrarius zu der Bestellung der Ausschussmitglieder nach § 50 Abs. 3 dar. Vielmehr ist sie vor dem Hintergrund des Errichtungsbeschlusses nach § 57 zu sehen, der ja auch nur mehrheitlich erfolgen muss. Wenn die Errichtung von Ausschüssen nur einer Stimmenmehrheit bedarf, muss dies auch für ihre Auflösung gelten. Im Gegensatz zur Abwahl anderer Organe und Funktionsträger[481] enthält die GO NRW bezüglich der Auflösung von Ausschüssen keine ausdrücklichen qualifizierten Anforderungen. Da insoweit die Auflösung des Ausschusses die Umkehrung seines Errichtungsbeschlusses nach

---

[476] *Schulte-Beckhausen, O.* zeigt weitere Gründe für die Notwendigkeit der Ausschussauflösung. auf, Die Gemeinde (NRW) 1955, S. 46.

[477] Siehe die Ausführungen unter § 5, C.

[478] Vgl. auch im Ergebnis ähnlich für den Verwaltungsausschuss in Niedersachsen: *Thiele, R.*, KommunalPraxis N 2000, S. 197.

[479] *Beckmann, M.*, NWVBl. 1994, S. 127; *Kirchhof, R.* in Held u. a., Kommunalverfassungsrecht NRW, Erl. 9 zu § 50; *Dieckmann, J./Heinrichs, F. W.*, Gemeindeordnung für das Land NRW, Erl. 4 zu § 50.

[480] *Kirchhof, R.* in Held u. a., Kommunalverfassungsrecht NRW, Erl. 9 zu § 50.

[481] Vgl. §§ 66, 71 Abs. 7.

§ 57 darstellt, darf der Bürgermeister auch gemäß § 40 Abs. 2 Sätze 4 und 6 mitwirken.[482]

3. Auswirkungen der Auflösung auf die stellvertretenden Vorsitzenden

Mit der Auflösung des Hauptausschusses wird das Mandat der stellvertretenden Ausschussvorsitzenden für eine juristische Sekunde selbst dann beendet, wenn der Ausschuss unverzüglich neu gebildet wird. Deshalb ist eine Wiederholung des Wahlverfahrens nach §§ 57 Abs. 3 Satz 3, 50 Abs. 2 erforderlich. Dies gilt auch für den Fall, dass die bisherigen stellvertretenden Hauptausschussvorsitzenden erneut ein Mandat im Hauptausschuss erhalten. Die Funktion als stellvertretender Vorsitzender stellt ein Mehr an Rechten gegenüber dem ordentlichen Ausschussmandat dar und bedarf daher einer ununterbrochenen demokratischen Legitimation.

4. Auswirkungen der Auflösung auf die Ausschussmitglieder

Die Ausschussmitglieder verlieren mit der Ausschussauflösung ihren Ausschusssitz. Ein Ausschussmitglied hat nach Auflösung des Ausschusses kein Recht darauf, in einen neu gebildeten Ausschuss gewählt zu werden.[483]

B. Amtszeit der Mitglieder

Untersucht werden soll, welche Amtszeit für die Mitglieder des Hauptausschusses gilt und welche Einflüsse auf die Amtszeit denkbar und zulässig sind.

I. Beginn und Ende

Die Amtszeit der Mitglieder von kommunalen Gremien ist nicht notwendigerweise identisch mit der Amtszeit des Gremiums selbst. So führen häufig spezielle Regelungen in Satzungen von z. B. kommunalen Zweckverbänden dazu, dass die Wahlzeit von Mitgliedern der Verbandsversammlung nicht einher geht mit der Wahlzeit der Verbandsversammlung selbst. Dies ist in der Praxis regelmäßig dann der Fall, wenn z. B. eine Verbandsversammlung erstmalig mitten in einer Wahlperiode der kommunalen Räte gewählt wird und eine Wahlzeit von fünf Jahren bestimmt wird. Dann kommt es zwangsläufig zu keinem Gleichlauf der Amtszeit der Mitglieder und der Wahlzeit des Gremiums.

Für die Ausschüsse der Gemeinden ist grundsätzlich ein Gleichlauf der Amtszeiten des Gremiums und seiner Mitglieder vorgesehen, auch wenn der Zeitpunkt des Beschlusses über die Bildung eines Ausschusses und seine personelle Besetzung nicht identisch ist. Während der Bürgermeister sein Amt als Vorsitzender des Hauptausschusses gemäß § 57 Abs. 2 Satz 1 kraft Gesetzes erwirbt, werden die übrigen Mitglieder in den Hauptausschuss gewählt. Aufgrund der Formulierung „vorzeitig" in § 50 Abs. 3 Satz 5 ist vom Grundsatz auszugehen, dass die Mitglieder des Ausschusses ihr Amt regelmäßig für die gesamte Dauer der Wahlzeit ausüben. Erst mit

[482] Im Ergebnis auch: OVG Münster, Urteil vom 17.10.2003 – 15B/1798/03, www.rechtscentrum.de, Ausgabe 2003-49.

[483] OVG Münster, Beschluss vom 7.2.1951 – III B 351/50, Die Gemeinde (NRW) 1951, S. 229.

der Auflösung eines Ausschusses erlöschen die Mitgliedschaftsrechte eines Ausschussmitgliedes.[484]

Ein vorzeitiges Ausscheiden der Mitglieder kann durch Mandatsverlust oder Mandatsniederlegung begründet sein. Untersucht werden soll im Folgenden, ob und unter welchen Voraussetzungen die Abwahl von Mitgliedern des Hauptausschusses zulässig ist.

II. Abwahl von Mitgliedern

Die Kompetenz des Rates zur Abberufung einzelner Mitglieder findet ihre Berechtigung im Entsendungsrecht, denn die Abberufung ist als actus contrarius zur Entsendung der Ausschussmitglieder zu verstehen und damit solange zulässig, wie sie nicht ausdrücklich ausgeschlossen ist.[485] Hauptauschussmitglieder können daher grundsätzlich jederzeit abgewählt werden.[486] Fraglich ist aber, unter welchen Voraussetzungen eine Abberufung möglich ist.

1. Stimmberechtigte Mitglieder

Die Abwahl eines Ausschussmitgliedes durch den Rat aufgrund eines bloßen Mehrheitsbeschlusses würde, unabhängig davon, ob das ausscheidende Mitglied durch ein Mitglied derselben Fraktion oder Gruppe ersetzt wird, gegen die Grundsätze der Verhältniswahl verstoßen und ist damit schlichtweg unzulässig.[487] Es genügt auch nicht, dass die Abberufung mehrheitlich, aber im Einvernehmen mit der entsendenden Fraktion oder Gruppe und nur gegen die Stimme des betreffenden Ratsmitgliedes erfolgt. Denn die Ratsmitglieder sind nach § 50 Abs. 3 zur Besetzung der Ausschüsse berufen und nicht die Fraktionen oder Gruppen. Die Abberufung eines stimmberechtigten Mitgliedes bedarf daher eines einstimmigen Ratsbeschlusses.[488]

Zwar wäre es mit den Grundsätzen des Minderheitenschutzes vereinbar, wenn die Abberufung im Einvernehmen mit allen Mandatsträgern erfolgt, die sich ursprünglich für die Berufung ausgesprochen haben.[489] Jedoch bedarf auch der einzelne Mandatsträger des Schutzes vor Abberufungen. Er wird nur dann seine Ausschusstätigkeit nach freiem Gewissen wahrnehmen können, wenn er nicht eine Sanktion in

---

[484] OVG Münster, Beschluss vom 7.2.1951 – III B 351/50, Die Gemeinde (NRW) 1951, S. 229.

[485] Vgl. *Wacker, J.*, Sachkundige Bürger und Sachkundige Einwohner in gemeindlichen Ausschüssen, S. 224; a. A.: *Held, F. W./Wilmbusse, R.*, Das neue Kommunalverfassungsrecht NRW, S. 58; *Schatter, H.*, Der Öffentliche Dienst 1953,S. 209.

[486] *Gern, A.*, Deutsches Kommunalrecht, S. 264; *Schulte-Beckhausen,O.*, Die Gemeinde 1955 (NRW), S. 46; vgl. dagegen OVG Lüneburg, Urteil vom 22.04.1986 – 2 A 117/85, NVwZ-RR 1989, S. 94.

[487] *Rehn, E./Cronauge, U.*, Gemeindeordnung für das Land NRW, Erl. IV, 5 zu § 50, VV Ziffer 5 zu § 35 a. F.; *Schatter, H.*, Der Öffentliche Dienst 1953, S. 209; a. A. für besondere Einzelfälle, wie grober Pflichtverletzung, schwerer geistiger oder körperlicher Krankheit: *Bestgen, N.*, Die Gemeinde (NRW) 1954, S. 179.

[488] OVG Münster, Beschluss vom 27.09.2002 – 15 B 855/02, NWVBl. 2003, S. 101; *Kirchhof, R.* in Held u. a., Kommunalverfassungsrecht NRW, Erl. 8 zu § 50; *Rehn, E./Cronauge, U.*, Gemeindeordnung für das Land NRW, Erl. IV, 5 zu § 50; von *Lennep, H.-G./Paal, T.*, Leitfaden, S. 104.

[489] *Kasten, H.-H.*, Ausschussorganisation und Ausschussrückruf, S. 213.

Form der Abberufung für seine Abstimmungsweise befürchten muss. Außerdem wäre der Nachweis, dass alle Mitglieder für eine Abberufung gestimmt haben, die die ursprüngliche Berufung befürwortet haben, in der Praxis schon dann nicht zu erbringen, wenn geheim abgestimmt wird.[490]

Beim Beschluss über die Abberufung darf das betreffende Ratsmitglied gemäß §§ 43 Abs. 2, 31 Abs. 3 Nr. 2 mit stimmen. Somit ist davon auszugehen, dass in der Regel ein einstimmiger Beschluss über die Abberufung eines Ratsmitgliedes aus einem Ausschuss nicht erzielt werden kann. Wenn das betreffende Ratsmitglied sich enthält, liegt wegen § 50 Abs. 5 ebenfalls ein einstimmiger Beschluss vor.

2. Beratende Mitglieder

a) Benannte Mitglieder nach § 58 Abs. 1 Satz 7

Fraglich ist, ob für die Abwahl benannter beratender Mitglieder nach § 58 Abs. 1 Satz 7 dieselben Voraussetzungen gelten, wie für die Abwahl stimmberechtigter Mitglieder, denn ihrer Bestellung liegt nicht eine Verhältniswahl zugrunde, sondern eine Wahl im Wege des § 50 Abs. 2 durch den Rat auf Vorschlag der jeweiligen Fraktion. Daher könnte ein Rückholrecht der Fraktion, die das Ausschussmitglied benannt hat, über eine Abberufung durch den Rat vertretbar sein.[491]

Unstreitig ist die Abwahl nach § 58 Abs. 1 Satz 7 bestellter zusätzlicher beratender Mitglieder gegen den Willen der vorschlagsberechtigten Fraktion aus Gründen des Minderheitenschutzes unzulässig.[492]

Auch die Abberufung der entsandten Mitglieder durch die Fraktionen unmittelbar ist unzulässig, da die Abberufung als actus contrarius zur Entsendung nur von dem entsendenden Organ vorgenommen werden kann.[493]

Fraglich ist aber, ob der Rat auf Verlangen der vorschlagsberechtigten Fraktion das betreffende Mitglied durch bloßen Mehrheitsbeschluss abwählen kann oder ob er sogar verpflichtet ist, dem Vorschlag der Fraktion zu folgen. Denn die Zustimmung der jeweiligen Fraktion würde einen Verstoß gegen den Minderheitenschutz ausschließen.

Die Beantwortung der Fragen ist davon abhängig, welchen Sinn und Zweck man dem § 58 Abs. 1 Satz 7 beimisst. Der Gesetzgeber hat diese Regelung eingeführt, um den Fraktionen die Möglichkeit zu geben, in jedem Ausschuss vertreten zu sein. Sie hat damit in erster Linie Minderheiten schützenden Charakter, indem sie den Kommunikationsfluss aus den Gremien in die Fraktionen sicherzustellen beabsichtigt. Zudem dient die Vorschrift letztlich auch der Entlastung des Rates, weil alle Fraktionen bereits in den Ausschüssen ihre Meinungen einbringen können und hierzu nicht erst im Rat Gelegenheit haben. Daher verlangt es der Zweck dieser Rege-

---

490 *Kasten, H.-H.*, Ausschussorganisation und Ausschussrückruf, S. 213.

491 Vgl. *Foerster, G.*, Staats- und Kommunalverwaltung 1974, S. 78.

492 Vgl. *Rehn, E./Cronauge, U.*, Gemeindeordnung für das Land NRW, Erl. I, 7 zu § 58.

493 OVG Lüneburg, Urteil vom 22.04.1986 – 2 A 117/85, NVwZ-RR 1989, S. 94, 96; *Gern, A.*, Deutsches Kommunalrecht, S. 264; *Kasten, H.-H.*, Ausschussorganisation und Ausschussrückruf, S. 211.

lung, dass die entsandten Mitglieder ständig das Vertrauen ihrer Fraktionen haben.[494] Daher müssen sie auch jederzeit vom Rat auf Wunsch der Fraktionen abberufen werden.[495] Das Abberufungsrecht ist damit als Korrelat zum vorschlagsbedingten Entsendungsrecht zu verstehen. Hierzu würde dann auch ein schlichter Mehrheitsbeschluss genügen, weil Interessen des Minderheitenschutzes nicht mehr zu berücksichtigen sind.

Problematisch ist dann nur der Fall der geheimen Abstimmung, in der nicht sichergestellt werden kann, dass alle Mitglieder der entsendenden Fraktion mit der Abwahl einverstanden sind. In einem solchen Fall müsste man die Ausführung des Beschlusses unter den Vorbehalt stellen, dass ihm nicht durch die Mehrheit der jeweiligen Fraktion widersprochen wird.

b) Mitglieder nach § 58 Abs. 1 Satz 11

Die Möglichkeit der Abberufung von Ausschussmitgliedern, die nach § 58 Abs. 1 Satz 11 bestellt sind, ist unter anderen Gesichtspunkten zu beurteilen. Die Vorschrift des § 58 Abs. 1 Satz 11 dient – anders als die Vorschrift nach § 58 Abs. 1 Satz 7 – nicht dem Funktionsinteresse einzelner Gruppierungen, sondern schützt das Interesse des einzelnen Ratsmitgliedes an der Mitwirkung in der kommunalen Ausschussarbeit.[496]

Der Rat hat zwar ein Wahlrecht bezüglich des Ausschusses, in das er das Ratsmitglied entsendet.[497] Nach Ausübung dieses Wahlrechts sollte aber eine Abberufung und eine neue Zuweisung an einen anderen Ausschuss nur möglich sein, wenn Interessen der Arbeits- und Funktionsfähigkeit des Ausschusses dies verlangen. Ansonsten ist das Interesse des einzelnen Ratsmitgliedes an der ungestörten Wahrnehmung der Ausschusstätigkeit höher zu bewerten.

3. Stellvertretende(r) Vorsitzende(r)

Die Abwahl eines stellvertretenden Vorsitzenden ist unter den gleichen Voraussetzungen zulässig, die für die Abwahl der anderen stimmberechtigten Mitglieder gelten. Schließlich entspringt sein Status als Mitglied des Hauptausschusses ebenso der Wahl nach § 50 Abs. 3 durch den Rat. Da der Hauptausschuss verpflichtet ist, mindestens einen stellvertretenden Vorsitzenden zu wählen, muss er – sofern nicht weitere Vorsitzende gewählt sind – das Verfahren nach § 57 Abs. 2 Satz 3 erneut durchführen und das Amt des stellvertretenden Vorsitzenden auf ein Mitglied des Hauptausschusses neu übertragen. Dies kann das für das ausgeschiedene Mitglied als Nachfolger gewählte neue Hauptausschussmitglied sein, es kann aber auch ein anderes stimmberechtigtes Mitglied mit der Aufgabe betraut werden.

Sind mehrere stellvertretende Hauptausschussvorsitzende gewählt und wird ein in der Reihenfolge vorrangiger stellvertretender Hauptausschussvorsitzender abge-

---

[494] *Rehn, E./Cronauge, U.*, Gemeindeordnung für das Land NRW, Erl. I, 7 zu § 58.

[495] A. A.: Innenminister NRW, Erlass vom 15. April 1986, Az: III A 1 – 10, 30 – 6886/86, auszugsweise abgedruckt in Eildienst Landkreistag NRW 1986, S. 127.

[496] Vgl. zur Schutzrichtung von Entsendungsvorschriften OVG Münster, Beschluss vom 21.05.2002 – 15 B 238/02, NWVBl. 2002, S. 434, 435.

[497] Siehe die Ausführungen unter § 3, B, I, 3, b.

wählt, so rücken die übrigen Stellvertreter nicht etwa automatisch in die frei werdende Position nach. Denn die ursprüngliche Wahl erfolgte nicht im Rahmen einer Verhältniswahl, für die ähnlich der normalen Stellvertretung in Ausschüssen eine Nachrückregelung denkbar wäre, sondern sie bezog sich nach §§ 57 Abs. 2 Satz 3, 50 Abs. 2 auf ein konkret umrissenes Stellvertretungsamt mit gewissem Rang. Daher muss das Wahlverfahren nach § 50 Abs. 2 wiederholt werden. Gegebenenfalls schließen sich weitere Wahlen an, wenn ein schon amtierender nachrangiger Stellvertreter für einen abgewählten vorrangigen Stellvertreter gewählt wird und dadurch wiederum ein stellvertretender Vorsitz frei wird.

Schließlich ist auch eine Entziehung der Funktion des stellvertretenden Hauptausschussvorsitzes ohne Abwahl und damit ohne Verlust des gesamten Mitgliedsstatus möglich. Sie stellt sich als zulässiger actus contrarius zum Wahlakt nach § 57 Abs. 3 Satz 3 dar.

4. Abstimmungsform

Da die Abberufung als actus contrarius zum ursprünglichen Wahlakt zu verstehen ist, ist es gerechtfertigt, die Form der Abstimmung nach § 50 Abs. 2 zu beurteilen mit der Folge, dass geheim abgestimmt wird, wenn nur ein Ratsmitglied widerspricht und dass eine namentliche Abstimmung nicht zulässig ist. Eines Rückgriffes auf § 50 Abs. 1 Satz 2 für den Fall der Stimmenparität bedarf es nicht, weil der Abberufungsversuch stimmberechtigter Ausschussmitglieder ohnehin gescheitert ist, wenn sich nur eine Gegenstimme ergibt.

5. Grenzen des Abberufungsrechtes wegen des freien Mandates

Gemäß § 43 Abs. 1 verfügen die Ratsmitglieder über ein freies Mandat kommunalrechtlicher Prägung.[498] Wenn auch Art. 38 Abs. 1 Satz 2 GG auf die Mitglieder der Vertretungen von Gemeinden nicht anwendbar ist,[499] so muss der Gesetzgeber bei der Ausgestaltung ihrer Rechtsstellung aber den in Art. 20 Abs. 1 und 2 GG getroffenen Grundentscheidungen der Verfassung für die Prinzipien der Volkssouveränität und der Demokratie, die über Art. 28 Abs. 1 Satz 2 GG auf die Gemeindeebene übertragbar sind, Rechnung tragen.[500] Damit gilt das freie Mandat für kommunale Mandatsträger auch aus verfassungsrechtlichen Erwägungen.[501]

Das freie Mandat gilt wegen der herausragenden Bedeutung der Ausschusstätigkeit für die Willensbildung des Rates und wegen ihrer teilweisen Entscheidungsbefugnisse auch in den Ausschüssen.[502] Es ist damit geeignet, der Abberufung von Aus-

---

[498] Zum freien Mandat von Gemeinderatsmitgliedern: BVerfG, Beschluss vom 10.12.1992 – 1 BvR 1392/92, KPBl. 1994, S. 165.

[499] BVerfG, Beschluss vom 21.06.1988 - BvR 975/ 83 –, BVerfGE 344, 348; BVerwG, Beschluss vom 02.07.1990 – 7 B 86/90, NVwZ-RR 1991, S. 157, 158.

[500] Vgl. *Wacker, J.*, Sachkundige Bürger und Einwohner in gemeindlichen Ausschüssen, S. 225.

[501] *Kasten, H.-H.*, Ausschussorganisation und Ausschussrückruf, S. 200.

[502] *Brinkmeier, H. J.*, VR 1999, S. 28; *Kasten, H.-H.*, Ausschussorganisation und Ausschussrückruf, S. 204; *Röper, E.*, VR 1991, S. 298; *Wacker, J.*, Sachkundige Bürger und Einwohner in gemeindlichen Ausschüssen, S. 226.

schussmitgliedern Grenzen zu setzen. Die Abberufung findet ihre Grenze im freien Mandat aber nur im Fall der Willkür.

Wegen des Erfordernisses eines einstimmigen Beschlusses über die Abberufung wird es in der Praxis aber ohnehin eher zu einer Auflösung des gesamten Ausschusses kommen. Der Ausschussauflösung steht das freie Mandat nicht entgegen, weil sie sich nicht gezielt gegen einen einzelnen Mandatsträger richtet.[503]

Zwar kann die Auflösung ein Instrument sein, um mittelbar ein Ausschussmitglied aus dem Ausschuss zu entfernen. Eine solche Vorgehensweise ist aber aus politischen Gründen legitim und oftmals das letzte Mittel, um eine sachgerechte Mandatsausübung im Sinne des Rates wieder zu gewährleisten. Daher ist die Auflösung und Neubildung des Ausschusses selbst dann nicht rechtswidrig, wenn alle ursprünglichen Mitglieder neu in den Ausschuss gewählt werden und nur ein Ausschussmitglied außen vor bleibt. Ein Anspruch auf Wiederwahl besteht nicht.[504] Beachtet werden muss aber in diesem Zusammenhang, dass ein Ratsmitglied gemäß § 58 Abs. 1 Satz 11 das Recht hat, in mindestens einem der Ausschüsse mit beratender Stimme tätig zu sein.

Der kommunale Mandatsträger kann sich gegen Maßnahmen des Rates und der Fraktionen, die seine Rechtsstellung als Ausschussmitglied tangieren, im Kommunalverfassungsstreitverfahren wehren.[505]

C. Verringerung und Erhöhung der Zahl der Ausschusssitze während der Amtszeit

Eine Veränderung der Stärkeverhältnisse im Rat durch z. B. Fraktionsübertritt hat nicht notwendiger Weise die Umbesetzung der Ausschüsse zur Folge. Der Gesetzgeber hat insofern den Grundsatz des freien Mandates über das Fraktionsprinzip gestellt.[506] Gleichwohl kann aber u. a. ein solcher Fall Auslöser für den Wunsch des Rates sein, die Ausschusssitzzahl zu verändern, ohne im Wege der Abberufung oder sofortigen Auflösung das Stärkeverhältnis in den Ausschüssen spiegelbildlich zum Rat wiederherzustellen. Fraglich ist, welchen rechtlichen Anforderungen die Veränderung der Ausschusssitzzahl unterliegt.

I. Verringerung der Mitgliederzahl

Während einer Wahlperiode kann der Rat die Absicht haben, die Mitgliederzahl des Hauptausschusses zu verringern. Gründe hierfür können z. B. sein, dass die bisherige möglicherweise hohe Mitgliederzahl für eine Beeinträchtigung der Effektivität der Ausschussarbeit sorgte oder dass der Rat finanzielle Einsparungen durch eine Re-

---

503 *Kasten, H.-H.*, Ausschussorganisation und Ausschussrückruf, S. 217.

504 *Kasten, H.-H.*, Ausschussorganisation und Ausschussrückruf, S. 217.

505 *Kasten, H.-H.*, Ausschussorganisation und Ausschussrückruf, S. 227.

506 *Kirchhof, R.* in Held u. a., Kommunalverfassungsrecht NRW, Erl. 10.3 zu § 50 und Erl. 10 zu § 58; *Rauball, J./Pappermann, E./Roters, W.*, Gemeindeordnung für NRW, § 35 a. F, Rn. 26; anders z. B. das bayerische Kommunalrecht, vgl. VGH München, Urteil vom 01.03.2000 – 4 B 99.1172 –, KPBl. 12/2000, S. 67 und auch das rheinland-pfälzische Kommunalrecht, vgl. *Scholtis, N.*, Minderheitenschutz in kommunalen Vertretungskörperschaften, S. 106; *Wisser, K.*, DVP 1999, S. 469.

duzierung des zu zahlenden Sitzungsgeldes erzielen will.[507] Eine Verringerung der Ausschussmitgliederzahl kommt einer Vielzahl einzelner Abberufungen gleich, so dass der Beschluss über die Verringerung der Sitzzahl wie die Abberufung der jeweiligen Mitglieder einstimmig gefasst werden muss.

Allerdings darf der Rat unter den oben genannten Voraussetzungen die Zahl der Mitglieder nur soweit verringern, dass noch vom Bestand eines Ausschusses gesprochen werden kann, denn die Auflösung des Hauptausschusses in Gänze ohne Neubildung ist nicht möglich.[508] Die Sitzzahl darf daher – den Vorsitz des Bürgermeisters ausgeklammert – nicht unter drei betragen.[509]

II. Erhöhung der Mitgliederzahl

Im Zusammenhang mit der Erhöhung der Mitgliederzahl stellt sich das Problem, wie die zusätzlichen Sitze besetzt werden sollen.

Ein Mehrheitsbeschluss kommt hier nicht in Betracht. Anderenfalls hätte es die Mehrheit in der Hand, das der Besetzung des Ausschusses zugrunde liegende Verhältniswahlverfahren nach § 50 Abs. 3 auszuhöhlen.[510]

Kommt ein einstimmiger Beschluss über einen einheitlichen Wahlvorschlag, auf den man sich geeinigt hat, nicht zustande, ist daher aus Gründen des Minderheitenschutzes alleine das Verhältniswahlverfahren für die Besetzung der weiteren Ausschusssitze maßgeblich. Da eine beschränkte Anwendung des Verhältniswahlverfahrens allein auf die zusätzlichen Sitze aber einen Vorteil für die stärkeren Fraktionen bedeuten würde, kommt nur eine Auflösung des Ausschusses in Betracht, damit alle Sitze im Wege des Verhältniswahlverfahrens neu besetzt werden können.[511] Denn auch die ursprünglich bei der ersten Besetzung vorgenommene Verhältniswahl kann nicht fortgeführt werden, da es auf die Anzahl der tatsächlich abgegebenen Stimmen für einen Wahlvorschlag im Zeitpunkt der Besetzung der neuen Sitze ankommt.

---

[507] Dies kann natürlich nur dann greifen, wenn der Rat sich entschlossen hat, nicht eine pauschale Aufwandsentschädigung zu zahlen, sondern eine Kombination aus Aufwandspauschale und Sitzungsgeld nach § 1 Abs. 2 lit. b) der Verordnung über die Entschädigung der Mitglieder kommunaler Vertretungen und Ausschüsse (Entschädigungsverordnung-EntschVO).

[508] Vgl. die Ausführungen unter § 5, B.

[509] Vgl. hierzu die Ausführungen unter § 3, B, I.

[510] *Rehn, E./Cronauge, U.*, Gemeindeordnung für das Land NRW, Erl. V, 5 zu § 58.

[511] Mitteilungen StGB NRW 06/1991, S. 86.

§ 6: Die Aufgaben des Hauptausschusses

In diesem Kapitel werden die in verschiedenen Abschnitten der GO NRW und in anderen Gesetzen aufzufindenden Aufgaben des Hauptausschusses dargestellt. Diese werden in der Literatur – mit Ausnahme des Eilbeschlussrechtes – bisher kaum behandelt. Wegen der Sonderstellung des Hauptausschusses im gemeindlichen Ausschusssystem und der Bedeutung der Aufgaben empfiehlt es sich aber, die zahlreichen, gesetzlich zugewiesenen Kompetenzen des Hauptausschusses näher zu untersuchen. Im Vordergrund stehen dabei seine Koordinierungsfunktion (A.), die Aufgabe der Planung der Verwaltungsaufgaben von besonderer Bedeutung (B.), seine Schlichtungsfunktion (C.) und sein Eilbeschlussrecht (D.) mit einem Exkurs über die Eilentscheidungen der Zweiergenossenschaft (E.). Der Vollständigkeit wegen werden auch die Auffangfunktion (F.), die Möglichkeit der Übernahme der Aufgaben des Finanzausschusses (G.) sowie die der Übertragung weiterer Aufgaben durch den Rat (H.) behandelt.

A. Die Koordinierungsfunktion

Gemäß § 59 Abs. 1 Satz 1 obliegt dem Hauptausschuss die Koordination der Arbeit aller gemeindlichen Ausschüsse. Er stimmt die Tätigkeiten aller Ausschüsse aufeinander ab. Damit wird der Hauptausschuss zum wichtigsten Bindeglied zwischen dem Rat und den Ausschüssen,[512] da er die Arbeit der Ausschüsse im Sinne des sie einrichtenden Gremiums koordiniert. Fraglich ist, welche konkreten Kompetenzen sich hinter der gesetzlichen Ermächtigung des § 59 Abs. 1 Satz 1 verbergen.

I. Erlass allgemeiner Regeln für die Ausschussarbeit

Zunächst könnte der Hauptausschuss für den Erlass allgemeiner Regeln, nach denen die Ausschüsse ihre Arbeit verrichten, zuständig sein. Jedoch bestimmt § 57 Abs. 4 Satz 1, dass der Rat für die Arbeit der Ausschüsse allgemeine Richtlinien aufstellen kann. § 59 Abs. 1 Satz 1 und § 57 Abs. 4 Satz 1 konkurrieren also miteinander. Der hervorgehobenen Stellung des Hauptausschusses entspricht es, ihm solange die Kompetenz zum Erlass von Regelungen für die Arbeit der Ausschüsse zuzubilligen, wie der Rat von seiner Ermächtigung nach § 57 Abs. 4 Satz 1 keinen Gebrauch macht. Schließlich bedarf die Wahrnehmung einer Koordinierungsaufgabe einer durch allgemeine Regelungen vorgegebenen Arbeitsstruktur der Ausschüsse. Wenn der Rat diese Struktur nicht vorgibt, muss es dem Hauptausschuss erlaubt sein, durch entsprechende Regelungen über die Ausschussarbeit die Basis für seine Koordinationsaufgabe zu schaffen.

Eine Gefahr des Missbrauches dahingehend, dass der Hauptausschuss seine Position gegenüber den Fachausschüssen unverhältnismäßig stärkt, ist nicht gegeben. Zum einen obliegt es dem Rat, durch Einzelbeschlüsse oder die Zuständigkeitsordnung über die Entscheidungs- und Beratungsbefugnisse der einzelnen Ausschüsse zu bestimmen, zum anderen kann der Rat die durch den Hauptausschuss getroffenen Regelungen für die Ausschussarbeit aufgrund seiner Richtlinienkompetenz nach § 57 Abs. 4 Satz 1 jederzeit aufheben.

---

[512] Vgl. *Körner, H.*, Gemeindeordnung NRW, Erl. 1 zu § 43 a. F.

II. Synthese von abweichenden Ausschussbeschlüssen beratender Natur

Die in einer Gemeinde zu erledigenden Aufgaben sind vielschichtig und komplex. Daher werden diese nicht nur innerhalb der Verwaltung nach Fachgebieten getrennt auf die einzelnen Ämter und Abteilungen verteilt, sondern regelmäßig hat der Rat auch für jeden Fachbereich der Verwaltung einen entsprechenden Ausschuss gebildet. Insbesondere bei größeren, der Entscheidung des Rates unterliegenden Maßnahmen kommt es vor, dass Teile dieser Maßnahmen in unterschiedlichen Ausschüssen beraten werden oder dass die gesamte Maßnahme von verschiedenen Ausschüssen beraten wird, um die Angelegenheit aus unterschiedlichen politischen Blickwinkeln heraus aufzubereiten. Es ist dann Aufgabe des Hauptausschusses, die Beratungsergebnisse der einzelnen Ausschüsse so zusammenzuführen und zu verknüpfen, dass dem Rat eine Empfehlung vorgelegt werden kann, die aus den Teilberatungen der Ausschüsse erwachsen und weitestmöglich konsensfähig ist. Dabei bleibt es dem Hauptausschuss unbenommen, die vorliegenden Beratungsergebnisse noch mit eigenen Wertungen und Ergänzungen zu versehen.

Es handelt sich hierbei um eine klassische Koordinationsaufgabe des Hauptausschusses, die ihm der Rat aufgrund der ausdrücklichen gesetzlichen Kompetenzzuweisung nicht entziehen darf. Vor dem Hintergrund der Möglichkeit des Rates, eine Zuständigkeitsordnung und eine Geschäftsordnung für die Ausschüsse zu erlassen, wäre die nach § 59 Abs. 1 Satz 1 dem Hauptausschuss gesetzlich zugewiesene Koordinationsfunktion ansonsten inhaltsleer.

Die zentrale Koordinierungsfunktion erfordert, dass die Beschlüsse beratender Ausschüsse dem Hauptausschuss zugeleitet werden.[513] In der Praxis muss der Bürgermeister nach pflichtgemäßen Ermessen entscheiden, welche Ausschussbeschlüsse einer Koordination durch den Hauptausschuss bedürfen, da der Hauptausschuss mit der Kenntnisnahme und Auswertung aller Ausschussbeschlüsse beratender Natur überfordert wäre.

III. Abstimmung voneinander abweichender Beschlüsse von Ausschüssen mit Entscheidungsbefugnis

Die Aufgabe der Abstimmung der Ausschussarbeit ist dann besonders bedeutsam, wenn zwei aufeinander nicht abgestimmte und voneinander abweichende Beschlüsse von Ausschüssen mit Entscheidungsbefugnis vorliegen. Eine solche Konstellation kann daraus resultieren, dass ein Ausschuss über die Grenze der Ermächtigung durch den Rat hinweg eine Entscheidung trifft, zu welcher er nicht befugt ist. In diesem Fall wird der Hauptausschuss die Kompetenzüberschreitung feststellen. Der Hauptausschuss trifft damit eine Entscheidung bei Zuständigkeitskonkurrenzen.[514]

---

[513] *Rauball, J./Pappermann, E./Roters, W.*, Gemeindeordnung für NRW, § 43 a. F., Rn. 3.

[514] Anders ist die Regelung in Schleswig-Holstein. Aufgrund der vorsichtigeren Formulierung des § 45 b Abs. 1 Nr. 3 GO SchlH, „auf die Einheitlichkeit der Arbeit der Ausschüsse hinzuwirken" ist davon auszugehen, dass dort der Hauptausschuss auf Empfehlungen beschränkt ist, vgl. Ziffer 2.1 des Grundsatzerlasses des Innenministeriums des Landes Schleswig-Holstein vom 21.05.1999 zur Aufgabenstellung der Hauptausschüsse, abgedruckt in *Borchert, H.* u. a., Gemeindeordnung SchlH, § 45 b; a. A.: *von Mutius, A./ Rentsch, H.*, Kommunalverfassungsrecht SchlH, Erl. 2 zu § 45 b SchlH.

Wenn zwei Ausschüsse zwar im Rahmen ihrer Kompetenzen entscheiden, sich ihre Beschlussinhalte aber dennoch widersprechen, weil von ihnen faktische oder rechtliche Auswirkungen auf die Entscheidungsmaterie des jeweils anderen Ausschusses ausgehen, ist fraglich, ob der Hauptausschuss nur vermittelnd oder aber auch entscheidend eingreifen kann.

1. Existenz von Regelungen in der Zuständigkeitsordnung

Unproblematisch ist die Beantwortung der Frage, ob der Hauptausschuss bei voneinander abweichenden Ausschussbeschlüssen in der Sache entscheiden darf, zu bejahen, wenn die vor dem Hintergrund des § 41 Abs. 2 durch den Rat erlassene Zuständigkeitsordnung dem Hauptausschuss ausdrücklich ein Entscheidungsrecht diesbezüglich zubilligt. Dann kommt es in der Praxis nur darauf an, dass nicht der Beschluss eines Fachausschusses bereits ausgeführt ist. Es ist Aufgabe des Bürgermeisters, die Abweichung der Ausschussbeschlüsse festzustellen, die Ausführung zunächst auszusetzen und die Beschlüsse dem Hauptausschuss vorzulegen. Allerdings hat der Bürgermeister dann nicht die Möglichkeit, ihre Ausführung durch Einspruch nach § 57 Abs. 4 Satz 2 aufzuschieben, denn § 57 Abs. 4 Satz 3 bestimmt, dass der Rat über Einsprüche gegen Ausschussbeschlüsse entscheidet. Damit würde die spezielle Kompetenz des Hauptausschusses, voneinander abweichende Ausschussbeschlüsse zu koordinieren, unterlaufen. Die Kompetenz nach § 57 Abs. 4 Satz 3 kann der Rat auch nicht auf den Hauptausschuss delegieren, weil es sich um eine spezielle ausschließliche Kompetenz des Rates handelt, die sich der Delegationsmöglichkeit nach § 41 Abs. 2 entzieht.

Der Bürgermeister hat also ohne Erhebung eines Einspruches die Ausschussbeschlüsse dem Hauptausschuss vorzulegen. Ansonsten käme der Hauptausschuss erst gar nicht dazu, von seiner Koordinierungsfunktion Gebrauch zu machen und diese würde leer laufen. Die Koordinierungsfunktion des Hauptausschusses geht hier als die speziellere gesetzliche Regelung dem allgemeinen Einspruchsrecht des Bürgermeisters vor. Es bleibt dem Bürgermeister schließlich unbenommen, zu einem späteren Zeitpunkt gegen den Schlichtungsbeschluss des Hauptausschusses Einspruch zu erheben oder diesen zu beanstanden, wenn er abweichender rechtlicher Auffassung ist.

Eine Pflichtverletzung des Bürgermeisters dadurch, dass er die Beschlüsse ohne Einspruchserhebung noch einmal in den Verfahrensgang gibt, ist nicht ersichtlich. Der Bürgermeister ist zwar gemäß § 62 Abs. 2 Satz 2 verpflichtet, die Beschlüsse des Rates und der Ausschüsse auszuführen. Die Zeit, welche zwischen Beschlussfassung und Ausführung vergehen darf, ist aber abhängig von der Natur des zugrunde liegenden Beschlusses, der selbst einen bestimmten Zeitpunkt für das Tätigwerden nennen kann. Außerdem sind die personellen und materiellen Rahmenbedingungen in der Verwaltung maßgeblich. Der Bürgermeister darf die Ausführung eines Beschlusses nur nicht schuldhaft verzögern. Ein Vorwurf der Verzögerung kann ihm aber nicht gemacht werden, wenn er voneinander abweichende Ausschussbeschlüsse vorliegen hat. Hier ist dem Bürgermeister die Ausführung rechtlich nicht möglich, weil er gegen den einen Beschluss verstößt, wenn er den anderen ausführt. Gegebenenfalls liegt ein tatsächliches Hindernis vor, wenn die Ausführung des einen Beschlusses durch die Umsetzung des anderen Beschlusses faktisch unmöglich wird.

2. Verzicht des Rates auf Konkretisierung der Koordinierungsfunktion

Ermächtigt der Rat den Hauptausschuss nicht, in Fällen abweichender Ausschussbeschlüsse die Entscheidung zu treffen, könnte die Auffassung vertreten werden, der Hauptausschuss könne aufgrund der gesetzlich gewährten Koordinierungsfunktion nach § 59 Abs. 1 Satz 1 gleichwohl die Entscheidung anstelle der Ausschüsse treffen. Jedoch ist zweifelhaft, ob § 59 Abs. 1 Satz 1 eine derart weitgehende Koordinationsfunktion in Bezug auf voneinander abweichende Ausschussbeschlüsse beinhaltet. Hilfreich für die Klärung dieser Frage ist ein Blick auf andere Vorschriften der GO NRW, die sich mit Entscheidungsrechten bei Kompetenzkonflikten beschäftigen.

In § 37 Abs. 2 Satz 2 ermächtigt der Gesetzgeber den Hauptausschuss ausdrücklich, bei Streitigkeiten zwischen Bezirksvertretungen untereinander oder Bezirksvertretungen und Ausschüssen „über Zuständigkeiten im Einzelfall“ zu entscheiden. Das Entscheidungsrecht betrifft hier also nur die Zuständigkeitsfrage.

§ 60 Abs. 2 bestimmt, dass in dringenden Fällen in Angelegenheiten, die der Entscheidungsbefugnis eines Ausschusses unterliegen, der Bürgermeister mit einem dem Ausschuss angehörenden Ratsmitglied entscheidet. Hier hat sich der Gesetzgeber gegen ein Eilbeschlussrecht des Hauptausschusses auch in Angelegenheiten anderer Ausschüsse entschieden. Ferner ist aus § 57 Abs. 4 Satz 3 zu entnehmen, dass bei Einsprüchen gegen Ausschussbeschlüsse der Rat entscheidet. Auch hier hat der Gesetzgeber den Hauptausschuss nicht als entscheidungsbefugte mittlere Ebene zwischen den Rat und die Ausschüsse gestellt. Darüber hinaus gewährt die GO NRW dem Hauptausschuss kein Rückholrecht bezüglich der den Ausschüssen übertragenen Entscheidungen, wie es aber kommunalverfassungsrechtliche Vorschriften außerhalb des Landes Nordrhein-Westfalen ausdrücklich vorsehen.[515]

Aus diesen Regelungen wird deutlich, dass der Gesetzgeber den Hauptausschuss nicht mit umfassenden Aufsichts- und Entscheidungsbefugnissen gegenüber den übrigen Ausschüssen ausstatten wollte. Damit ist die Intervention des Hauptausschusses auf die Vermittlung zwischen den Beteiligten, namentlich die Klärung von Zuständigkeiten und die Abgabe von Erklärungen, beschränkt. Eine Entscheidung in der Sache darf er nur dann treffen, wenn er vom Rat hierzu ermächtigt ist.

B. Die Planung der Verwaltungsaufgaben von besonderer Bedeutung

I. § 61 Satz 1 und die Planungshoheit der Gemeinden

Zum Wesen der in Art. 28 Abs. 2 GG und Art. 78 Abs. 1 und 2 VerfNRW garantierten kommunalen Selbstverwaltung gehört es, dass die Gemeinde die in ihrem Wirkungskreis liegenden öffentlichen Aufgaben in eigener Verantwortung erfüllen kann. Zur Konkretisierung der in Art. 28 Abs. 2 Satz 1 enthaltenen Worte „in eigener Verantwortung“ wird allgemein eine Klassifizierung in Hoheitsbereiche unternommen. Zu diesen Hoheitsbereichen gehört neben der Gebietshoheit, Organisationshoheit, Personalhoheit, Finanzhoheit, Satzungsautonomie und Daseinsvorsorge auch die kommunale Planungshoheit.[516] Unter Planungshoheit wird in diesem Kontext die verfassungsrechtlich gewährleistete Befugnis der Gemeinden verstanden, die städtebau-

[515] Vgl. z. B. § 45 b Abs. 1 Nr. 3 GO SchlH.
[516] Vgl. S. 108.

liche Entwicklung ihres Gebietes zu ordnen und die Bodennutzung in ihrem Gebiet zu planen und zu regeln.[517] Diese Definition ist deshalb relativ eng gefasst, weil viele andere Aspekte von Planung bereits in den anderen Hoheitsbereichen enthalten sind (z. B. die Finanzplanung in der Finanzhoheit, die Personalplanung in der Personalhoheit etc.).[518]

Nach § 61 Satz 1 entscheidet der Hauptausschuss im Rahmen der vom Rat festgelegten allgemeinen Richtlinien über die Planung der Verwaltungsaufgaben von besonderer Bedeutung. Der Begriff „Planung“ ist hier hinsichtlich der von ihr berührten Aufgabengebiete weiter zu verstehen als derjenige der „Planungshoheit“. Der Querschnittsfunktion des Hauptausschusses im intrakommunalverfassungsrechtlichen Kompetenzgefüge wird nur eine die einzelnen Hoheitsbereiche übergreifende Auslegung gerecht. Damit sind in § 61 Satz 1 nicht nur Aspekte städtebaulicher Planung zu berücksichtigen, sondern es kann grundsätzlich jede Planungsmaterie Gegenstand der Planungsentscheidung durch den Hauptausschuss sein. In Betracht kommen damit insgesamt etwa die Planung kommunaler Einrichtungen, die Verkehrsplanung, Stadtentwicklungsplanung, Altstadtsanierung, Wirtschaftsförderungsplanung etc.[519]

Die Planung und die Entscheidung über die Weiterverfolgung eines bestimmten Planungsvorhabens ist eine gewichtige politische Aufgabe, die der Gesetzgeber in die Zuständigkeit des Hauptausschusses gelegt hat.[520] Die Entscheidungsbefugnis des Hauptausschusses umfasst dabei sowohl die Ressort übergreifende Planung als auch die Planung konkreter Verwaltungsaufgaben.[521]

II. Entscheidung und Planung

Bevor die Reichweite und die Grenzen der Kompetenz des Hauptausschusses nach § 61 Satz 1 herausgearbeitet werden können, müssen die durch den Gesetzgeber gebrauchten Worte „entscheidet“ und „Planung“ näher beleuchtet werden.

Der Begriff „Entscheidung“ meint die Auswahl von Alternativen, die ihrerseits steuernde Funktion haben. Die Auswahl ist ein bewusster Willensvorgang. Er steht unter dem Gesichtspunkt der Optimierung und damit des Findens und Realisierens einer Alternative. Die Bewertung der Alternativen ist ein subjektiver Vorgang, der auf bestimmten Interessen beruht. Die Durchsetzung bestimmter Interessen vor anderen ist eine Form des Konfliktmanagements.[522]

Der Hauptausschuss ist bei seiner Entscheidung über die Planung der Verwaltungsaufgaben von besonderer Bedeutung an gewisse Rahmenbedingungen, wie z. B. Finanzen, Personal, Organisation, Recht, Bürgerorientierung oder auch temporäre Erfordernisse gebunden.

---

517 *Hofmann, H./Muth, M./Theisen, R.-D.*, Kommunalrecht in NRW, S. 118; *Oebbecke J.*, Festschrift für Werner Hoppe, S. 239.

518 *Hofmann, H./Muth, M./Theisen, R.-D.*, Kommunalrecht in NRW, S. 118.

519 Vgl. auch die Beispiele bei *Rauball, J./Pappermann, E./Roters, W.*, Gemeindeordnung für NRW, § 46 a. F., Rn. 1.

520 Vgl. *Bückmann, W.*, Kommunalverfassung im Lande NRW, S. 72.

521 *Rauball, J./Pappermann, E./Roters,W.*, Gemeindeordnung für NRW, § 46 a. F., Rn. 1.

522 *Thieme,W.*, Entscheidungen in der öffentlichen Verwaltung 1981, S. 7, 15.

Der Begriff „Planung“ wird in der Literatur unterschiedlich definiert. Nach *Salzwedel* ist hierunter zu verstehen, was an schöpferischer Initiative und notwendiger Vorbereitung einer bestimmten zu treffenden Entscheidung über ein Vorhaben hinausgeht.[523] Für *Laux* ist Planung ein Stadium der Vorbereitung einer auf ein bestimmtes Ziel gerichteten Entscheidung.[524] Nach *Wittkämper* bedeutet Planung, auf der Grundlage des verfügbaren Wissens und auf der Grundlage der zur Verfügung stehenden Phantasie in die Zukunft hineinreichende Seinsentwürfe zu erstellen.[525] *Freudenberg* definiert „Planen“ als gedankliche Vorbereitung zielgerichteter, zukünftiger Handlungen, und zwar zukünftiger Entscheidungsprozesse.[526]

Allen Definitionen ist gemein, dass sie die Zukunftsorientierung bzw. die Prognose als Element von Planung herausstellen. Die Planung zielt auf die Beschreibung und Steuerung von Auswirkungen bestimmter, für die Gegenwart unterstellter Handlungen in der Zukunft ab. Sie entspringt dem Verantwortungsbewusstsein nicht nur im Hinblick auf die gegenwärtig vorhandenen Ressourcen, sondern auch im Hinblick auf die für zukünftige Generationen zu erwartenden Auswirkungen. Am Ende der Planung soll ein aufgrund von Analyse und Prognose erarbeitetes Konzept stehen, das ein zu erreichendes Ziel und gleichzeitig den Rahmen für die Verwaltungstätigkeit darstellt.[527]

Damit ist Planung nicht ein statisches Instrument. Die Planung ist vielmehr als Prozess zu bezeichnen, der zu einem Plan führt. Der Plan selbst stellt letztlich eine besondere Form der Entscheidung dar.[528]

Die Begriffe Planung und Entscheidung sind somit untrennbar miteinander verknüpft, da das Endstadium der Planung, der Plan, eine Erscheinungsform der Entscheidung ist.

III. Verwaltungsaufgaben von besonderer Bedeutung

Fraglich ist, wann Verwaltungsaufgaben von besonderer Bedeutung sind und sie daher der Planungsentscheidung durch den Hauptausschuss bedürfen. Nicht durchgesetzt hat sich eine Auffassung, die unter Verwaltungsaufgaben von besonderer Bedeutung solche versteht, zu deren Bestreitung es außerordentlicher Einnahmen, insbesondere des Erlöses aus der Aufnahme von Krediten bedarf.[529] Gleichwohl wird bei der Auslegung dieses unbestimmten Rechtsbegriffes regelmäßig auf die finanziellen Auswirkungen abgestellt.[530] Alleine die finanzielle Bedeutung für die Einordnung der Aufgaben heranzuziehen, greift allerdings zu kurz.

---

523 *Salzwedel, J.*, Der Gemeindehaushalt 1953, S. 205.
524 *Laux, E*, Staats- und Kommunalverwaltung 1965, S. 13.
525 *Wittkämper,G.*, Analyse und Planung 1972, S. 74.
526 *Freudenberg, D.*, Planen und Entscheiden 1983, S. 104.
527 *Oebbecke, J.*, Planung, in „Festschrift für Hoppe“, S. 239.
528 Vgl. *Thieme,W.*, Entscheidungen in der öffentlichen Verwaltung1981, S. 93.
529 Vgl. *Berkenhoff, H.-A.*, Der Gemeindehaushalt 1953, S. 14; kritisch hierzu *Salzwedel, J.*, Der Gemeindehaushalt 1953, S. 205, der auf die Entstehungsgeschichte des Gesetzes und hier insbesondere die parlamentarischen Beratungen verweist.
530 Vgl. z. B. *Körner, H.*, Gemeindeordnung NRW, Erl. 2 zu § 46 a. F.

1. Abgrenzung zu den Geschäften der laufenden Verwaltung

Im Ansatz empfiehlt sich für die Klassifizierung der Verwaltungsaufgaben von besonderer Bedeutung zunächst eine Übertragung der im Rahmen des § 41 Abs. 3 für Geschäfte der laufenden Verwaltung entwickelten Grundsätze, wobei davon ausgegangen werden soll, dass die Begriffe „Geschäft“ und „Verwaltungsaufgabe“ synonym verwendet werden können. Geschäfte der laufenden Verwaltung sind Geschäfte, die regelmäßig vorkommen und im Rahmen der normalen Verwaltungsausübung erledigt werden.[531] Auf den Umfang und die Schwierigkeit in finanzieller, rechtlicher und tatsächlicher Hinsicht ist nicht abzustellen, sondern vielmehr ist wesentliches Merkmal, ob die Erledigung nach feststehenden Grundsätzen auf eingefahrenen Gleisen erfolgt.[532] Damit sind maßgebliche Kriterien für die Einordnung die Häufigkeit und die Regelmäßigkeit, was allerdings abhängig von der Größe und den damit verbundenen Aufgaben und der Finanzkraft einer Gemeinde ist.[533] Die Abgrenzung des Begriffs kann daher nicht allgemein festgelegt werden, sondern muss jeweils in Bezug auf die konkrete Gemeinde erfolgen.[534] Als unbestimmter Rechtsbegriff ist er aber in vollem Umfange von den Verwaltungsgerichten nachprüfbar.[535]

Angelegenheiten, die Geschäfte der laufenden Verwaltung sind, können bereits keine besondere Bedeutung aufweisen, so dass sie aus dem Anwendungsbereich des § 61 Satz 1 herausfallen.

2. Die besondere Bedeutung

Die Tatsache, dass eine Verwaltungsaufgabe kein Geschäft der laufenden Verwaltung ist, weist ihr aber noch nicht das Wesenselement der besonderen Bedeutung zu.

Hinsichtlich des Merkmales „besondere Bedeutung“ alleine auf Kriterien, wie die Größe der Gemeinde oder die finanziellen Auswirkungen abzustellen,[536] führt zur Klärung des Anwendungsbereiches des § 61 Satz 1 nicht weiter.[537] Ansonsten würde jede Verwaltungsaufgabe, die nicht ein Geschäft der laufenden Verwaltung ist und nicht anderen Organen ausschließlich zur Planung übertragen ist sowie mit Bezug auf die Größe und Finanzkraft der Gemeinde überdurchschnittliche finanzielle Auswirkungen hervorruft, der Planungsentscheidung des Hauptausschusses obliegen. Vielmehr muss für die Herausarbeitung, welche Angelegenheiten Verwaltungsaufgaben von besonderer Bedeutung sind, der Begriff „Planung“ hinzugezogen werden. Verwaltungsaufgaben von besonderer Bedeutung im Sinne des § 61 Satz 1 können nur diejenigen Angelegenheiten sein, die auch einer Planung zugänglich sind bzw. ihrer bedürfen. Merkmale solcher Angelegenheiten sind nicht alleine finanzieller oder politischer Natur, sondern vielmehr die Komplexität und Ressort übergreifende

---

531 *Hofmann, H./Muth, M./Theisen, R.-D.*, Kommunalrecht in NRW, S. 477.
532 OVG Münster, Urteil vom 15.12.1969 – III A 1329/66 – ,OVGE 25, 186, 193.
533 *Erichsen, H.-U.*, Kommunalverfassungsrecht des Landes NRW, S. 127.
534 *Von Mutius, A.*, Kommunalrecht, Rn. 711.
535 *Wansleben, R.* in Held u. a., Kommunalverfassungsrecht NRW, Erl. 4.3 zu § 41.
536 Vgl. *Bückmann, W.*, Kommunalverfassung im Land NRW, S. 72; *Rauball, J./ Pappermann, E./Roters*, W., Gemeindeordnung für NRW, § 46 a. F., Rn. 1.
537 Vgl. *Kirchhof, R.* in Held u. a., Kommunalverfassungsrecht NRW, Erl. 2 zu § 61.

Dimension der Aufgabe. Dabei können Größe und Finanzkraft der Gemeinde durchaus entscheidungserhebliche Komponenten sein.[538] Wesen der Planung ist es aber insbesondere, Ressortgrenzen zu überschreiten und Einzelmaßnahmen in einen Zusammenhang zu bringen.[539] Die Planungsnotwendigkeit und damit die Bedeutung der Aufgabe kann sich auch daraus ergeben, dass die Verwaltungsaufgabe an sich vielleicht nicht wichtig ist, sich aber auf andere wichtige Planungsbereiche auswirkt.

Bedeutende Verwaltungsaufgaben im Sinne von § 61 Satz 1 sind damit für sich genommen oder in ihrer Auswirkung auf andere Geschäftsbereiche finanziell nicht unerhebliche, komplexe und Ressort übergreifende Verwaltungsgeschäfte, die einer Entscheidung in der abgestimmten Form eines Planes bedürfen.

Es ist Aufgabe des Rates, die Entscheidungsbefugnis des Hauptausschusses über die Planung der Verwaltungsaufgaben von besonderer Bedeutung dadurch zu respektieren, dass er den von ihm gebildeten Fachausschüssen nur diejenigen Angelegenheiten mit Entscheidungsbefugnis auch für die Planung überträgt, die keine komplexe und fachdisziplinär übergreifende Dimension erlangen.

IV. Scharnierfunktion zwischen Politik und Verwaltung

1. Die Einbindung der Politik in den Planungsprozess

§ 61 Satz 1 stellt nicht nur sicher, dass die Entscheidung über Verwaltungsaufgaben von besonderer Bedeutung grundsätzlich in der politischen Verantwortung des Rates liegt, sondern dass die Politik auch frühzeitig über den Hauptausschuss in den Planungsprozess einbezogen wird.[540] Zu Recht kann deshalb in diesem Zusammenhang von einer „Verklammerung zwischen Rat und Verwaltung"[541] über das Medium des Hauptausschusses gesprochen werden.

Intention des Gesetzgebers ist es, durch die frühzeitige Einbindung der Politik in den Planungsprozess umfangreiche und kostspielige Planungen innerhalb der Verwaltung zu vermeiden, die später doch nicht politisch konsensfähig sind. Der Hauptausschuss ist für diese Funktion aufgrund seiner im Verhältnis zum Rat spiegelbildlichen Zusammensetzung ausschließlich aus Ratsmitgliedern besonders geeignet. Als Kollegium ist er aus mehreren Mitgliedern verschiedener politischer Interessengruppen und in der Regel auch verschiedener Fachausschüsse zusammengesetzt, die mit Ausnahme der Mehrheitsverhältnisse und des Aspektes der Fraktionsdisziplin in keinem Über- und Unterordnungsverhältnis oder Abhängigkeitsverhältnis zueinander stehen.

2. Der Zeitpunkt der Einbindung

Der Zeitpunkt, zu welchem der Hauptausschuss mit dem Planungsvorhaben konfrontiert wird, ist einzelfallabhängig. In der Regel wird die Planungsinitiative von der Verwaltung ausgehen. Anregungen zur Planung können sich aber auch aus der Bürgerschaft oder der Politik ergeben. Der Hauptausschuss muss jedenfalls dann über die

---

538 Vgl. *Rehn, E./Cronauge, U.*, Gemeindeordnung für das Land NRW, Erl. I. zu § 61.
539 *Schmidt-Aßmann, E.*, DÖV 1974, S. 542.
540 *Rauball, J./Pappermann, E./Roters, W.*, Gemeindeordnung für NRW, § 46 a. F., Rn. 2.
541 *Zuhorn, K./Hoppe, W.*, Gemeindeverfassung, S. 219.

weitere Planung entscheiden, wenn ein Planvorhaben so in eine abgestimmte und bestimmte Form gebracht wird, dass eine Planungsgrundlage für den Hauptausschuss gegeben ist, aufgrund derer er eine Entscheidung treffen kann.[542]

Nach § 70 Abs. 2 lit. b) wirkt der Verwaltungsvorstand bei der Planung von Verwaltungsaufgaben von besonderer Bedeutung mit. Diese Mitwirkung beginnt bei der Überlegung, ob eine Planungsangelegenheit dem Hauptausschuss vorgelegt werden soll und wird im Verlaufe der weiteren Planung fortgeführt, indem der Verwaltungsvorstand nach pflichtgemäßem Ermessen entscheidet, wann ein Verfahrensstand erreicht ist, der eine erneute Unterrichtung im politischen Raum erfordert.

V. Die Entscheidungsbefugnis

Die Entscheidung des Hauptausschusses ist nur eine Entscheidung über die Planung eines Vorhabens und nicht über das Vorhaben selbst.[543] Die endgültige Beschlussfassung in der Sache obliegt dem entscheidungsbefugten Gremium, welches abhängig von der jeweiligen Zuständigkeitsordnung im Einzelfall auch der Hauptausschuss selbst sein kann.

Die Entscheidung über die ressortübergreifende Planung darf dem Hauptausschuss nicht vom Rat entzogen werden.[544] Es handelt sich um eine spezielle gesetzliche Kompetenzzuweisung, die eine andere gesetzliche Bestimmung im Sinne von § 41 Abs. 1 Satz 1 darstellt. Der Einfluss des Rates ist aber dadurch sichergestellt, dass der Gesetzgeber die Entscheidungskompetenz über die Planung der Verwaltungsaufgaben von besonderer Bedeutung dem Hauptausschuss nur im Rahmen der vom Rat festgelegten allgemeinen Richtlinien gewährt. Außerdem verbleibt dem Rat als zentralem Willensbildungsorgan der Gemeinde aufgrund seiner verfassungsrechtlich abgesicherten starken Rechtsstellung die Sachentscheidungskompetenz in den wichtigsten Angelegenheiten.[545]

Der Hauptausschuss hat die vom Bürgermeister erarbeitete Planung in ihrer endgültigen Fassung zu prüfen, bevor sie dem Rat zur Entscheidung vorgelegt wird. Dabei muss gegebenenfalls noch das Anhörungsrecht der Bezirksvertretung aus § 37 Abs. 5 Satz 1 berücksichtigt werden.[546] Eine Verletzung der Rechte des Hauptausschusses im Hinblick auf seine Beteiligung an Planungsvorhaben kann nur das Gremium in seiner Gesamtheit im Wege des Kommunalverfassungsstreitverfahrens geltend machen. Einzelne Mitglieder können keine Kompetenzverletzung des Ausschusses gerichtlich rügen.[547]

---

[542] *Rauball, J./Pappermann, E./Roters, W.*, Gemeindeordnung für NRW, § 46 a. F., Rn. 3.
[543] Vgl. *Salzwedel, J.*, Der Gemeindehaushalt 1953, S. 205.
[544] Vgl. *Rehn, E./Cronauge, U.*, Gemeindeordnung für das Land NRW, Erl. I zu § 61.
[545] Zu den verfassungsrechtlichen Anforderungen an die Planung: *Schmidt-Aßmann, E.*, DÖV 1974, S. 545.
[546] Vgl. *Becker, E.* in Held u. a., Kommunalverfassungsrecht NRW, Erl. 9 zu § 37.
[547] Vgl. OVG Münster, Beschluss vom 12.11.1992, AZ: 15 B 3965/92, NWVBl. 1993, S. 91.

VI. Unterrichtungspflicht des Bürgermeisters

Zur Sicherstellung der Planungsentscheidungskompetenz des Hauptausschusses verpflichtet § 61 Satz 2 den Bürgermeister, den Hauptausschuss regelmäßig und frühzeitig über Planungsvorhaben von besonderer Bedeutung zu unterrichten.

Bestimmt der Rat im Hinblick auf eine mögliche Kostenprognose eine finanzielle Grenze für die Unterrichtungsverpflichtung des Bürgermeisters, ist hiergegen zunächst nichts einzuwenden.[548] Allerdings darf die Grenze nicht so hoch sein, dass hierdurch die gesetzliche Kompetenz des Hauptausschusses ausgehöhlt wird. Zudem muss eine entsprechende Richtlinie hinreichend bestimmt sein.

Es ist aber zu beachten, dass die finanzielle Abgrenzung alleine keine taugliche Grenze darstellt.[549] Auch Projekte geringeren, wenn auch nicht unerheblichen, finanziellen Ausmaßes können wegen ihrer Komplexität und ihrer Auswirkungen nicht finanzieller Art auf andere Bereiche Verwaltungsaufgaben von besonderer Bedeutung sein.

Dadurch, dass der Gesetzgeber den Bürgermeister nicht nur zur frühzeitigen, sondern auch zur regelmäßigen Unterrichtung verpflichtet, wirkt er der in einem Planungsprozess immer latent vorhandenen Gefahr von planungs- und entscheidungserheblichen Veränderungen entgegen. Denn im Laufe einer Planung bedürfen die Zielvorstellungen häufig der Korrektur, da sich zwischenzeitlich veränderte Rahmenbedingungen ergeben und Prognosen sich als Fehleinschätzung erwiesen haben können. Zudem ist die regelmäßige Rückkoppelung zwischen der Verwaltung als „Planer" und der Politik als „Entscheider" notwendig, damit die Planung nicht allzu sehr von den Vorstellungen der Politik abweicht und Aussicht auf Genehmigung hat.[550] Aufgrund des Rechtsstaatsprinzips und des Gebotes der Wirtschaftlichkeit ist es die Pflicht der Gemeinde, planvoll vorzugehen.[551]

Die Unterrichtung des Hauptausschusses ist daher erforderlich, wenn die Planung ein bestimmter Plan geworden ist bzw. die Vorarbeiten sich zu einem bestimmten Plan verdichtet haben.[552] Wann dies der Fall ist, hat der Bürgermeister nach pflichtgemäßem Ermessen zu entscheiden.[553]

Bis zu diesem Zeitpunkt dürfen sowohl die Verwaltung als auch die Fachausschüsse bei der Planung mitwirken. Organisatorische, finanzielle, personelle oder politische Folgewirkungen darf ihre Beteiligung im Vorfeld der Planungsentscheidung durch den Hauptausschuss aber nicht verursachen.[554]

---

548 Vgl. *Kirchhof, R.* in Held u. a., Kommunalverfassungsrecht NRW, Erl. 2 zu § 61.

549 *Kirchhof, R.* in Held u. a., Kommunalverfassungsrecht NRW, Erl. 2 zu § 61.

550 Vgl. *Thieme, W.*, Entscheidungen in der öffentlichen Verwaltung, S. 98.

551 *Oebbecke, J.*, Planung, in „Festschrift für Hoppe", S. 239.

552 VG Gelsenkirchen, Urteil vom 12.12.1963-3 K 688/62; *Kirchhof, R.* in Held u. a., Kommunalverfassungsrecht NRW, Erl. 3 zu § 61; *Rehn, E./Cronauge, U.*, Gemeindeordnung für das Land NRW, Erl. II zu § 61.

553 *Kirchhof, R.* in Held u. a., Kommunalverfassungsrecht NRW, Erl. 4 zu § 61; *Rehn, E./ Cronauge, U.*, Gemeindeordnung für das Land NRW, Erl. II zu § 61.

554 *Rauball, J./Pappermann, E./Roters, W.*, Gemeindeordnung für NRW, § 46 a. F., Rn. 3.

Die Unterrichtungsverpflichtung des Bürgermeisters hinsichtlich der Planung der Verwaltungsaufgaben von besonderer Bedeutung bedeutet jedoch nicht, dass ein über das normale Maß des § 55 hinausgehendes Akteneinsichtsrecht der Hauptausschussmitglieder besteht.

C. Schlichtungsfunktion

I. Bezirksvertretungen untereinander sowie Bezirksvertretungen und Ausschüsse

Der Hauptausschuss ist nach § 37 Abs. 2 ermächtigt, auch bei Streitigkeiten zwischen Bezirksvertretungen untereinander sowie Bezirksvertretungen und Ausschüssen über Zuständigkeiten im Einzelfall zu entscheiden. Streitigkeiten zwischen Bezirksvertretungen sind insbesondere denkbar, wenn es um gemeindliche Einrichtungen in Bezirksgrenzbereichen geht.[555] Der eindeutige Wortlaut der Vorschrift reduziert die Entscheidungskompetenz auf die Frage der Zuständigkeit. Eine Sachentscheidung darf der Hauptausschuss nicht treffen.[556]

II. Bürgermeister und Beigeordnete

1. Das Vortragsrecht des Beigeordneten

Nach § 70 Abs. 4 Satz 2 sind die Beigeordneten berechtigt, ihre abweichende Meinung in Angelegenheiten ihres Geschäftsbereiches dem Hauptausschuss vorzutragen. Dies gilt wegen der Komplexität der Verwaltungsvorgänge und der damit verbundenen Abgrenzungsschwierigkeiten auch, wenn der Geschäftsbereich nur mit betroffen ist.[557]

Auch wenn dieses Recht der Beigeordneten im Kontext mit den Vorschriften über den Verwaltungsvorstand steht, ist es nicht erforderlich, dass sich die Meinungsverschiedenheit bei der Beratung im Verwaltungsvorstand ergeben hat.[558]

Wegen des eindeutigen Wortlautes findet § 70 Abs. 4 Satz 2 nicht für Meinungsverschiedenheiten der Beigeordneten untereinander Anwendung.[559] Etwas anderes muss gelten, wenn der erste Beigeordnete den Bürgermeister z. B. wegen langer Krankheit dauerhaft vertritt. Hier entspricht es der Intention des Gesetzgebers, Konflikte in der obersten Verwaltungsspitze durch Einflussnahme des Hauptausschusses zu schlichten, wenn man den übrigen Beigeordneten in diesen Fällen ein Vortragsrecht einräumt.

Das Vortragsrecht des Beigeordneten hat durch die Kommunalverfassungsreform an Bedeutung gewonnen. Da die Person des hauptamtlichen Bürgermeisters keine fachlichen Qualifikationen für das Amt aufweisen muss, ist die Entstehung eines Konfliktes zwischen dem Bürgermeister und dem ersten Beigeordneten, der nach § 71 Abs. 3 über die für sein Amt erforderlichen fachlichen Voraussetzungen verfügen muss, wahrscheinlicher geworden. Dies gilt insbesondere in Fällen, in denen der

---

[555] *Dunkel, H./Theiß, K.-L.*, Die Bezirksverfassung in der GO NRW, S. 44 mit Beispielen.
[556] *Rehn, E./Cronauge, U.*, Gemeindeordnung für das Land NRW, Erl. III zu § 47; *Pabst, A.*, NWVBl. 1998, S. 227; a. A.: *Körner, H.*, Gemeindeordnung NRW, Erl. 1 zu § 13 b a. F.
[557] Vgl. *Möller, F.*, Der Städtetag, 1965, S. 433.
[558] *Kirchhof, R.* in Held u. a., Kommunalverfassungsrecht NRW, Erl. 6.1 zu § 70.
[559] *Möller, F.*, Der Städtetag, 1965, S. 433.

Bürgermeister trotz seiner Herkunft aus einem gänzlich anderen beruflichen Metier[560] die fachliche Auffassung des Beigeordneten willkürlich nicht teilt und aus machtpolitischen Gründen dadurch Konflikte provoziert. Zudem muss der Bürgermeister im Gegensatz zum Beigeordneten keine Rücksicht auf die Wiederwahl durch den Rat nehmen, da er durch das Volk gewählt wird. Daher kann es für den Bürgermeister im Einzelfall attraktiv sein, sich in der Gunst des Volkes öffentlich gegen die Auffassungen von Rat und Beigeordneten zu stellen, was geeignet ist, Konfliktlagen zu verschärfen.[561]

2. Die Unterrichtungspflicht gegenüber dem Bürgermeister

Aufgrund der stärkeren Rechtsstellung des hauptamtlichen Bürgermeisters im Vergleich zum früheren Gemeindedirektor verpflichtet der Gesetzgeber im Gegensatz zu § 52 Satz 3 a. F. nunmehr gemäß § 70 Abs. 4 Satz 3 die Beigeordneten, den Bürgermeister darüber zu informieren, dass sie dem Hauptausschuss eine abweichende Meinung vorzutragen beabsichtigen.[562] Der Bürgermeister ist damit vor „Überrumpelungen" geschützt.[563]

§ 70 Abs. 4 Satz 2 ist gegenüber § 69 Abs. 2 Satz 2, Abs. 1 Satz 2 die speziellere Vorschrift mit der Folge, dass Beigeordnete auch gegen den Willen des Bürgermeisters ihre abweichende Meinung dem Hauptausschuss vortragen können.

Die Anrufung des Hauptausschusses hat keine aufschiebende Wirkung.[564] Daher muss der Beigeordnete eine Weisung des Bürgermeisters grundsätzlich ausführen und kann Verwaltungsvorgänge nicht bis zur nächsten Hauptausschusssitzung unerledigt lassen. Allerdings wird der Bürgermeister mit Rücksicht auf das Recht des Beigeordneten aus § 70 Abs. 4 Satz 2 nicht auf eine sofortige Erledigung drängen dürfen, wenn eine Hauptausschusssitzung unmittelbar bevorsteht und keine Eilbedürftigkeit vorliegt.

3. Der Umfang des Einflusses des Hauptausschusses

Der Hauptausschuss hat bei Meinungsverschiedenheiten zwischen dem Bürgermeister und den Beigeordneten schlichtende Funktion. Bei seiner Einflussnahme darf er sich aber nur in den Grenzen seiner Zuständigkeit bewegen. Wenn es sich um Angelegenheiten handelt, in denen der Hauptausschuss entscheidungsbefugt ist, Bürgermeister und Beigeordneter aber zum Beispiel im Hinblick auf die Unterbreitung eines Beschlussvorschlages streiten, ist der Hauptausschuss befugt, in der Sache zu entscheiden und damit den Konflikt inzidenter zu lösen.

---

[560] 29,4 % der Wahlsieger der Bürgermeisterwahlen bei den Kommunalwahlen 1999 verfügen über keine grundlegenden Erfahrungen in der Kommunalverwaltung, vgl. *Andersen, U./ Bovermann, R.*, Im Westen was Neues, S. 228.

[561] Vgl. *Oebbecke, J.*, Die reformierte Kommunalverfassung NRW, S. 160.

[562] *Nendza, A.*, VR 1996, S. 297.

[563] *Krell, D./Wesseler, N.*, Das neue kommunale Verfassungsrecht in NRW, S. 49.

[564] *Kirchhof, R.* in Held u. a., Kommunalverfassungsrecht NRW, Erl. 6.2 zu § 61; *Körner, H.*, Gemeindeordnung NRW, Erl. 3 zu § 53 Satz 3 a. F.; *Rauball, J./Pappermann, E./ Roters, W.*, § 52 a. F., Rn. 2.

Er darf allerdings bei seiner Entscheidung nicht in die originären, ausschließlich dem Bürgermeister vorbehaltenen Rechte eingreifen. So wäre ein Beschluss, der Bürgermeister möge eine streitbefangene Verwaltungsvorlage für einen Ausschuss oder den Rat im Sinne der vom Beigeordneten vertretenen Meinung abändern, rechtswidrig. Die Vorbereitung der Beschlüsse des Rates und der Ausschüsse gemäß § 62 Abs. 2 Satz 1 gehört zu den unentziehbaren Kompetenzen des Bürgermeisters. In diesem Zusammenhang können Beschlüsse des Hauptausschusses nur empfehlenden Charakter haben.[565]

Eine weitere Grenze für die Einflussnahme des Hauptausschusses ist in den Entscheidungsbefugnissen anderer Funktionsträger zu sehen. Bei Meinungsverschiedenheit in Angelegenheiten, die der Entscheidungsbefugnis des Rates, eines Ausschusses oder einer Bezirksvertretung unterliegen, darf der Hauptausschuss allenfalls Empfehlungen aussprechen.[566] Wenn schon § 59 Abs. 1 keine Ermächtigungsgrundlage für eine Entscheidung des Hauptausschusses in Angelegenheiten anderer entscheidungsbefugter Funktionsträger darstellt, muss dies erst recht für § 70 Abs. 4 Satz 3 gelten, der einseitig das Vortragsrecht des Beigeordneten normiert und mit keinem Wort auf weitergehende Kompetenzen des Hauptausschusses eingeht.[567] Ein weiteres Argument für die hier vertretene Auffassung ist, dass der Gesetzgeber an anderen Stellen dem Hauptausschuss expressis verbis ein Entscheidungsrecht einräumt.[568] Diese Regelungen vor Augen hat er § 70 Abs. 4 Satz 3 aber gerade nicht entsprechend formuliert.

III. Sondergesetzliche Schlichtungsfunktionen

Gemäß § 6 Abs. 2 Satz 4 Eigenbetriebsverordnung (EigVO) und § 8 Abs. 2 Satz 4 Gemeindekrankenhausbetriebsverordnung (GemKHBVO) hat der Hauptausschuss die Funktion, in Meinungsverschiedenheiten zwischen dem Hauptverwaltungsbeamten auf der einen Seite sowie der Werkleitung und dem Werksausschuss bzw. Krankenhausausschuss auf der anderen Seite zu entscheiden. Diese sondergesetzlichen Regelungen normieren nicht nur ein Anrufungsrecht oder beschränken die Einflussnahme des Hauptausschusses auf die Klärung von Zuständigkeiten und die Abgabe von Empfehlungen. Wegen des eindeutigen Wortlautes darf der Hauptausschuss hier in der Sache entscheiden, solange es sich nicht um unentziehbare Kompetenzen anderer Organe handelt.

D. Eilbeschlusskompetenz

Für den Fall, dass der Rat nicht rechtzeitig einberufen werden kann, jedoch in seinem Zuständigkeitsbereich eine Entscheidung dringend ist, sieht § 60 Abs. 1 ein gestuftes Entscheidungsverfahren vor. Danach ist zunächst der Hauptausschuss für die

---

565 Vgl. *Kremer, M.*, DVP 2003, S. 259, 260.

566 A. A.: *Möller, F.*, Der Städtetag 1965, S. 434; *Rauball, J./Pappermann, E./Roters, W.*, Gemeindeordnung für NRW, Erl. zu § 52 Satz 3 a. F., Rn. 2.

567 A. A.: *Kirchhof, R.* in Held u. a., Kommunalverfassungsrecht NRW, Erl. 6.2 zu § 70, der dem Hauptausschuss eine Entscheidungskompetenz auch in Angelegenheiten einräumen will, die in den Zuständigkeitsbereich von Fachausschüssen fallen.

568 §§ 6 Abs. 2 Eigenbetriebsverordnung, 8 Abs. 2 Gemeindekrankenhausbetriebsverordnung.

Entscheidung zuständig. Damit weist der Gesetzgeber dem Hauptausschuss neben den bereits angesprochenen Funktionen eine weitere gewichtige Kompetenz zu, die ihn aus den übrigen Ausschüssen heraushebt.[569] Erst wenn der Hauptausschuss nicht rechtzeitig einberufen werden kann und dazu die Angelegenheit keinen Aufschub duldet oder äußerst dringlich ist, wird der Bürgermeister legitimiert, gemeinsam mit einem Ratsmitglied die Entscheidung anstelle des Rates zu treffen.

I. Verfassungsmäßigkeit des § 60

Die Durchbrechung der Zuständigkeit der unmittelbar demokratisch legitimierten Vertretungskörperschaft wirft die Frage nach der Verfassungsmäßigkeit des § 60 auf. Aufgrund der weitreichenden Entscheidungskompetenzen des Hauptausschusses und des Bürgermeisters sowie eines weiteren Ratsmitgliedes im Dringlichkeitsfall könnte ein Verstoß gegen Art. 28 Abs. 1 Satz 2 GG vorliegen.

Aus Art. 28 Abs. 1 Satz 2 wird allgemein eine hervorgehobene Stellung der Gemeindevertretung abgeleitet.[570] Mit der Änderung der Kommunalverfassung hat der Gesetzgeber zwar neben dem Rat mit der Urwahl des Bürgermeisters eine zweite gleichwertige Säule demokratisch legitimierter Repräsentanz der Bürgerschaft geschaffen.[571] Allein der Rat als Vertretung der Bürgerschaft ist jedoch durch Art. 28 Abs. 1 Satz 2 GG in seiner Existenz verfassungsrechtlich abgesichert. Daher müssen die wichtigsten Führungs- und Kontrollaufgaben dem Rat vorbehalten sein,[572] was u. a. durch die Kompetenzordnung des § 41 und insbesondere den Grundsatz der Allzuständigkeit des § 41 Abs. 1 Satz 1 auch gewährleistet wird. Trotz der formalen Gleichwertigkeit in § 40 Abs. 2 kann der Rat deshalb weiterhin als oberstes Organ bezeichnet werden.[573]

Für die Ausübung von Staatsgewalt durch die kommunale Verwaltung ist es aber nicht erforderlich, dass die demokratische Legitimation für jedes entscheidungsbefugte Organ unmittelbar durch Volkswahl erfolgen muss.[574] Der Landesgesetzgeber ist daher bei seiner Kompetenzverteilung nur insoweit gebunden, als die wesentlichen Entscheidungen unmittelbar demokratisch gewählten Organen vorbehalten bleiben müssen.[575] Der Hauptausschuss besteht zwar aus unmittelbar durch das Volk gewählten Ratsmitgliedern, seine Errichtung, Zusammensetzung und Besetzung resultieren aber nur mittelbar aus der Entscheidung des Volkes. Gleichwohl werden die Prinzipien des Grundgesetzes nicht auf einfachgesetzlicher Ebene unterlaufen. Der Landesgesetzgeber hat eine Durchbrechung des Unmittelbarkeitserfordernisses für wesentliche Entscheidungen nur für Notfälle erlaubt. Dies steht im Einklang mit der oben zitierten Rechtsprechung des Bundesverfassungsgerichtes.[576] Auch das Grundgesetz sieht für Notsituationen besondere Entscheidungsmechanis-

---

[569] *Krell, D./Wesseler, N.*, Das neue kommunale Verfassungsrecht in NRW, Rn. 59.
[570] *Erichsen, H.-U.*, NWVBl. 1990, S. 39; *Stern, K.*, Staatsrecht Band I, § 12 II 3.
[571] VG Aachen, Urteil vom 28.06.2001, AZ 4 K 1787/00, NVwZ-RR 2002, S. 214.
[572] *Ehlers, D.*, NWVBl. 1991, S. 399; *Erichsen, H.-U.*, NWVBl. 1990, S. 37.
[573] Hierzu: *Lingk, A.-K.*, Die Reform der nordrhein-westfälischen Kommunalverfassung, S. 210, 216.
[574] BVerfG, Urteil vom 31.10.1990 – 2 BvF 3/89, NJW 1991, S. 159, 160.
[575] *Stern, K.*, Staatsrecht Band I, § 12 II 3.
[576] BVerfG, Urteil vom 31.10.1990 – 2 BvF 3/89, NJW 1991, S. 159, 160.

men vor, die von den strengeren demokratischen und rechtsstaatlichen Anforderungen des Normalfalls abweichen.[577] Zudem sorgt das Genehmigungserfordernis für Dringlichkeitsentscheidungen für eine nachholende Befassung durch das eigentlich entscheidungsbefugte Gremium. § 60 ist daher verfassungsgemäß.

II. Regelungsgehalt des § 60 Abs. 1 Satz 1

1. Terminologische Abgrenzung

Die Terminologie in Rechtsprechung und Literatur zum Verfahren nach § 60 ist sehr unterschiedlich. Im Zusammenhang mit der Kompetenz des Hauptausschusses nach § 60 Abs. 1 Satz 1 wird von einem Eilbeschluss[578] oder einer Eilentscheidung[579] gesprochen. Teilweise werden die Begriffe aber auch entgegengesetzt gebraucht oder aber der Begriff „Eilentscheidung" als Oberbegriff für die Begriffe „Eilbeschluss" sowie „Dringlichkeitsentscheidung" verwendet.[580] Während manche den Terminus „Dringlichkeitsentscheidungen" als Oberbegriff für die Entscheidungen sowohl des Hauptausschusses als auch der Zweiergenossenschaft nach § 60 Abs. 1 Satz 2 gebrauchen, verstehen andere hierunter nur die Entscheidung der Zweiergenossenschaft.[581] Die Entscheidung der Zweiergenossenschaft wird aber an anderer Stelle wiederum als Dringlichkeitsbeschluss tituliert,[582] während dieser Begriff nach anderer Ansicht den Entscheidungen durch den Hauptausschuss vorbehalten ist.[583] Im Folgenden wird zur Vereinheitlichung dieser unterschiedlichen Begriffsverwendungen der Terminus „Dringlichkeitsentscheidungen" als Oberbegriff für den „Eilbeschluss" des Hauptausschusses und die „Eilentscheidung" des Bürgermeisters mit einem Ratsmitglied verwendet. Dies erscheint auch sachgerecht, da der Begriff „Entscheidung" gegenüber dem Begriff „Beschluss", welcher vorrangig im Zusammenhang mit der Entscheidung von Kollegialorganen gebraucht wird,[584] der weitergehende ist. Außerdem liegt der Oberbegriff „Dringlichkeitsentscheidungen" schon nahe, weil der Gesetzgeber selbst als Überschrift „Dringliche Entscheidungen" gewählt hat.

2. Anwendungsbereich

In der Literatur zum nordrhein-westfälischen Kommunalrecht wird der dem Hauptausschuss in § 60 Abs. 1 Satz 1 zugewiesenen Kompetenz besondere Aufmerksamkeit gewidmet. Hiernach ist der Hauptausschuss ermächtigt, in Angelegenheiten, die der Beschlussfassung des Rates unterliegen, zu entscheiden, falls eine Einberufung des Rates nicht rechtzeitig möglich ist. Es fragt sich, ob tatsächlich alle Angelegenheiten, die der Beschlussfassung des Rates obliegen, von § 60 Abs. 1 Satz 1 erfasst sind und worauf bei Prüfung der Voraussetzung, dass eine Einberufung des Rates nicht rechtzeitig möglich ist, abzustellen ist. Leitgedanke muss dabei sein, dass

---

[577] Vgl. Art. 115 a GG ff.
[578] Vgl. *Friedl, U.*, Der Gemeindehaushalt 1980, S. 136; *Tillmanns, H.*, Städte- und Gemeinderat 1991, S. 39.
[579] *Rehn, E./Cronauge, U.*, Gemeindeordnung für das Land NRW, Erl. I zu § 60.
[580] Vgl. *Tillmanns, H.*, Städte- und Gemeinderat 1991, S. 39.
[581] Vgl. *Müller, J.*, NWVBl. 1993, S. 87; *Tillmanns, H.*, Städte- und Gemeinderat 1991, S. 39; *Rauball, R.*, DÖV 1972, S. 305.
[582] OVG Münster, Urteil vom 23.4.1996 – 10 A 620/91, NWVBl. 1996, S. 441.
[583] *Müller, J.*, NWVBl. 1993, S. 87.
[584] Vgl. *Brox, H.*, BGB Allgemeiner Teil, Rn. 102.

Dringlichkeitsentscheidungen Ausnahmecharakter haben und nur unter strengen Voraussetzungen von dem vom Gesetzgeber vorgesehenen Regelfall in der Weise abgewichen werden darf, dass anstelle des eigentlichen legitimierten Kollegialorgans ein anderer Funktionsträger entscheidet. Erst recht gilt dies für die Entscheidungen nach § 60 Abs. 1 Satz 2, die eine Durchbrechung des Kollegialprinzips darstellen.[585]

a) Angelegenheiten, die der Beschlussfassung des Rates unterliegen

Dringlichkeitsentscheidungen kommen grundsätzlich in allen Angelegenheiten in Betracht, die der Beschlussfassung des Rates unterliegen.[586] Es ist aber umstritten, ob damit tatsächlich alle Angelegenheiten, die in die Beschlusskompetenz des Rates fallen, gemeint sind oder ob der Rechtscharakter bestimmter Angelegenheiten dafür spricht, diese aus dem Anwendungsbereich des § 60 Abs. 1 Satz 1 auszunehmen.

aa) Einfache Beschlüsse

§ 60 Abs. 1 Satz 1 umfasst zunächst alle Beschlüsse des Rates, die mit einfacher Stimmenmehrheit ohne besondere Form ergehen. Dies können Beschlüsse aufgrund der Allzuständigkeit des Rates nach § 41 Abs. 1 Satz 1 sein, Beschlüsse aus dem Vorbehaltskatalog nach § 41 Abs. 1 Satz 2, aber auch Beschlüsse nach speziellen Regelungen der Gemeindeordnung[587] oder nach Spezialgesetzen.

Zu den Angelegenheiten des Rates gehören auch diejenigen Sachgebiete, die dem Rückholrecht des Rates unterliegen. Nach § 41 Abs. 3 ist der Bürgermeister kraft gesetzlicher Fiktion für die Erledigung der Geschäfte der laufenden Verwaltung zuständig. Der Rat kann sich aber für den Einzelfall oder einen bestimmten Kreis von Geschäften die Erledigung vorbehalten. Damit handelt es sich bei Geschäften der laufenden Verwaltung immer noch um Angelegenheiten des Rates, auch wenn sie zunächst auf den Bürgermeister übertragen sind. Ebenso verhält es sich mit Angelegenheiten, die der Rat nach § 41 Abs. 2 auf Ausschüsse oder den Bürgermeister übertragen hat. Auch hier ist eine Rücknahme der Delegation jederzeit möglich, so dass die Materie nicht dem Zuständigkeitsbereich des Rates gänzlich entzogen ist. Allerdings muss bei entsprechenden Entscheidungen im Dringlichkeitsverfahren beachtet werden, was auch für die normale Ausübung des Rückholrechtes gilt.

Sein Rückholrecht kann der Rat ausüben, indem er in einem Einzelfall eine Sachentscheidung selbst trifft. Eine derartige implizite Ausübung des Rückholrechtes kommt allerdings nicht in Betracht, wenn der Rat sich, einer Bezirksvertretung oder einem Ausschuss eine Gruppe von Geschäften vorbehält oder einer Bezirksvertretung oder einem Ausschuss in einem Einzelfall die Entscheidungsbefugnis rücküberträgt. In diesen Fällen muss der Rat ausdrücklich von seinem Vorbehaltsrecht Gebrauch machen[588] oder es kommen Eilentscheidungen nach §§ 36 Abs. 5 Satz 2, 60 Abs. 2 in Betracht. Wenn der Rat die Angelegenheit durch Beschluss wieder an sich zieht, kann er im Regelfall auch unmittelbar die Sachentscheidung treffen, womit ein Eilbeschluss des Hauptausschusses obsolet würde. Daher ist die Problematik um die Zu-

---

[585] Vgl. *Held, F. W./Wilmbusse, R.*, Das neue Kommunalverfassungsrecht NRW, Einführung, S. 62.
[586] *Kirchhof, R.* in Held u. a., Kommunalverfassungsrecht NRW, Erl. 1 zu § 60.
[587] Z. B. §§ 29 Abs. 2, 30 Abs. 5.
[588] *Oebbecke, J.*, Städte- und Gemeinderat 2000, S. 24.

ständigkeit des Hauptausschusses in dringenden Fällen für durch Ratsbeschluss delegierte oder kraft gesetzlicher Fiktion übertragene Aufgaben nur relevant, wenn die Dringlichkeit erst nach dem Rückholbeschluss eintritt und der Rat nicht gleichzeitig mit dem Rückholbeschluss die Sachentscheidung getroffen hat.

Die gesetzlichen Kompetenzen anderer Organe und Funktionsträger, die sich der Einflussnahme durch den Rat entziehen, können dagegen nicht Gegenstand von Dringlichkeitsentscheidungen sein. Hierzu gehören insbesondere die in ihrem Kern unentziehbaren Entscheidungsbefugnisse des Bürgermeisters, wie z. B. die Geschäftsverteilungsbefugnis nach § 62 Abs. 1 Satz 3 oder seine Außenvertretungsbefugnis nach § 63 Abs. 1 Satz 1. Diese Materien sind insofern keine Angelegenheiten des Rates. Eine Entscheidung des Hauptausschusses an dessen Stelle ist daher nicht möglich.

Das dem Hauptausschuss nach § 60 Abs. 1 Satz 1 zustehende Eilbeschlussrecht gilt nicht für die Entscheidungskompetenzen der Bezirksvertretung oder anderer Ausschüsse. Hier gelten die Sonderregelungen der §§ 36 Abs. 5 Satz 2 und § 60 Abs. 2.[589] Sondergesetzliche Regelungen für Dringlichkeitsentscheidungen finden sich in § 5 Abs. 6 Satz 1 EigVO für den Werksausschuss und in § 7 Abs. 6 Satz 1 GemKHBVO für den Krankenhausausschuss. Diese beiden Ausschüsse entscheiden anstelle des Rates, falls die Angelegenheit keinen Aufschub duldet. Nach § 5 Abs. 6 Satz 3 EigVO entscheidet der Haupausschuss allerdings solange in dringlichen Angelegenheiten, wie der Werksausschuss noch nicht gebildet ist.

bb) Satzungen

Umstritten ist die Frage, ob der Hauptausschuss, wenn eine Einberufung des Rates nicht rechtzeitig möglich ist, auch Satzungen beschließen darf.

(1) Satzungen als Angelegenheiten des § 60 Abs. 1 Satz 1

Eine Meinung bejaht die grundsätzliche Möglichkeit, Satzungen im Wege eines Eilbeschlusses durch den Hauptausschuss fassen zu können.[590] Zur Begründung wird angeführt, § 60 Abs. 1 Satz 1 enthalte seinem Wortlaut nach keine Einschränkung auf bestimmte Kreise von Angelegenheiten. Zudem könne aus § 27 Abs. 4 OBG NRW, der auf die Aufhebung von durch Dringlichkeitsentscheidungen erlassene Verordnungen abstellt, im Wege der Analogie entnommen werden, dass der Gesetz-

---

[589] § 60 Abs. 2 greift nun die frühere Rechtsprechung zu § 43 a. F. auf, nach der Angelegenheiten, die der Rat auf einen Ausschuss übertragen hat, nicht mehr ohne weiteres der Beschlussfassung des Rates unterliegen sollen und damit § 60 Abs. 1 Satz 1 keine Anwendung findet, vgl. *Rehn, E./Cronauge, U.*, Gemeindeordnung für das Land NRW, Erl. I zu § 60.

[590] OVG Münster, Urteil vom 10.11.1980 – 11a NE 14/78 –, OVGE 35, 127, 128; Urteil vom 31.05.1988 – 2 A 1739/86 –, OVGE 40, 93, 94; *Ennuschat, J.*, VR 1990, S. 212; *Grochtmann, H.*, Der Gemeindehaushalt 1964, S. 86; *Kirchhof, R.* in Held u. a., Kommunalverfassungsrecht NRW, Erl. 2.1 zu § 60; *Micker, K.*, Kommunales Verfassungsrecht NRW, S. 117; *Müller, J.*, VR 1990, S. 26; von *Lennep H. G./Paal, T.*, Leitfaden für die Ratsarbeit, S. 49; *Rauball, R.*, DÖV 1972, S. 305; *Rauball, J./Pappermann, E./Roters, W.*, Gemeindeordnung für NRW, § 43 a. F., Rn. 12; *Rehn, E./ Cronauge, U.*, Gemeindeordnung für das Land NRW, Erl. II, 3 zu § 60.

geber die Möglichkeit des Erlasses von Satzungen im Rahmen einer Dringlichkeitsentscheidung selbst voraussetze. Ein Teil dieser Meinung nimmt aber bestimmte Satzungen, wie die Haushaltssatzung, die Nachtragssatzung oder Bebauungspläne aus dem Anwendungsbereich des § 60 Abs. 1 aus.[591] Es handele sich hierbei um mehrstufige Satzungen, für die ein besonderes Verfahren vorgeschrieben sei, das in Gänze nicht durch eine Dringlichkeitsentscheidung ersetzt werden könne. Auch wenn durchaus für den kurzfristigen Erlass gerade einer Nachtragssatzung in Ausnahmefällen ein praktisches Bedürfnis bestehen sollte,[592] schließe die notwendige Einhaltung von Formvorschriften eine Dringlichkeitsentscheidung aus.[593] Innerhalb der Vertreter dieser Meinung wird die Frage unterschiedlich beantwortet, ob die Hauptsatzung vor dem Hintergrund der nach § 7 Abs. 3 Satz 3 erforderlichen qualifizierten Mehrheit im Dringlichkeitsverfahren beschlossen werden darf.[594] Überwiegend wird dies mit der Begründung bejaht, es handele sich nur um eine besondere Form des Mehrheitsbeschlusses, was einer Dringlichkeitsentscheidung nicht entgegenstehe.[595] Teilweise wird in diesem Zusammenhang verlangt, dass der Hauptausschuss den Eilbeschluss über die Hauptsatzung mit absoluter Mehrheit fasst, so wie es § 7 Abs. 3 im normalen Verfahren vorschreibt.[596]

(2) Ausschluss von Satzungen aus dem Anwendungsbereich des § 60 Abs. 1 Satz 1

Eine andere Meinung zählt Satzungen unabhängig von den ihrem Erlass zugrunde liegenden Form- und Verfahrensvorschriften nicht zu den Angelegenheiten, die der Hauptausschuss unter den Voraussetzungen des § 60 Abs. 1 Satz 1 entscheiden darf.[597] Die Betrachtungsweise der gegenteiligen Auffassung sei zu sehr an formalen Gesichtspunkten orientiert.[598] Der Rechtsnormcharakter von Satzungen verlange es, dass der Rat als vom Volk direkt legitimiertes Organ die Entscheidung selbst treffe. § 60 habe nur Verwaltungsentscheidungen erfassen wollen und nicht die Rechtsnormsetzung.[599] Außerdem sei die Bezugnahme auf die Regelung des § 27 Abs. 4 OBG besonders fragwürdig, weil anstelle eines Analogie-Schlusses auch ein Umkehrschluss möglich sei, mit der Folge, dass Dringlichkeitsentscheidungen über Sat-

---

591 Vgl. etwa *Friedl, U.*, Der Gemeindehaushalt 1980, S. 136; *Theisen, H.*, Der Gemeindehaushalt 1964, S. 184; *Kirchhof, R.* in Held u. a., Kommunalverfassungsrecht NRW, Erl. 2.3 zu § 60; *Micker, K.*, Kommunales Verfassungsrecht NRW, S. 117; *Rauball, R.*, DÖV 1972, S. 305; *Rauball, J./Pappermann, E./Roters, W.*, Gemeindeordnung für NRW, § 43 a. F., Rn. 12; *Rehn, E./Cronauge, U.*, Gemeindeordnung für das Land NRW, Erl. II, 3 zu § 60.

592 Ein praktisches Beispiel findet sich bei *Berkenhoff, H. A.*, Das Kommunalverfassungsrecht in NRW, S. 158.

593 *Friedl, U.*, Der Gemeindehaushalt 1980, S. 136.

594 Vgl. *Stüer, B.*, Städte- und Gemeinderat 1985, S. 243.

595 *Kirchhof, R.* in Held u. a., Kommunalverfassungsrecht NRW, Erl. 2.1 zu § 60; *Rehn, E./Cronauge, U.*, Gemeindeordnung für das Land NRW, Erl. II, 3 zu § 60.

596 *Müller, J.*, VR 1990, S. 26.

597 *Berkenhoff, H. A.*, Das Kommunalverfassungsrecht in NRW, S. 176; *Hofmann, H./Muth, M./Theisen, R.-D.*, Kommunalrecht in NRW, S. 289 f; *Schmidt-Jortzig, E.*, Kommunalrecht, Rn. 637; *von Mutius, A.*, Kommunalrecht, S. 192 f.

598 *Hofmann, H./Muth, M./Theisen, R.-D.*, Kommunalrecht in NRW, S. 289.

599 Vgl. *Berkenhoff, H. A.*, Das Kommunalverfassungsrecht in NRW, S. 176; *Grochtmann, H.*, Der Gemeindehaushalt 1964, S. 85; *Schmitz, G.*, Gemeindehaushalt 1964, S. 138.

zungen wegen fehlender Normierung in der Gemeindeordnung nicht möglich sind.[600] Es sei zudem widersprüchlich, mehrstufige Satzungen aus dem Anwendungsbereich des § 60 Abs. 1 auszuklammern, jedoch die Hauptsatzung nicht.[601] Die Sonderregelung der Mehrstufigkeit verdiene keine andere Beurteilung als die Sonderregelung der qualifizierten Mehrheit.[602]

Damit sei insgesamt der Erlass von Satzungen im Wege einer Dringlichkeitsentscheidung unzulässig. Dies gelte insbesondere für die Hauptsatzung als grundlegendes Organisationsstatut einer Gemeinde, für die das Beschlussmonopol des unmittelbar demokratisch legitimierten Organs unverzichtbar sei.[603]

(3) Stellungnahme

Fest steht, dass aufgrund des Demokratieprinzips abstrakt-generelle Entscheidungen grundsätzlich von unmittelbar legitimierten Kollegialorganen getroffen werden müssen. Selten wird der Erlass einer Satzung, die begrifflich eine auf Dauer angelegte und für eine Vielzahl von Fällen gedachte Regelungsform darstellt, unaufschiebbar sein.[604] Das gilt insbesondere auch deshalb, weil vorrangig die Möglichkeit eines rückwirkenden Inkrafttretens zu prüfen ist.[605] Gelegentlich wird es aber zu der Notwendigkeit kommen können, eine Satzung dringend ändern zu müssen. Dann wird der Streit über die Zulässigkeit des Erlasses von Satzungen im Dringlichkeitsverfahren auch praktisch relevant, denn eine Satzung kann nur durch Änderungssatzung geändert werden.

Zunächst lässt sich dem Wortlaut des Gesetzes keine Einschränkung dahingehend entnehmen, dass Satzungen dem Anwendungsbereich des § 60 Abs. 1 entzogen sind. Das Argument, der Gesetzgeber habe durch die Verwendung des Begriffes „entscheidet" in § 60 Abs. 1 Satz 1 nur Verwaltungsentscheidungen erfassen wollen, verfängt nicht. Auch in § 41 Abs. 1 Satz 2 benutzt der Gesetzgeber den Begriff „Entscheidung" und führt in diesem Zusammenhang im Vorbehaltskatalog unter Buchstabe f auch Satzungen auf. Außerdem handelt es sich letztlich beim Erlass von Satzungen trotz ihres abstrakt-generellen Charakters um Verwaltungsentscheidungen. Die Gemeinden sind schließlich Teil der Exekutive.[606]

Ferner ist die Kritik, eine unterschiedliche Behandlung von mehrstufigen Satzungen und der Hauptsatzung sei widersprüchlich, nicht überzeugend. Das Eilbeschlussrecht geht nicht weiter als die Zuständigkeit des im Normalfall befugten Organs. Während man sich beim Beschluss über die Hauptsatzung im Bereich dieses Zuständigkeitsspektrums bewegt, ist es dagegen folgerichtig, Beschlüsse, die sich der alleinigen Mitwirkung des Rates entziehen, weil sie der Mitwirkung Dritter z. B. in Form der

600 *Hofmann, H./Muth, M./Theisen, R.-D.*, Kommunalrecht in NRW, S. 289.

601 So aber z. B. *Rauball, J./Pappermann, E./Roters, W.*, Gemeindeordnung für NRW, § 43 a. F., Rn. 12.

602 *Hofmann, H./Muth, M./Theisen, R.-D.*, Kommunalrecht in NRW, S. 290.

603 *Hofmann, H./Muth, M./Theisen, R.-D.*, Kommunalrecht in NRW, S. 290.

604 Vgl. *Schmidt-Jortzig, E.*, Kommunalrecht, Rn. 636, 637.

605 *Rauball, J./Pappermann, E./Roters, W.*, Gemeindeordnung für NRW, § 43 a. F., Rn. 12.

606 BVerwG, Beschluss vom 07.02.1956 – BVerwG I B 40.55, BVerGE 3, S. 127, 129; *Erichsen, H.-U.*, Kommunalverfassungsrecht des Landes NRW, § 7 A 3, Fn. 178.

Bürgerbeteiligung bedürfen, anders zu behandeln und zumindest soweit aus dem Anwendungsbereich des § 60 Abs. 1 auszunehmen, als gerade diese besonderen Beschlussbestandteile betroffen sind. Zudem muss berücksichtigt werden, dass der nordrhein-westfälische Gesetzgeber im Gegensatz zu anderen Bundesländern Satzungen nicht ausdrücklich aus dem Dringlichkeitsverfahren ausgenommen hat.[607] Es ist aber davon auszugehen, dass er in Kenntnis dieser abweichenden Regelungen sehenden Auges bisher keine entsprechende Normierung für das nordrhein-westfälische Recht übertragen wollte. Satzungen, mit Ausnahme der mehrstufigen Satzungen, sind daher Dringlichkeitsentscheidungen zugänglich.

cc) Beschlüsse mit qualifiziertem Mehrheitserfordernis

Beschlüsse, die im normalen Verfahren mit einer qualifizierten Mehrheit gefasst werden müssen, benötigen im Dringlichkeitsverfahren nur die einfache Mehrheit. Eine andere Ansicht würde der Intention des § 60, auch in dringenden Fällen die Arbeitsfähigkeit sicherzustellen, nicht gerecht. Zudem wäre eine Entscheidung der Zweiergenossenschaft nach § 60 Abs. 1 Satz 2 in Form einer qualifizierten Mehrheit undenkbar. An die Entscheidung des Hauptausschusses dürfen aber insoweit keine höheren Anforderungen gestellt werden, da der Gesetzgeber den Beschluss ohne die Erreichung einer qualifizierten Mehrheit offensichtlich in dringenden Angelegenheiten als letzte Möglichkeit in Kauf nimmt.

dd) Wahlen

Wahlen gehören ebenfalls zu den Angelegenheiten, die im Rahmen des § 60 Abs. 1 entschieden werden können, sofern sich nicht aus der Natur der Sache etwas anderes ergibt. Dies ist z. B. für Verhältniswahlen der Fall, da diese aufgrund ihrer besonderen Verfahrensmerkmale schlichtweg nicht durch eine Dringlichkeitsentscheidung zu ersetzen sind.[608] Auch Wahlen, deren Ergebnisse beamtenrechtliche Konsequenzen nach sich ziehen, wie z. B. die Wahl des Beigeordneten, dürfen nicht im Wege eines Dringlichkeitsverfahrens vorgenommen werden.[609] In der Praxis wird es regelmäßig an der Dringlichkeit fehlen.

ee) andere besondere Beschlussformen

Angelegenheiten personalrechtlicher Art können nicht durch den Hauptausschuss entschieden werden, soweit es sich um Entscheidungen nach dem Landespersonalvertretungsgesetz Nordrhein-Westfalen (LPVG NRW) handelt.[610] Dies stellt regelmäßig auch kein praktisches Problem da, da nach § 66 Abs. 7 LPVG NRW der Leiter der Dienststelle in dringenden Fällen vorläufige Regelungen treffen kann.[611]

---

[607] Vgl. etwa § 40 Abs. 1 Nr. 5 NGO; *Ruthemeyer, E.*, Kommunalrechtliche Eilentscheidungskompetenz in Niedersachsen, S. 19.

[608] Vgl. *Kirchhof, R.* in Held u. a., Kommunalverfassungsrecht NRW, Erl. 2.2 zu § 60.

[609] *Rauball, J./Pappermann, E./Roters, W.*, Gemeindeordnung für NRW, § 43 a. F., Rn. 11; *Ruthemeyer, E.*, Kommunalrechtliche Eilentscheidungskompetenz in Niedersachsen, S. 28.

[610] BVerwG, Beschluss vom 20.06.1969 – BVerwG VII P 1.68, ZBR 1969, S. 356; *Rauball, J./Pappermann, E./Roters, W.*, Gemeindeordnung für NRW, § 42 a. F., Rn. 11.

[611] Vgl. *Ruthemeyer, E.*, Kommunalrechtliche Eilentscheidungskompetenz in Niedersachsen, S. 52.

Ferner können innerorganisatorische Entscheidungen des Rates, wie z. B. die Einrichtung eines Ausschusses, nicht im Wege eines Dringlichkeitsverfahrens getroffen werden.[612] Zum einen lässt sich hier wohl kaum ein Dringlichkeitsfall konstruieren, zum anderen stehen in der Regel andere konstituierte Organe oder Funktionsträger hilfsweise für die Aufgabenerledigung zur Verfügung.

b) Form und Verfahren des Eilbeschlusses

Eilbeschlüsse bedürfen der Schriftform.[613] Gegebenenfalls muss die Bezirksvertretung gemäß § 37 Abs. 5 Satz 1 angehört werden, wenn hierzu noch ausreichend Zeit ist, weil z. B. eine Sitzung in der fraglichen Zeit turnusgemäß stattfindet. Teilweise wird vertreten, die Anhörung der Bezirksvertretung müsse notfalls selbst im Wege des für Entscheidungen der Bezirksvertretungen vorgesehenen Dringlichkeitsverfahrens, also durch den Bezirksvorsteher und ein weiteres Mitglied der Bezirksvertretung nach § 36 Abs. 5 Satz 2 erfolgen.[614] Jedoch entspricht es nicht der Intention der Anhörung eines kollegialen Gremiums, diese im Wege einer Dringlichkeitsentscheidung vorzunehmen. Wenn die Anhörung nicht unter regulären Rahmenbedingungen stattfinden kann, ist es vielmehr unschädlich, von ihr ganz abzusehen. Schließlich ist es nicht einzusehen, warum die fehlende Anhörung durch die Bezirksvertretung die Dringlichkeitsentscheidung blockieren können sollte, wenn selbst der Rat an dem Entscheidungsverfahren naturgemäß nicht mitwirkt.[615] Allerdings ist die Anhörung im Vorfeld der Einholung der Genehmigung durch den Rat nachzuholen.[616] Zwar ist die Anhörung eigentlich ein Instrument der Partizipation im Vorfeld einer Sachentscheidung. Jedoch kann ihr auch im Hinblick auf den Genehmigungsbeschluss noch Bedeutung zukommen. Möglicherweise beeinflusst sie die Genehmigungsentscheidung durch den Rat, was unter anderem, sofern noch keine Rechte Dritter entstanden sind, auf die Ausführung des Beschlusses Konsequenzen hat oder auch Haftungsfragen nach sich ziehen kann, wenn die Genehmigung nicht erteilt wird.

c) Zeitliche Erfordernisse

Der Hauptausschuss darf nur dann anstelle des Rates entscheiden, wenn die Einberufung des Rates nicht rechtzeitig möglich ist. Hierbei ist auch auf die Möglichkeit einer Sondersitzung abzustellen.[617]

Unter Sondersitzung ist eine Sitzung zu verstehen, die außerhalb des Turnus des für das Jahr aufgestellten Sitzungsplanes einberufen wird. Eine Sondersitzung kann dazu nach – soweit ersichtlich – allen Geschäftsordnungen der Gemeinden unter einer verkürzten Ladungsfrist einberufen werden.[618] Der Einladung zur Sondersitzung – gegebenenfalls unter verkürzter Ladungsfrist – sollte eine Begründung für die Dring-

---

[612] *Müller, J.*, VR 1990, S. 26.

[613] Vgl. auch § 9 der Muster-Hauptsatzung des Städte- und Gemeindebundes NRW.

[614] *Micker, K.*, Kommunales Verfassungsrecht NRW, S. 118.

[615] Vgl. *Ebert, J./Mathey, G.*, Staats- und Kommunalverwaltung 1976, S. 138.

[616] *Daubenbüchel, R.*, Staats- und Kommunalverwaltung 1976, S. 204;*Ebert, J./Mathey, G.*, Staats- und Kommunalverwaltung 1976, S. 138.

[617] OVG Münster, Urteil vom 31.05.1988 – 2 A 1739/86 –, DÖV 1989, S. 29;*Krell, D./ Wesseler, N.*, Das neue Kommunalverfassungsrecht in NRW, Rn. 59.

[618] Vgl. § 2 Abs. 2 der Muster-Geschäftsordnung für den Rat und die Ausschüsse des Städte- und Gemeindebundes NRW.

lichkeit beigefügt sein.[619] Das Abstellen auf eine Sondersitzung mit verkürzter Ladungsfrist ist deshalb trotz des Dringlichkeitsaspektes möglich, weil im Gegensatz zu den Zeiten, zu denen Dringlichkeitsverfahren in die GO NRW aufgenommen wurden, heute aufgrund eines gut ausgebauten Telekommunikationsnetzes und eines ausgereiften Postservices eine Zustellung der Einladung zur Sitzung noch am selben Tag oder spätestens am folgenden Tag erwartet werden kann, ohne dass man sich der persönlichen Zustellung durch Boten bedienen müsste.

§ 60 Abs. 1 Satz 1 verlangt für die Begründung der Eilbeschlusskompetenz des Hauptausschusses lediglich, dass die Einberufung des Rates nicht rechtzeitig möglich ist. Sobald also eine Entscheidung einer bestimmten Frist unterliegt oder aufgrund tatsächlicher Ereignisse bzw. Probleme zeitnah getroffen werden muss, kann sie Gegenstand eines Eilbeschlusses sein. Es kommt dabei nicht darauf an, warum eine Angelegenheit dringlich geworden ist.[620] Dass die Dringlichkeit etwa durch eine schleppende Bearbeitung in der Verwaltung verschuldet wurde, ist unerheblich.

Bevor es zum Eilbeschluss des Hauptausschusses kommt, ist aber immer vorrangig zu prüfen, ob nicht die Erweiterung der Tagesordnung einer bereits anberaumten Ratssitzung möglich ist.[621] Die Nachteile, die durch eine Erweiterung der Tagesordnung entstehen können (keine Information der Öffentlichkeit, kurze Vorbereitungszeit für die Ratsmitglieder) wiegen nicht so schwer, wie der Verlust der Entscheidungskompetenz des eigentlich in der Sache zuständigen Willensbildungsorgans.[622] Aus diesem Grund dürfen auch keine zu hohen Anforderungen an die tatbestandlichen Voraussetzungen des § 48 Abs. 1 Satz 5 gestellt werden, welche strenger sind als diejenigen des § 60 Abs. 1 Satz 1. In diesem Zusammenhang ist zu berücksichtigen, dass Hauptausschusssitzungen nicht in der für den Rat erforderlichen Art und Weise bekannt gemacht werden müssen, sondern nach § 58 Abs. 2 Satz 3 soll der Bürgermeister die Öffentlichkeit über Zeit, Ort und Tagesordnung der Hauptausschusssitzung nur in geeigneter Weise unterrichten. Dies spricht dafür, die Möglichkeit der Erweiterung der Tagesordnung des eigentlich legitimierten Gremiums nicht etwa aus Gründen des Öffentlichkeitsgrundsatzes als nachrangig zu betrachten.[623] Zudem hat die Öffentlichkeit noch bei der Beratung des Genehmigungsbeschlusses die Gelegenheit demokratischer Kontrolle. Bei nichtöffentlichen Tagesordnungspunkten stellt sich das Problem der nicht ausreichend informierten Öffentlichkeit erst gar nicht.[624]

Eine Dringlichkeitsentscheidung darf nicht getroffen werden, wenn in der Sache bereits ein Beschluss des Rates vorliegt. Etwas anderes gilt nur, wenn wesentliche rechtliche oder tatsächliche Gesichtspunkte eine neue Entscheidung erfordern.[625]

---

[619] Vgl. § 2 Abs. 2 der Muster-Geschäftsordnung für den Rat und die Ausschüsse des Städte- und Gemeindebundes NRW; vgl. auch *Schmitz, W.*, NWVBl. 1990, S. 428.

[620] *OVG Münster, Urteil vom 30.09.1959 – VI A 336/59, von Mutius, A.*, Rechtsprechungssammlung, Entscheidung. Nr. 1 zu § 43 a. F.; *Müller, J.*, VR 1990, S. 25.

[621] *Müller, J.*, VR 1990, S. 27.

[622] *Vgl. Müller, J.*, VR 1990, S. 27.

[623] A. A.: *Schmitz, M.*, VR 1995, S. 74.

[624] Diesen Gesichtspunkt vernachlässigt *Schmitz, M.*, VR 1995, S. 74.

[625] *Ruthemeyer, E.*, Kommunalrechtliche Eilentscheidungskompetenz in Niedersachsen, S. 57.

Ist die Einberufung einer Sondersitzung des Rates – selbst unter verkürzter Ladungsfrist – nicht möglich, so ist zunächst einmal denkbar, dass bereits eine Hauptausschusssitzung anberaumt ist, die rechtzeitig stattfindet. In einem solchen Fall hat die Erweiterung der Tagesordnung der bereits einberufenen Hauptausschusssitzung Vorrang gegenüber der Zweierentscheidung nach § 60 Abs. 1 Satz 2. Dabei dürfen an die Rechtmäßigkeit von Tischvorlagen und an die Anforderungen der öffentlichen Bekanntmachung von Tagesordnungspunkten wegen des Ausnahmecharakters keine weiteren Anforderungen gestellt werden.

Im Gegensatz zur früheren Gesetzeslage wird über die Voraussetzung hinaus, dass die Einberufung des Rates nicht rechtzeitig möglich ist, nichts weiter verlangt.[626] Daher kommt es nicht darauf an, dass der Gemeinde eine Gefahr oder ein Nachteil droht.[627]

Beim Erlass von Satzungen ist zu beachten, dass regelmäßig eine rückwirkende Bekanntmachung möglich sein dürfte, die die Notwendigkeit der Einberufung einer Sondersitzung entfallen lässt.[628]

Der tatsächlichen Verhinderung, den Rat rechtzeitig einzuberufen steht der Fall gleich, dass der Rat aufgrund rechtlicher Verhinderung (z. B. Beschlussunfähigkeit, schwerwiegende Verstöße gegen die Ladung) nicht in der Lage ist, zeitgerecht einen ordnungsgemäßen Beschluss zu fassen.[629] Zwar könnte man argumentieren, die Entscheidung eines beschlussunfähigen Rates oder eines Rates, zu dessen Sitzung fehlerhaft geladen wurde, würde einer Dringlichkeitsentscheidung durch einen originär nicht legitimierten Funktionsträger vorgehen. Jedoch sind aus Gründen des Vorranges des Gesetzes zunächst alle ordnungsgemäßen, rechtskonformen Instrumente, die die GO NRW bietet, auszuschöpfen.

Ist eine Hauptausschusssitzung nicht zufällig zeitgerecht terminiert, neigt die Praxis dazu, die Möglichkeit der Einberufung des Hauptausschusses nicht ernsthaft in Betracht zu ziehen und stattdessen eine Entscheidung der Zweiergenossenschaft einzuholen. Zur Begründung wird darauf verwiesen, dass, wenn der Rat nicht rechtzeitig einberufen werden könne, dies für den Hauptausschuss, für den regelmäßig dieselben Ladungsfristen Anwendung finden, ebenso gelte. Dem muss entgegengehalten werden, dass die Einberufung des Hauptausschusses, sofern sie mindestens unter Einhaltung einer Sondersitzungsfrist erfolgen kann, hinsichtlich der Erreichung eines notwendigen Quorums für die Beschlussfähigkeit Erfolg versprechender ist als die Einladung des Rates. Im Gegensatz zum Rat sind nämlich für die Hauptausschussmitglieder regelmäßig Stellvertreter gewählt. Diese sind zwar auch Ratsmitglieder, so dass für ihre Verhinderung dasselbe gilt wie im Hinblick auf eine Einberufung des Rates. Allerdings ist die für eine Beschlussfähigkeit des Hauptausschusses zu erzielende Anzahl von anwesenden Mitgliedern normalerweise um ein vielfaches geringer als diejenige des Rates.

---

[626] Vgl. § 43 Abs. 1 Satz 2 a. F., nach welchem zusätzlich erforderlich war, dass die Angelegenheit keinen Aufschub duldet.

[627] *Kirchhof, R.* in Held u. a., Kommunalverfassungsrecht NRW, Erl. 3 zu § 60.

[628] *Kirchhof, R.* in Held u. a., Kommunalverfassungsrecht NRW, Erl. 4.2 zu § 60.

[629] *Daubenbüchel, R.*, Staats- und Kommunalverwaltung 1976, S. 205.

3. Genehmigungserfordernis

Die Entscheidung des Hauptausschusses nach § 60 Abs. 1 Satz 1 ist dem Rat gemäß § 60 Abs. 1 Satz 3 in der nächsten Sitzung zur Entscheidung vorzulegen. Dies gilt unabhängig davon, ob der Eilbeschluss bis zu diesem Zeitpunkt ausgeführt wurde. Das Genehmigungserfordernis dient nicht nur der Information des eigentlich entscheidungsbefugten Gremiums, sondern vielmehr der Vorbeugung gegen rechtsmissbräuchliche Rechtsausübung.[630] Der Rat kann die Dringlichkeitsentscheidung gemäß § 60 Abs. 1 Satz 4 aufheben, soweit nicht schon Rechte anderer durch die Ausführung des Beschlusses entstanden sind. Ist die Aufhebung der Dringlichkeitsentscheidung nicht mehr möglich und erleidet die Gemeinde infolge des Beschlusses einen Schaden, so haften die Personen, die die Entscheidung getroffen haben, unter den Voraussetzungen des § 43 Abs. 4 bzw. der Bürgermeister nach den beamtenrechtlichen Bestimmungen.[631]

Für die Genehmigung eines Beschlusses, der wie z. B. hinsichtlich des Erlasses oder der Änderung der Hauptsatzung einer qualifizierten Mehrheit bedarf, wird zu Recht teilweise ein qualifizierter Genehmigungsbeschluss verlangt.[632] Denn wegen des Wesens der Dringlichkeitsentscheidungen und der Tatsache, dass gegebenenfalls nur die Zweiergenossenschaft entscheidet, kann beim Eilbeschluss selbst keine qualifizierte Mehrheit verlangt werden.[633] Das muss schon deshalb gelten, weil möglicherweise bei der Einberufung des Hauptausschusses nur knapp das für die Beschlussfähigkeit des Ausschusses notwendige Quorum erreicht wird. Sonst käme in der Praxis eine qualifizierte Mehrheit von mehr als die Hälfte der gesetzlichen Mitglieder einem einstimmigen Beschluss gleich.

Satzungen, die im Dringlichkeitswege erlassen werden, bedürfen der förmlichen Bekanntmachung nach den Vorschriften der Bekanntmachungsverordnung.[634] Die Genehmigung der Dringlichkeitsentscheidung als solche muss aber nicht in Form einer Satzung erfolgen, und sie bedarf unabhängig von der Rechtsnatur der ihr zugrunde liegenden Angelegenheit nicht der öffentlichen Bekanntmachung.[635]

Ist die Genehmigung für eine Dringlichkeitsentscheidung erteilt, bedarf es keiner gerichtlichen Nachprüfung, ob ihre Voraussetzungen tatsächlich vorlagen. Mit der Erteilung der Genehmigung ist die Rechtslage vielmehr so, als wenn der Rat den Beschluss selbst gefasst hätte.[636]

---

[630] Vgl. *Kirchhof, R.* in Held u. a., Kommunalverfassungsrecht NRW, Erl. 5.2 zu § 60.

[631] *Kirchhof, R.* in Held u. a., Kommunalverfassungsrecht NRW, Erl. 5. 1 zu § 60; *Rehn, E./ Cronauge, U.*, Gemeindeordnung für das Land NRW, Erl. III zu § 60.

[632] *Rauball, J./Pappermann, E./Roters, W.*, Gemeindeordnung für NRW, Erl. 12 zu § 43 a. F.; *Rehn, E./Cronauge, U.*, Gemeindeordnung für das Land NRW, Erl. II, 3 zu § 60.

[633] Vgl. BGH, Urteil vom 06.10.1965 – 2 StR 560/64, NJW 1966, S. 359; *Rauball, J./ Pappermann, E./Roters, W.*, Gemeindeordnung für NRW, Erl. 12 zu § 43 a. F.; a. A.: *Müller, J.*, VR 1990, S. 26.

[634] *Rehn, E./Cronauge, U.*, Gemeindeordnung für das Land NRW, Erl. II, 3 zu § 60.

[635] OVG Münster, Urteil vom 23.4.1996 – 10 A 620/91, NWVBl. 1996, S. 441; *Rehn, E./ Cronauge, U.*, Gemeindeordnung für das Land NRW, Erl. III zu § 60; a. A.: VG Aachen, Urteil vom 13.10.1988, Az. 4 K 560/87.

[636] OVG Münster, Urteil vom 23.04.1996, NWVBl. 1996, S. 441; Urteil vom 31.05.1988, DÖV 1989, S. 29; *Kirchhof, R.* in Held u. a., Kommunalverfassungsrecht NRW, Erl. 5.2 zu § 60.

4. Beanstandung/Einspruch

Nach verbreiteter Auffassung unterliegen Eilbeschlüsse des Hauptausschusses der Beanstandungspflicht des Bürgermeisters.[637] Ein Einspruchsrecht gemäß § 57 Abs. 4 Satz 2 des Bürgermeisters oder eines Fünftels der Ausschussmitglieder bestehe aber nicht.[638] Es würde Sinn und Zweck des Eilverfahrens widersprechen, wenn die Dringlichkeitsentscheidung durch einen Einspruch nicht unmittelbar zur Ausführung gelangt.[639] Dieses Argument müsste aber nach dieser Auffassung ebenso für die Beanstandung von Dringlichkeitsentscheidungen gelten, da sie gemäß §§ 54 Abs. 3 Satz 1, Abs. 2 Satz 2 aufschiebende Wirkung hätte.

Vielmehr ist die Möglichkeit der Erhebung eines Einspruches, die nach § 57 Abs. 4 Satz 2 dem Bürgermeister und mindestens einem Fünftel der Ausschussmitglieder ohne das Vorliegenmüssen weiterer Voraussetzungen gegeben ist, aus einem anderen näher liegendem Grund nicht gegeben. Der Beschluss des Hauptausschusses tritt an die Stelle einer Ratsentscheidung und hat damit auch die Qualität eines Ratsbeschlusses. Gegen einen Ratsbeschluss ist ein Einspruchsrecht aber nicht möglich. Dasselbe muss dann auch für einen den Ratsbeschluss ersetzenden Hauptausschussbeschluss gelten, da er dieselbe rechtliche Qualität aufweist. Einzig käme ein Widerspruchsrecht des Bürgermeisters nach § 54 Abs. 1 in Betracht.

Aufgrund der geringen Voraussetzungen für die Ausübung des Widerspruchsrechtes und der subjektiven Einschätzungsprärogative des Bürgermeisters ist dieses aber für Dringlichkeitsentscheidungen abzulehnen. Das Ziel des Gesetzgebers, in Notfällen die Handlungsfähigkeit der Gemeinde sicherzustellen, würde auf diese Art und Weise unterlaufen werden. Für die Beanstandung gilt deshalb etwas anderes, weil sie aufgrund eines Rechtsverstoßes erfolgt.

Es wird vertreten, dass die Beanstandung oder ein Widerspruch/ Einspruch des Bürgermeisters nur in Betracht kommt, wenn er selbst nicht für den Beschluss gestimmt hat (venire contra factum proprium).[640] Dem ist entgegenzuhalten, dass der Bürgermeister durchaus erst nach der Beschlussfassung die Rechtswidrigkeit eines Beschlusses feststellen kann, obwohl er zuvor für den Beschluss gestimmt hat. Gründe hierfür können tatsächliche oder rechtliche Momente sein, die sich erst im Anschluss an die Beschlussfassung offenbaren und den Bürgermeister zu einem Umdenken zwingen. Außerdem ist zu beachten, dass abgesehen vom Fall der namentlichen Abstimmung Beweisschwierigkeiten darüber entstehen können, wie der Bürgermeister abgestimmt hat. Allerdings wird man bezüglich der Beanstandung erwarten dürfen, dass der Bürgermeister über die erforderliche Begründung hinaus darlegt, welche Motive für ein Abkehren von der vorherigen Haltung sprechen.

---

[637] *Erlenkämper, F.*, NVwZ 1996, S. 543; *Kirchhof, R.* in Held u. a., Kommunalverfassungsrecht NRW, Erl. 4.2 zu § 60; *Rehn, E./Cronauge, U.*, Gemeindeordnung für das Land NRW, Erl. IV zu § 54; *Tillmanns, H.*, Städte- und Gemeinderat 1991, S. 45; a. A.: *Schmitz, M.*, VR 1995, S. 75, der nur in den Fällen des § 48 Abs. 1 Satz 5 eine Beanstandung zulässt.

[638] *Rehn, E./Cronauge, U.*, Gemeindeordnung für das Land NRW, Erl. I zu § 60; *Tillmanns, H.*, Städte- und Gemeinderat 1991, S. 45.

[639] *Rehn, E./Cronauge, U.*, Gemeindeordnung für das Land NRW, Erl. I zu § 60.

[640] *Micker, K.*, Kommunales Verfassungsrecht NRW, S. 118.

Für die Beanstandungsmöglichkeit des Bürgermeisters unabhängig von seiner vorherigen Mitwirkung spricht zudem, dass es sich um eine Beanstandungspflicht und nicht um ein Beanstandungsrecht handelt. Die Beanstandung steht damit nicht im Ermessen des Bürgermeisters, sondern erfolgt vielmehr zur Einhaltung der Rechtsordnung und damit im öffentlichen Interesse und unterliegt damit rein objektiven Kriterien. Sie ist daher auch unabhängig von der Natur des ihr zugrunde liegenden Rechtsverstoßes auszusprechen und muss auch dann erfolgen, wenn die Voraussetzungen für einen Eilbeschluss nicht vorlagen.[641]

Der Beanstandung darf aber keine aufschiebende Wirkung zukommen. Anderenfalls wäre das von der Gemeindeordnung vorgesehene Instrument zur Sicherstellung der Handlungsfähigkeit in Notsituationen zur Untauglichkeit bestimmt. Zwar könnte über die Beanstandung durch Eilbeschluss entschieden werden, jedoch wäre zumindest die Frist zur Einberufung von Sondersitzungen einzuhalten. Eine Eilentscheidung nach § 60 Abs. 1 Satz 2 über die Beanstandung kommt schon nicht in Betracht, weil der Bürgermeister sonst mit einem weiteren Ratsmitglied über seine eigene Beanstandung entscheiden müsste. Für eine unverzügliche Ausführung der Dringlichkeitsentscheidungen spricht zudem, dass § 62 Abs. 2 Satz 2 die Entscheidungen nach § 60 Abs. 1 Satz 2 und Abs. 2 Satz 1 ausdrücklich erwähnt. Zwar wollte der Gesetzgeber hier primär klarstellen, dass diese Entscheidungen, wie andere Beschlüsse auch, der Ausführungskompetenz des Bürgermeisters unterliegen und somit gleich behandelt werden. Da er aber an dieser Stelle trotz der bewussten Aufnahme der Dringlichkeitsangelegenheiten von Einschränkungen hinsichtlich der Beschlussausführung absieht, ist davon auszugehen, dass sie unverzüglich erfolgen muss. Das muss dann erst recht für die Ausführung von Entscheidungen nach § 60 Abs. 1 Satz 1 durch den Bürgermeister gelten.

Fraktionen oder einzelne Ratsmitglieder können aus der Verletzung der Vorschriften über Dringlichkeitsentscheidungen keine organschaftlichen wehrfähigen Rechte ableiten.[642] Der Rat und der Hauptausschuss selbst können die Verletzung ihrer Rechte im Wege des Kommunalverfassungsstreitverfahrens geltend machen.[643]

E. Exkurs: Die Eilentscheidung der Zweiergenossenschaft

Im Rahmen eines Exkurses soll im Folgenden das Verfahren der Eilentscheidung durch die Zweiergenossenschaft nach § 60 Abs. 1 Satz 2 erörtert werden. Es ist für die Darstellung der Aufgaben und Befugnisse des Hauptausschusses deshalb von Interesse, weil durch eine missbräuchliche Anwendung dieser gesetzlichen Ermächtigung die Kompetenzen des Hauptausschusses und nicht zuletzt die des Rates untergraben werden können. Eine exzessive Wahrnehmung der Entscheidungskompetenz nach § 60 Abs. 1 Satz 2 würde eine Aushöhlung der Zuständigkeiten der vorrangig entscheidungsbefugten Kollegialgremien bedeuten. Die Gefahr, dass die Ver-

---

641 A. A.: *Schmitz, M.*, VR 1995, S. 75.

642 OVG Münster, Urteil vom 26.04.1989 15, A 2805/86, NWVBl. 1990, S. 8; VG Aachen, Beschluss vom 18.04.1991 – 1 L 335/91, Mitteilungen StGB NRW 1991, S. 282, *Ruthemeyer, E.*, Kommunalrechtliche Eilentscheidungskompetenz in Niedersachsen, S. 80 f.

643 Vgl. *Ruthemeyer, E.*, Kommunalrechtliche Eilentscheidungskompetenz in Niedersachsen, S. 78.

waltung durch bewusstes Unterlassen einer rechtzeitigen Befassung des Rates und des Hauptausschusses die eigentlichen Entscheidungswege umgeht, ist nicht von der Hand zu weisen.[644]

Ist die Einberufung auch des Hauptausschusses nicht rechtzeitig möglich – wobei auch hier auf die Möglichkeit einer Sondersitzung abzustellen ist[645] – und kann die Entscheidung nicht aufgeschoben werden, weil sonst erhebliche Nachteile oder Gefahren entstehen können, kann der Bürgermeister gemeinsam mit einem Ratsmitglied in Angelegenheiten des Rates an dessen Stelle entscheiden. § 60 Abs. 1 Satz 2 enthält damit strengere Anforderungen als § 60 Abs. 1 Satz 1, denn für die Durchbrechung des Kollegialprinzips verlangt der Gesetzgeber einen erheblichen Nachteil oder eine erhebliche Gefahr, die sich ohne die Entscheidung zu realisieren droht.

Damit ist die Entscheidung der Zweiergenossenschaft nur unter folgenden Voraussetzungen möglich[646]:

- Der Rat kann nicht rechtzeitig einberufen werden, wobei auf die Möglichkeit einer Sondersitzung unter verkürzter Ladungsfrist abzustellen ist.
- Die Erweiterung der Tagesordnung einer bereits terminierten Ratssitzung kommt nicht in Betracht.
- Der Hauptausschuss kann nicht rechtzeitig einberufen werden, wobei auf die Möglichkeit einer Sondersitzung unter verkürzter Ladungsfrist abzustellen ist.
- Die Erweiterung der Tagesordnung einer bereits terminierten Hauptausschusssitzung kommt nicht in Betracht.[647]
- Es drohen erhebliche Nachteile oder Gefahren.

I. Die Zweiergenossenschaft

Der Bürgermeister darf die Dringlichkeitsentscheidung nicht alleine treffen, sondern er muss sie gemeinsam mit einem weiteren Ratsmitglied vornehmen. Das Gesetz stellt an die Person des hinzuzuziehenden Ratsmitgliedes keine besonderen Anforderungen. Sie muss nicht etwa einen Fraktionsvorsitz innehaben oder der stärksten Fraktion im Rat angehören. In der Praxis ist der Bürgermeister gut beraten, die Entscheidung vorab – falls möglich – mit den Fraktionsspitzen abzustimmen, um nicht Gefahr zu laufen, dass die nach § 60 Abs. 1 Satz 3 erforderliche Genehmigung durch den Rat versagt wird. Früher war es üblich, dass der Bürgermeister die Dringlichkeitsentscheidung bei politischem Konsens mit einem Ratsmitglied aus der Oppositionsfraktion traf, damit der politische Rückhalt für die Entscheidenden möglichst breit und fraktionsübergreifend war und man sich einer anschließenden Genehmigung sicher sein konnte. Heute ist der Bürgermeister häufig der stärksten Fraktion im Rat

[644] Vgl. *Ruthemeyer, E.*, Kommunalrechtliche Eilentscheidungskompetenz in Niedersachsen, S. 3.

[645] OVG Münster, Urteil vom 31.05.1988 – 2 A 1739/86, Städte- und Gemeinderat 1989, S. 127, 128.

[646] Vgl. *Schmitz, M.*, VR 1995, S 74, der aber die Voraussetzungen in einer anderen Reihenfolge prüft.

[647] Der Einberufung einer Sondersitzung ist wegen der Information der Öffentlichkeit durch Bekanntmachung der Tagesordnung der Vorzug gegenüber einer Erweiterung einer schon bestehenden Tagesordnung zu geben, es sei denn, diese Erweiterung könnte selbst noch ausreichend bekannt gemacht werden.

politisch nicht zurechenbar. Daher wird er in diesen Fällen die Entscheidung regelmäßig mit einem Ratsmitglied der Mehrheitsfraktion treffen. Wenn diese aber nicht über eine absolute Mehrheit verfügt, ist die Gefahr der Genehmigungsversagung latent. Rechtspolitisch wäre es dennoch nicht wünschenswert, wenn der Gesetzgeber die Hinzuziehung einer weiteren dritten Person fordern würde. Die Gefahr, dass in Notfällen der so wichtige Konsens nicht erzielt wird und die Gemeinde daher nicht die richtigen Handlungen vornehmen kann, steigt eben mit jedem weiteren Entscheidungsträger.

II. Umfang des Entscheidungsrechts

§ 60 Abs. 1 Satz 2 enthält gegenüber der Formulierung des § 60 Abs. 1 Satz 1 keine zusätzlichen Einschränkungen hinsichtlich des Umfanges der Angelegenheiten, die der Entscheidungskompetenz der Zweiergenossenschaft unterliegen. Damit entsprechen die entscheidungstauglichen Angelegenheiten denen, die der Eilbeschlusskompetenz des Hauptausschusses unterliegen, in vollem Umfang.[648]

III. Drohende erhebliche Nachteile oder Gefahren

Bei den Begriffen „drohende erhebliche Nachteile oder Gefahren" handelt es sich um unbestimmte Rechtsbegriffe, die einer Ermessens- und Zweckmäßigkeitserwägung durch den Bürgermeister entzogen sind und der uneingeschränkten richterlichen Kontrolle unterliegen.[649]

Durch die Verwendung des Begriffes „erheblich" betont der Gesetzgeber, dass die drohenden Nachteile oder Gefahren von einem gewissen Gewicht sein müssen. Es muss ein schwerer und praktisch nicht wieder gutzumachender Schaden für die Gemeinde drohen.[650] Zu Recht wird in der Literatur darauf verwiesen, dass bei der Gefahr eines Schadens nicht nur auf die Gemeinde abzustellen ist, sondern auch auf die berechtigten Interessen Dritter.[651] Schließlich handelt die Gemeinde nicht nur um ihrer selbst willen, sondern zum Wohle der Öffentlichkeit. Dieses Wohl wird auch durch berechtigte Interessen einzelner Bürgerinnen und Bürger mitgeprägt. Das Vertrauen in die Integrität allen staatlichen Handelns verlangt ein rücksichtsvolles Gebaren auch der Gemeinden im Rechtsverkehr.

---

648 OVG Münster, Urteil vom 31.05.1988 – 2 A 1739/86, Städte- und Gemeinderat 1989, S. 127, 128; *Erlenkämper, F.*, NVwZ 1990, S. 127; *Rehn, E./Cronauge, U.*, Gemeindeordnung für das Land NRW, Erl. II, 2 zu § 60.

649 OVG Münster, Urteil vom 31.05.1988 – 2 A 1739/86, Städte- und Gemeinderat 1989, S. 127, 128; *Rehn, E./Cronauge, U.*, Gemeindeordnung für das Land NRW, Erl. II, 1 zu § 60; *Rauball, J./Pappermann, E./Roters, W.*, Gemeindeordnung für NRW, Erl. 6 zu § 43 a. F.; a. A.: *Müller, J.*, VR 1990, S. 27, der die Vorschriften über die Dringlichkeit insgesamt als Ermessensvorschriften verstehen und die Verfahren nach § 60 nur der Überprüfung auf Willkür aussetzen will; kritisch zur Systematik des Gesetzes und zur Rechtsprechung auch *Ennuschat, J.*, VR 1990, S. 213; VR 1991, S. 119.

650 OVG Münster, Urteil vom 31.05.1988 – 2 A 1739/86, Städte- und Gemeinderat 1989, S. 127, 128.

651 *Tillmanns, H.*, Städte- und Gemeinderat 1991, S. 44; a. A.: *Ruthemeyer, E.*, Kommunalrechtliche Eilentscheidungskompetenz in Niedersachsen, S. 38.

Bei finanziellen Nachteilen soll es nach einer Meinung ausreichen, dass sie größer sind als die Kosten für eine Sondersitzung.[652] Hierauf kommt es aber bei Dringlichkeitsentscheidungen der zweiten Stufe schon nicht an, weil bereits die Einberufung des Hauptausschusses unabhängig von drohenden erheblichen Nachteilen oder Gefahren erfolgen kann. Dann kann ein Vergleich zwischen den Kosten der Sondersitzung und dem drohenden finanziellen Schaden nicht ausschlaggebend sein. Vielmehr ist bei finanziellen Schäden zu fordern, dass diese am Haushaltsvolumen gemessen fühlbar sind und/oder die Aufgabenerfüllung der Gemeinde auf anderen Gebieten durch den finanziellen Nachteil gefährdet oder deutlich beeinträchtigt wird. Nur dann ist eine Durchbrechung des Kollegialprinzips gerechtfertigt.

Im Übrigen kommen nicht nur finanzielle Schäden in Betracht, sondern auch immaterielle Schäden von einigem Gewicht,[653] die sich wiederum in aller Regel zu einem späteren Zeitpunkt mittelbar z. B. durch Marketing- oder Imageverluste finanziell auswirken.

IV. Genehmigung

Die Eilentscheidung der Zweiergenossenschaft bedarf ebenso wie ein Eilbeschluss des Hauptausschusses der Genehmigung durch den Rat. Wird die Genehmigung erteilt, kommt es auch hier nicht darauf an, ob die Voraussetzungen für die Eilentscheidung vorlagen.[654]

V. Beanstandung

Wenn der Beschluss des Hauptausschusses nach § 60 Abs. 1 Satz 1 der Beanstandung nach § 54 unterliegt, muss dies erst recht für die Entscheidung der Zweiergenossenschaft nach § 60 Abs. 1 Satz 2 gelten. Einer analogen Anwendung des § 54 Abs. 3 bedarf es aber entgegen einer in der Literatur vertretenen Auffassung nicht.[655] Vielmehr kann § 54 Abs. 2 direkt angewandt werden, da auch die Entscheidung der Zweiergenossenschaft anstelle des Rates die Qualität eines Ratsbeschlusses aufweist.

VI. Die Dringlichkeitsentscheidung in Hauptausschussangelegenheiten nach § 60 Abs. 2

Die Vorschrift des § 60 Abs. 2 ist im Zuge der Kommunalverfassungsreform im Jahre 1994 aufgenommen worden. Bis dahin war das Verfahren von Dringlichkeitsentscheidungen in Ausschusszuständigkeiten lebhaft umstritten.[656]

Während im Fall des § 60 Abs. 1 eine Dringlichkeitsentscheidung anstelle des Rates in dessen Angelegenheiten getroffen wird, ermöglicht es § 60 Abs. 2 dem Bürgermeister in Angelegenheiten, die der Entscheidung eines entscheidungsbefugten Ausschusses unterliegen, gemeinsam mit dem jeweiligen Ausschussvorsitzenden oder einem dem Ausschuss angehörenden Ratsmitglied zu entscheiden. Diese Vor-

---

652 *Kirchhof, R.* in Held u. a., Kommunalverfassungsrecht NRW, Erl. 4.1 zu § 60.
653 Vgl. auch *Tillmanns, H.*, Städte- und Gemeinderat 1991, S. 44.
654 OVG Münster, Urteil vom 23.4.1996 – 10 A 620/91, NWVBl. 1996, S. 441, 442.
655 Vgl. *Tillmanns, H.*, Städte- und Gemeinderat 1991, S. 45.
656 Zum letzten Meinungsstand: *Müller, J.*, NWVBl. 1993, S. 87.

schrift kommt auch für das Verfahren im Hauptausschuss zum Zuge, wenn seine Einberufung nicht rechtzeitig möglich ist und eine ihm zur Entscheidung kraft Gesetzes oder kraft Delegation übertragene Angelegenheit zu entscheiden ist.

Da der Bürgermeister im Hauptausschuss selbst Vorsitzender ist, kommt nur eine Entscheidung mit einem anderen dem Hauptausschuss angehörenden Ratsmitglied in Betracht. Auch wenn § 60 Abs. 2 es nicht ausdrücklich erwähnt, ist zu fordern, dass es sich hierbei um ein im Ausschuss stimmberechtigtes Ratsmitglied handelt. Die Dringlichkeitsentscheidung unterliegt im Grundsatz denselben Voraussetzungen, die für eine Eilentscheidung nach § 60 Abs. 1 Satz 1 gelten. Nach § 60 Abs. 2 Satz 2 ist die Entscheidung dem Hauptausschuss in der nächsten Sitzung zur Genehmigung vorzulegen.

F. Auffangfunktion

Das mit der Bildung von Ausschüssen verfolgte Ziel, den Rat zu entlasten, wird auf zwei Arten optimal erreicht. Der Rat kann in weniger wichtigen Angelegenheiten die Entscheidungsbefugnis auf die Ausschüsse delegieren. Darüber hinaus kann er Angelegenheiten, deren Entscheidung er sich wegen ihrer Bedeutsamkeit selbst vorbehält oder die er aufgrund des Vorbehaltskataloges des § 41 Abs. 1 Satz 2 sowie spezieller Regelungen inner- und außerhalb der GO NRW nicht zur Entscheidung übertragen darf, zur Vorberatung an die Ausschüsse verweisen.

In der Praxis gibt es daher kaum eine Angelegenheit, mit welcher sich der Rat direkt beschäftigt, ohne dass zuvor ein Ausschuss über sie beraten hat. Ausnahmen bilden hier z. B. innerorganisatorische Maßnahmen bzw. Wahlen.[657]

Mag die vor Ort anzuwendende Zuständigkeitsordnung für die Ausschüsse auch noch so detailliert und umfassend sein, es gibt im Laufe einer Wahlperiode immer wieder neuartige Aufgaben, die nach den bestehenden Zuständigkeitsvorschriften keinem Fachausschuss zugeordnet werden können. Um einer wirksamen Entlastung des Rates gerecht zu werden, bietet es sich an, den Hauptausschuss in allen nicht dem Rat oder anderen Organen und Funktionsträgern vorbehaltenen Aufgaben für zuständig zu erklären.[658] Diese Auffangfunktion ist an das englische Ausschusssystem angelehnt, welches der Ausschussstruktur der GO NRW historisch zugrunde liegt und davon ausgeht, dass grundsätzlich jede entscheidungserhebliche Angelegenheit der Vertretungskörperschaft von einem Ausschuss vorberaten wird.[659]

G. Die Übernahme der Aufgaben des Finanzausschusses

In der Regel machen die größeren Gemeinden von der gesetzlichen Option des § 57 Abs. 2 Satz 2, die Aufgaben des Finanzausschusses durch den Hauptausschuss wahrnehmen zu lassen, keinen Gebrauch. Die Aufgaben des Finanzausschusses sind so gewichtig, dass sich hier eine Aufgabenwahrnehmung durch einen Ausschuss, dem noch zahlreiche andere Funktionen obliegen, regelmäßig schon aus

---

[657] In manchen Gemeinden ist es sogar üblich, Wahlen in Ausschüssen vorzuberaten, um die Diskussion über Kandidaten aus dem Rat fern zu halten und von diesem lediglich den eigentlichen formellen Wahlakt vollziehen zu lassen.

[658] *Rauball, J./Pappermann, E./Roters, W.*, Gemeindeordnung für NRW, § 41 a. F., Rn. 12.

[659] Siehe die Ausführungen unter § 2, A, II.

praktischen Erwägungen verbietet.[660] Die Tatsache, dass die dem Hauptausschuss obliegende Entscheidung über die Planung von Verwaltungsaufgaben von besonderer Bedeutung regelmäßig auch eine erhebliche finanzielle Dimension hat, vermag nicht zwingend zu einer anderen Sicht führen. In kleineren Gemeinden mag dies jedoch ein Argument neben der von der Gemeindegröße und Ausschussstruktur abhängigen normalerweise geringeren Belastung des Hauptausschusses sein, die Aufgaben des Finanzausschusses dem Hauptausschuss zu übertragen.

Zu den gesetzlichen Aufgaben des Finanzausschusses gehört es nach § 59 Abs. 2, die Haushaltssatzung vorzubereiten und die für die Ausführung des Haushaltsplanes erforderlichen Entscheidungen zu treffen, soweit hierfür nicht andere Ausschüsse zuständig sind.

H. Übertragene Aufgaben (§ 41 Abs. 2)

Neben den eigenen Aufgaben, die das Gesetz dem Hauptausschuss zuweist, kann der Rat dem Hauptausschuss – wie anderen Ausschüssen auch – gemäß § 41 Abs. 2 weitere Aufgaben nicht nur zur Vorberatung, sondern auch zur Entscheidung übertragen. Gerade in kleineren Gemeinden wird hiervon häufig Gebrauch gemacht, da der Umfang der Aufgaben regelmäßig nicht erfordert, zahlreiche Fachausschüsse für die einzelnen Sachgebiete einzurichten.

Delegierbar sind alle Aufgaben, die nicht aufgrund ausdrücklicher gesetzlicher Bestimmung dem Rat oder anderen Organen vorbehalten sind.[661] Zu den nicht delegationsfähigen Aufgaben gehören z. B. die im Vorbehaltkatalog des § 41 Abs. 1 Satz 2 oder nach speziellen gesetzlichen Vorschriften[662] dem Rat vorbehaltenen Aufgaben oder die unentziehbaren Kompetenzen[663] des Bürgermeisters, die sich bereits einem Zugriffsrechtes des Rates entziehen.[664]

Wegen des Verbots des Selbsteintritts gegenüber einer nachgeordneten Instanz muss der Rat eine bereits delegierte Aufgabe zunächst ausdrücklich wieder an sich ziehen, bevor er in der Sache eine Entscheidung trifft.[665] Diese Rücknahme der Aufgaben hat in der dem ursprünglichen Delegationsakt zugrunde liegenden Form zu erfolgen.

---

[660] Vgl. *Rehn, E./Cronauge, U.*, Gemeindeordnung für das Land NRW, Erl. III zu § 57; a. A.: *Pohlmann, K.*, Städte- und Gemeinderat 1988, S. 118, der sich für die generelle Wahrnehmung der Finanzaufgaben durch den Hauptausschuss ausspricht.

[661] Vgl. OVG Münster, Urteil vom 26.04.1961 – III A 273/61 –, DÖV 1962, S. 958, nach welchem die Übertragung der Entscheidung über die Form der Bekanntmachung von Satzungen auf den Hauptausschuss unzulässig ist.

[662] Z. B. die Festlegung des Geschäftskreises der Beigeordneten, § 73 Abs. 1, vgl. *Kirchhof, R.*, NWVBl. 1991, S. 114.

[663] Z. B. die Geschäftsverteilungsbefugnis des Bürgermeisters nach § 62 Abs. 1 Satz 3.

[664] Vgl. OVG Münster, Urteil vom 08.02.1962, Az: VIII A 264/61, OVGE 17, 225, nach welchem die Übertragung der Entscheidung über die Festlegung des Geschäftskreises der Beigeordneten unzulässig ist.

[665] OVG Münster, OVGE 17, 225; *Wansleben, R.* in Held u. a., Kommunalverfassungsrecht NRW, Erl. 3.2 zu § 41.

§ 7: Die Zusammenlegung mit anderen Ausschüssen

Obwohl die Ausschussarbeit eigentlich der Entlastung des Rates dient, hat sie in der Vergangenheit aufgrund der Anzahl und Größe der Ausschüsse mancherorts ein Ausmaß angenommen, das tatsächlich geeignet ist, den Willensbildungsprozess zu verzögern. Eine solche Ausuferung in der Ausschussstruktur ist bisweilen darauf zurückzuführen, dass die einzelnen Parteien Foren für die Tätigkeit von Nachwuchspolitikern und vertretungsexternen sachkundigen Bürgerinnen und Bürgern benötigen.

Die lange zu beobachtende Tendenz zur Einrichtung einer Vielzahl von Ausschüssen ist angesichts mancher negativer Erfahrung aber mittlerweile umgekehrt. Es ist in beinahe allen Gemeinden das Bemühen festzustellen, die Zahl der Ausschüsse zu verringern und eine bessere Orientierung der Ausschussarbeit auf die Gesamtinteressen der Gemeinde zu erzielen.[666]

Im Rahmen der Einführung Neuer Steuerungsmodelle wurde in vielen Gemeinden auch die Zusammenlegung von Ausschüssen diskutiert und teilweise umgesetzt. Dabei wird häufig das Ausschusswesen auf die Organisation der Verwaltung derart abgestimmt, dass einem Dezernat oder einem Fachbereich genau ein Ausschuss zugeordnet ist. Da in einem Dezernat oder in einem Fachbereich mehrere Ämter organisiert sind, stellt sich zwangsläufig die Frage nach der Zusammenlegung bisheriger einzelner Ausschüsse. Dabei kommt die Übernahme aller Aufgaben des einen Ausschusses durch einen anderen der Zusammenlegung beider Ausschüsse gleich.

Die Frage nach der Grenze der Zulässigkeit von Ausschusszusammenlegungen und von Aufgabenkonzentration wird dann rechtlich bedeutsam, wenn der Bereich der freiwilligen Ausschüsse verlassen wird und eine Zusammenlegung von Pflichtausschüssen vorgenommen wird oder Pflichtausschüssen Aufgaben anderer Ausschüsse zusätzlich übertragen werden. In den weiteren Ausführungen soll dieser Frage speziell mit Bezug auf den Hauptausschuss nachgegangen werden.

Es soll geklärt werden, ob und unter welchen Voraussetzungen der Hauptausschuss mit sondergesetzlichen Ausschüssen und den Werksausschüssen (A.) sowie pflichtigen und freiwilligen Ausschüssen nach der GO NRW (B.) zusammengelegt werden kann. Ferner ist die Einsetzung des Hauptausschusses als Beschwerdeausschuss denkbar (C.). Darüber hinaus können auch ohne dauerhafte Zusammenlegung gemeinsame Sitzungen mit anderen Ausschüssen stattfinden (D.), was die Frage nach zu beachtenden Verfahrenserfordernissen aufwirft.

A. Zusammenlegung mit sondergesetzlichen Pflichtausschüssen sowie den Werksausschüssen

Die Möglichkeit der Zusammenlegung des Hauptausschusses mit sondergesetzlichen Pflichtausschüssen bzw. die Übernahme deren Aufgaben durch den Hauptausschuss hängt von der Zusammensetzung dieser Ausschüsse ab. Ist für einen nach speziellen gesetzlichen Vorschriften zu bildenden Ausschuss eine besondere Zusammensetzung vorgesehen, die sich nicht mit der vom Gesetzgeber für den Hauptausschuss vorgesehenen Zusammensetzung vereinbaren lässt, scheidet die Zusammenlegung aus. Dies gilt z. B. für den Wahlausschuss, für den nicht nur eine be-

[666] Vgl. KPBl. 1990, S. 133.

sondere Form der Mitgliedschaft durch eine gesetzlich bestimmte Anzahl von Beisitzern mit persönlicher Vertretung vorgesehen ist, sondern gemäß § 2 Abs. 3 Satz 2 KWahlG NRW auch bestimmte Regelungen der GO NRW, wie z. B. die Rechte nach § 58 Abs. 1 Satz 7 und Satz 11 auf beratende Mitgliedschaft nicht anwendbar sind.[667]

Auch die Zusammenlegung mit dem Schulausschuss[668] oder dem Jugendhilfeausschuss ist rechtlich nicht zulässig.[669] In diesen Ausschüssen sitzen Vertreter der Kirchen und Schulen bzw. der Träger der freien Jugendhilfe, die als vertretungsexterne Mandatsträger nicht Mitglieder im Hauptausschuss sein dürfen. Ihre Mitwirkung beschränkt sich nämlich nicht auf eine außerhalb der Mitgliedschaft bestehende Beratung, sondern mit ihr ist ein Mitgliedstatus verbunden.[670] Überlegungen der Praxis, getrennte Tagesordnungen aufzustellen und die „besonderen" Mitglieder nach Abhandlung der die Schul- oder Jugendangelegenheiten betreffenden Punkte von der weiteren Beratung auszuschließen bzw. eine Beratung auf diese Angelegenheiten zu beschränken, dürfen sich daher nur auf die Zusammenlegung mit freiwilligen Ausschüssen beziehen.[671]

Auch im Hinblick auf den Werksausschuss oder den Krankenhausausschuss als besonderen Werksausschuss kommt eine Zusammenlegung nicht in Betracht. Hier ist darauf zu verweisen, dass der Hauptausschuss eine Schlichterfunktion zwischen Werkleitung und Werksausschuss bzw. Krankenhausausschuss einnimmt und sich schon von daher die Ausschussidentität verbietet.[672]

Hinsichtlich der Übernahme der Aufgaben des nach §§ 40 KWahlG NRW, 66 KWahlO NRW zu bildenden Wahlprüfungsausschusses ist jedoch nichts einzuwenden.[673] Der Wahlprüfungsausschuss ist in seiner Zusammensetzung gänzlich offen. Ihm können sowohl sachkundige Bürger als auch sachkundige Einwohner angehören. Auch können beratende Mitglieder nach § 58 Abs. 1 Sätze 7 und 11 bestellt werden.[674] Wenn der Rat seine Aufgaben durch den Hauptausschuss übernehmen lassen will, schränkt er lediglich die Mitgliedschaft auf Ratsmitglieder ein, was nicht gegen spezielle Regelungen des Kommunalwahlgesetzes verstößt.

Fraglich ist, ob der Hauptausschuss mit dem Denkmalausschuss, soweit er von einer Gemeinde nach § 23 Abs. 2 Denkmalschutzgesetz Nordrhein-Westfalen (DSchG

---

667 § 58 Abs. 1 Satz 11 ist zwar im Gegensatz zu § 58 Abs. 1 Satz 7 in § 2 Abs. 3 Satz 2 KWahlG NRW nicht erwähnt. Dies wird der Gesetzgeber aber bei Einführung des § 58 Abs. 1 Satz 11 schlichtweg vergessen haben.

668 Aufgrund der Änderung des Schulverwaltungsgesetzes durch das Gesetz zur finanziellen Entlassung der Kommunen in Nordrhein-Westfalen (EntlKommG) vom 29.04.03 (GV. NRW. S. 254) ist der Schulausschuss nun kein bedingter sondergesetzlicher Pflichtausschuss mehr, sondern ein sondergesetzlicher freiwilliger Ausschuss mit bestimmten Anforderungen an seine Zusammensetzung für den Fall seiner Bildung.

669 Vgl. auch *Witte, G.*, KPBl. 1991, S. 133.

670 Vgl. § 4 Abs. 4 AG KJHG, § 12 Abs. 2 Satz 2 SchVG NRW.

671 Für den Schulausschuss ist die grundsätzliche Möglichkeit einer Zusammenlegung mit anderen Ausschüssen gesetzlich anerkannt, § 12 Abs. 4 SchVG NRW.

672 § 5 Abs. 6 Satz 4 Eigenbetriebsverordnung NRW, § 8 Abs. 2 Satz 4 Gemeindekrankenhausbetriebsverordnung NRW.

673 Vgl. auch *Sundermann, W.*, DVP 1994, S. 434.

674 *Kremer, M.*, DVP 2001, S. 525.

NRW) durch Satzung gebildet werden muss, zusammengelegt werden kann. Dafür spricht der Hinweis im Gesetz, dass die Aufgaben des Denkmalausschusses einem anderen Ausschuss übertragen werden können. Dagegen könnte man aber einwenden, dass nach § 23 Abs. 2 Satz 3 DSchG NRW im für Denkmalangelegenheiten zuständigen Ausschuss sachverständige Bürger beteiligt werden sollen. Sachverständige Bürger nach dem DSchG NRW sind im Gegensatz zu den sachkundigen Bürgern im Sinne der GO NRW nicht mit Stimmrecht ausgestattet, sondern sie wirken nur beratend mit. Sie sind, anders als sachkundige Bürger, nicht Mitglieder des Ausschusses, sondern nehmen an den Sitzungen als ständige Gäste teil.[675] Damit ist die Bestimmung des § 58 Abs. 3 Satz 1, nach welcher dem Hauptausschuss nur Ratsmitglieder angehören dürfen, nicht verletzt, wenn nur ständig beratende Gäste hinzugezogen werden. Die Übernahme der Aufgaben des Denkmalschutzes durch den Hauptausschuss ist daher möglich, solange die sachverständigen Bürger ausschließlich bei Denkmalangelegenheiten mitwirken. Sie ist ohne Einschränkung möglich, wenn ausnahmsweise überhaupt keine sachverständigen Bürger hinzugezogen werden.

B. Zusammenlegung mit Pflichtausschüssen und freiwilligen Ausschüssen nach der GO NRW

Das Gesetz sieht in § 57 Abs. 2 Satz 2 ausdrücklich die Möglichkeit der Übernahme der Aufgaben des Finanzausschusses durch den Hauptausschuss vor. Mit dem Rechungsprüfungsausschuss darf der Hauptausschuss aber nicht zusammengelegt werden. Dies ergibt sich bereits aus dem Gesetzeszusammenhang. Während § 57 Abs. 2 Satz 1 alle drei Pflichtausschüsse erwähnt, wird der Rat in § 57 Abs. 2 Satz 2 lediglich ermächtigt, den Hauptausschuss und den Finanzausschuss zusammenzulegen.

Auch ist eine Zusammenlegung des Hauptausschusses mit einem Bezirksausschuss wegen der speziellen Anforderungen an dessen Besetzung (§ 39 Abs. 4) unzulässig. Sie verbietet sich daneben bereits wegen der besonderen politischen Intention der Einrichtung von Bezirksausschüssen zur verstärkten Wahrung der Belange einer Ortschaft im Rahmen eines Kollegialgremiums anstelle des Ortsvorstehers.

Im Übrigen ist die Zusammenlegung mit freiwilligen Ausschüssen auch ohne ausdrückliche gesetzliche Ermächtigung nach der GO NRW erlaubt.[676] Die Zusammenlegung mit freiwilligen Ausschüssen käme der Situation gleich, dass ein freiwilliger Ausschuss für bestimmte Aufgaben erst gar nicht gebildet worden wäre und die Aufgaben von vornherein auf den Hauptausschuss nach § 41 Abs. 2 übertragen worden wären. Da der Rat zu ihrer Bildung nicht verpflichtet ist, kann er sie auch jederzeit auflösen und Aufgaben, sofern sie nicht ihm oder einem anderen Organ gesetzlich vorbehalten sind, im Rahmen des § 41 Abs. 2 auf den Hauptausschuss delegieren.

---

[675] *Rehn, E.*, Städte- und Gemeinderat 1984, S. 342; § 23 Abs. 2 des Denkmalschutzgesetzes verdrängt insoweit als speziellere Vorschrift auch den § 58 Abs. 3 Satz 6.

[676] Anders als die GO NRW ermächtigt z. B. § 48 Abs. 1 Satz 3 KSVG Saarl expressis verbis zur Zusammenlegung von Ausschüssen mit Ausnahme des Rechnungsprüfungsausschusses.

C. Der Hauptausschuss als Beschwerdeausschuss

Der Rat kann gemäß § 24 Abs. 1 Satz 3 die Erledigung von Anregungen und Beschwerden einem Ausschuss übertragen.[677] In der Rechtsprechung und Literatur wird in diesem Zusammenhang der Hauptausschuss favorisiert, soweit kein spezieller Beschwerdeausschuss eingerichtet wird.[678]

Wenn der Rat die Erledigung von Anregungen und Beschwerden dem Hauptausschuss überträgt, muss er dies wegen § 24 Abs. 2 in der Hauptsatzung regeln.[679] Der Hauptausschuss darf aber nur dann in der der Anregung oder Beschwerde zugrunde liegenden Sache entscheiden, wenn die Zuständigkeit nicht bei einem anderen Gemeindeorgan liegt.[680] Dies gilt auch für die Geschäfte der laufenden Verwaltung, da er im Gegensatz zum Rat kein diesbezügliches Rückholrecht besitzt. Wenn bestimmte Geschäfte der laufenden Verwaltung dem Kompetenzbereich des Bürgermeisters entzogen und im Rahmen der Erledigung von Anregungen und Beschwerden vom Hauptausschuss wahrgenommen werden sollen, muss erst der Rat von seinem Rückholrecht Gebrauch machen und anschließend die Zuständigkeit auf den Hauptausschuss übertragen. Die Übertragung der Aufgabe nach § 24 Abs. 1 Satz 3 auf den Hauptausschuss beinhaltet also nur die Erledigung der Anregung oder Beschwerde und verändert nicht die bestehende Kompetenzordnung. Insbesondere können nicht die dem Rat zur Entscheidung vorbehaltenen Angelegenheiten auf diesem Wege delegiert werden.

D. Die gemeinsame Sitzung mit anderen Ausschüssen

Ausschüsse können gemeinsam Sitzungen abhalten und gemeinsam beraten. Dies gilt auch für den Hauptausschuss. Das Beschlussverfahren ist aber getrennt durchzuführen. Ebenso müssen Beschlussfähigkeit und Stimmabgabe für jeden Ausschuss getrennt ermittelt werden.[681] Auch die Niederschrift ist für jeden Ausschuss getrennt anzufertigen.[682] Zu der gemeinsamen Sitzung müssen die jeweiligen Ausschussvorsitzenden getrennt einladen, da es sich um rechtlich getrennte Sitzungen handelt, die allein aus Zweckmäßigkeitsgründen und ausnahmsweise gemeinsam stattfinden.[683]

---

677 Mit Änderungsgesetz vom 17.05.1994 (GV. NW. S. 270) hat der Gesetzgeber nunmehr klargestellt, dass es sich hierbei nicht um einen speziellen Beschwerdeausschuss handeln muss. Zur Verfassungsmäßigkeit der Übertragung der Erledigung von Anregungen und Beschwerden auf einen Ausschuss: *Herbert, A.*, VR 1994, S. 160.

678 VG Arnsberg, Urteil vom 09.02.1984 – 1 K 2307/83 –, DÖV,1984, S. 948; *Becker, E.* in Held u. a., Kommunalverfassungsrecht NRW, Erl. 10 zu § 24; *Ennuschat, J.*, VR 1991, S. 121; *Pohlmann, K.*, Städte- und Gemeinderat 1988, S. 119; *Rehn, E./Cronauge U.*, Gemeindeordnung für das Land NRW, Erl. III, 2 zu § 24.

679 *Becker, E.* in Held u. a., Kommunalverfassungsrecht NRW, Erl. 12 zu § 24.

680 Vgl. § 24 Abs. 1 Satz 2; *Rehn, E./Cronauge, U.*, Gemeindeordnung für das Land NRW, Erl. II, 4 zu § 24.

681 *Gern, A.*, Deutsches Kommunalrecht, S. 267.

682 *Von Lennep, H. G./Paal, T.*, Leitfaden für die Ratsarbeit, S. 109.

683 Vgl. *von Lennep, H. G./Paal, T.*, Leitfaden für die Ratsarbeit, S. 109.

§ 8: Ausgewählte Verfahrensprobleme

Im Zuge der Untersuchung der Zusammensetzung und Besetzung des Hauptausschusses und der Aufgaben des Ausschussvorsitzenden wurden bereits wichtige verfahrensrechtliche Anforderungen und Problemstellungen erörtert. Daher beschränken sich die Ausführungen in diesem Kapitel auf bisher noch nicht oder nicht in dem gebotenen Umfang thematisierte Verfahrensprobleme. Hierzu gehören die Anwesenheits- und Mitwirkungsrechte von außerhalb des Hauptausschusses stehenden Personen (A.) und die Beschlussfähigkeit des Hauptausschusses (B.).

A. Anwesenheits- und Mitwirkungsrechte nicht dem Hauptausschuss angehörender Ratsmitglieder, vertretungsexterner Mandatsträger, Verwaltungsbediensteter und Verwaltungsexterner

I. Nicht dem Hauptausschuss angehörende Ratsmitglieder

Ratsmitglieder, die nicht dem Hauptausschuss angehören, können – ebenso wie die stellvertretenden Mitglieder des Hauptausschusses – auch an dessen nichtöffentlichen Sitzungen als Zuhörer teilnehmen (§ 58 Abs. 1 Satz 3 HS 1). Für die öffentlichen Sitzungen resultiert dieses Recht bereits aus dem Grundsatz der Sitzungsöffentlichkeit. Aus der eindeutigen Gesetzesformulierung „als Zuhörer" ist die Beschränkung auf ein bloßes Anwesenheitsrecht zu entnehmen. Eine beratende Mitwirkung oder ein Fragerecht ist grundsätzlich ausgeschlossen. Ausnahmsweise kann sich ein Ratsmitglied, das dem Hauptausschuss nicht angehört, gemäß § 58 Abs. 1 Satz 6 an der Beratung beteiligen, wenn ein Antrag beraten wird, den es selbst gestellt hat.

II. Vertretungsexterne Mandatsträger

Mitglieder der Bezirksvertretungen und Mitglieder der Ausschüsse, die nicht Ratsmitglieder sind, können gemäß § 58 Abs. 1 Satz 3 HS 2 nach Maßgabe der Geschäftsordnung an den nichtöffentlichen Sitzungen des Hauptausschusses teilnehmen. Für Mitglieder der Ausschüsse gilt dies nach dem Gesetzeswortlaut allerdings nur, soweit der Aufgabenbereich des Ausschusses, dem sie angehören, durch den Beratungsgegenstand berührt wird. Aufgrund der Formulierung „nach Maßgabe der Geschäftsordnung" ist davon auszugehen, dass das Teilnahmerecht durch Geschäftsordnungsregelung im Rahmen des nach der GO NRW Möglichen eingeräumt werden muss und bei Bedarf konkretisiert werden kann.[684] Dem Rat bei der Aufnahme einer entsprechenden Regelung Ermessen einzuräumen, würde eine Schlechterstellung von Mandatsträgern gegenüber Verwaltungsbediensteten bedeuten,[685] die vor dem Hintergrund des berechtigten Informationsbedürfnisses der am kommunalen Willensbildungsprozess beteiligten Mandatsträger sachlich nicht gerechtfertigt wäre. Schließlich ist in der Möglichkeit, unter bestimmten Voraussetzungen auch an nichtöffentlichen Sitzungen als Zuhörer teilnehmen zu können, eine letztlich dem Rat dienende Entlastungsfunktion zu sehen, wenn sich Ausschussmitglieder im Rahmen

---

[684] Vgl. dagegen andere Gesetzesformulierungen, die eine Regelung in der Geschäftsordnung lediglich anheim stellen: z. B. § 51 Abs. 2 Satz 1, Abs. 3 Satz 1; a. A.: *Kirchhof, R.* in Held u. a., Kommunalverfassungsrecht NRW, Erl. 14 zu § 48; *Rehn, E./Cronauge, U.*, Gemeindeordnung für das Land NRW, Erl. 5 zu § 58.

[685] Siehe hierzu die Ausführungen unter § 8, A, III.

des vom Gesetzgeber Zugelassenen zum Zwecke ihrer Aufgabenwahrnehmung informieren. Konform zur Rechtsstellung der Ratsmitglieder ist auch das Teilnahmerecht von vertretungsexternen Mandatsträgern alleine auf die Anwesenheit beschränkt.

Eine Ausnahme gilt aber für Bezirksvorsteher und Vorsitzende von Bezirksausschüssen und Ausländerbeiräten. Nach §§ 27 Abs. 8, 37 Abs. 5 Satz 7, 39 Abs. 3 Satz 3 haben sie das Recht, gehört zu werden, wenn der Hauptausschuss über Angelegenheiten berät, die auf die Anregung einer Bezirksvertretung, eines Bezirksausschusses oder eines Ausländerbeirates zurückgehen. Ortsvorstehern kann gemäß § 39 Abs. 7 Satz 2 HS 2 ein Anhörungsrecht in Sitzungen des Hauptausschusses gewährt werden.

III. Verwaltungsbedienstete

Neben dem im Gesetz institutionalisierten Beratungsrecht der Verwaltung (§ 58 Abs. 1 Satz 3) und der Stellungnahmepflicht des Bürgermeisters nach § 69 Abs. 1 Satz 2 sowie dem Anhörungsrecht der Beigeordneten gemäß § 70 Abs. 4 Satz 2 ist fraglich, in welchem Umfang Teilnahme- und Mitwirkungsrechte für Verwaltungsbedienstete existieren.

Unter Berücksichtigung des Grundsatzes der Sitzungsöffentlichkeit ist zunächst ein bloßes Teilnahmerecht als Zuhörer an öffentlichen Sitzungen des Hauptausschusses unproblematisch. Die Anwesenheit von Verwaltungsbediensteten in der Sitzung dient aber auch dazu, dem Bürgermeister beratend zur Seite zu stehen, denn dieser kann insbesondere in größeren Gemeinden nicht in der Lage sein, alle im Rahmen der Beratung auftretenden Detailprobleme zu kennen. Auf Verlangen des Bürgermeisters können sich Verwaltungsbedienstete daher zu Wort melden. Diesen Wortmeldungen wohnt regelmäßig ein beratendes Element inne, welches aber nicht dazu führen darf, dass Verwaltungsbedienstete über das Beisteuern von Informationen hinaus auf das Beratungsergebnis erheblich einwirken dürfen. Alleine dem Bürgermeister oder seinem hauptamtlichen Stellvertreter als kommunale Wahlbeamte ist eine solche Beeinflussung des Sitzungsverlaufes gestattet. Ansonsten wären die Grenzen zwischen ehrenamtlicher und hauptamtlicher Tätigkeit verwischt und die Mitwirkung von Verwaltungsbediensten ohne Wahlbeamtenstatus ungerechtfertigt ausgeprägt.

Aus einem anderen Grunde ist das Recht Verwaltungsbediensteter, an der nichtöffentlichen Sitzung auch nur als Zuhörer teilzunehmen, einzuschränken. Belange des Datenschutzes, insbesondere die schützenswerten Interessen einzelner Personen, verlangen eine Beschränkung des teilnahmeberechtigten Personenkreises auf das Erforderliche. Aus diesem Grund sollten bereits die Ausschüsse möglichst klein gehalten werden. Je mehr Personen an nichtöffentlichen Sitzungen teilnehmen, desto wahrscheinlicher wird die Gefahr einer Weitergabe geheimhaltungsbedürftiger Daten an unbefugte Außenstehende.[686] Es ist daher nicht vertretbar, wenn Mitarbeiterinnen und Mitarbeiter, die mit der zu behandelnden Materie nicht beschäftigt sind, an den nichtöffentlichen Sitzungen teilnehmen. Darüber hinaus ist der weit verbreiteten Praxis, Referendare oder andere Auszubildende zur Vermittlung von Ausbildungsinhalten an nichtöffentlichen Sitzungen teilhaben zu lassen, eine Absage zu

---

[686] Vgl. *Ehlers, D./Heydemann, C.*, DVBl. 1990, S. 7.

erteilen. Gerade in kleineren Gemeinden führt ein allzu großzügiger Umgang mit dem Teilnahmerecht zur Aushöhlung der aus datenschutzrechtlicher Sicht erforderlichen Nichtöffentlichkeit der Sitzung im begründeten Ausnahmefall. Das gilt natürlich nur insoweit, als nachhaltig schützenswerte Interessen einzelner Personen betroffen sind und nicht für Angelegenheiten, für die sich das Bedürfnis nach Geheimhaltung mit der Beschlussfassung im nichtöffentlichen Teil bereits erledigt hat. Zu einem anderen Ergebnis führt auch nicht das Argument der Verschwiegenheitspflicht der Mitarbeiterinnen und Mitarbeiter. Gerade personenbezogene Daten dürfen keinem größeren Kreis zugänglich gemacht werden als es zur Aufgabenerfüllung unbedingt erforderlich ist.[687] Insofern muss das Recht zur Sitzungsteilnahme auf Verwaltungsbedienstete beschränkt bleiben, deren Aufgabenfelder durch den Beratungsgegenstand berührt sind. Ist dies der Fall, entsprechen die Mitwirkungsrechte Verwaltungsbediensteter in nichtöffentlichen Sitzungen denen, die für den öffentlichen Teil der Tagesordnung festgestellt worden sind.

Ein besonderes Mitwirkungsrecht sieht § 5 Abs. 4 für die Gleichstellungsbeauftragte vor. Sie kann in Angelegenheiten ihres Aufgabenbereiches sowohl an den öffentlichen als auch an den nichtöffentlichen Sitzungen des Hauptausschusses teilnehmen. Auf Wunsch ist ihr das Wort zu erteilen.

IV. Verwaltungsexterne

Die Rechte Verwaltungsexterner im Hinblick auf die Mitwirkung an Sitzungen von Ausschüssen sind grundsätzlich auf die Möglichkeit der Anwesenheit als Zuhörer beschränkt. Durch das Gesetz vom 17.05.1994[688] ist der Satz, dass Fragestunden für Einwohner in Ausschüssen unzulässig sind, gestrichen worden. Daraus folgt die Zulässigkeit der Durchführung von Einwohnerfragestunden auch im Hauptausschuss in entsprechender Anwendung der Vorschriften für das Verfahren im Rat (§ 48 Abs. 1 Satz 2). Nach dem Wortlaut des Gesetzes ist eine Einwohnerfragestunde aber nur zulässig, wenn entsprechende Festlegungen in der Geschäftsordnung getroffen wurden.[689]

In der Einwohnerfragestunde haben die Einwohner das Recht, Fragen an den Bürgermeister zu richten. Aus der Entstehungsgeschichte der Vorschrift[690] kann gefolgert werden, dass eine darüber hinaus gehende Beteiligung von Einwohnern an der Erörterung einzelner Tagesordnungspunkte nicht vom Gesetzgeber gewollt ist. Einzig das Anregungs- und Beschwerderecht nach § 24 vermag eine Anhörungsmöglichkeit von Verwaltungsexternen im Rahmen einer Sitzung begründen, ein Anspruch

---

[687] Vgl. VGH München, Beschluss vom 29.03.1990, NVwZ-RR 1991, S. 156, 157, der ein generelles Zutrittsrecht des Personalrates zu nichtöffentlichen Sitzungen des Personalausschusses ablehnt; zu den Beteiligungsrechten des Personalrates auch OVG Münster, Beschluss vom 05.07.1965 – L 2/65 –, Knemeyer, F.-L., EzKommR 1988, 3630.11, nach dessen Auffassung Vertreter des Personalrates kein Recht haben, während der Beschlussfassung an Sitzungen des Rates oder der Ausschüsse teilzunehmen; vgl. zu den Rechten des Personalrates auch Mitteilungen STGB NRW 1990, S. 352.

[688] GV. NRW. S. 270.

[689] *Kirchhof, R.* in Held u. a., Kommunalverfassungsrecht NRW, Erl. 6 zu § 48.

[690] Vgl. hierzu *Kirchhof, R.* in Held u. a.; Kommunalverfassungsrecht NRW, Erl. 6 zu § 48.

hierauf besteht aber nicht.[691] Auch lässt sich aus der Entstehungsgeschichte ableiten, dass Rats- und Ausschussmitglieder nicht berechtigt sind, sich an der Einwohnerfragestunde mit Fragen zu beteiligen, die über ihre persönlichen Angelegenheiten hinausgehen.[692]

Eine weitergehende Beteiligungsmöglichkeit Verwaltungsexterner sieht § 58 Abs. 3 Satz 6 vor; danach können Sachverständige und Vertreter derjenigen Bevölkerungsgruppe, die von der Entscheidung überwiegend betroffen sind, zu den Sitzungen hinzugezogen werden. Nach dem Wortlaut des Gesetzes ist eine Entscheidung des gesamten Ausschusses über die Hinzuziehung erforderlich. Ein über die Anhörungsmöglichkeit hinausgehendes Recht etwa auf beratende Mitwirkung enthält § 58 Abs. 3 Satz 6 aber nicht.[693] Ebenso ist in Ermangelung einer ausdrücklichen gesetzlichen Ermächtigung eine ständige Beratung für eine Gruppe von Aufgaben unzulässig.[694] Auch die Sitzungsunterbrechung zum Zweck der Bürgerbeteiligung darf nur ausnahmsweise erfolgen.[695] Es ist demnach immer ein Beschluss des Hauptausschusses über die Hinzuziehung im Einzelfall erforderlich.[696]

B. Beschlussfähigkeit

I. Die Voraussetzungen für die Feststellung

1. Maßgebliche Vorschriften

Über § 58 Abs. 2 Satz 1 finden auch die Vorschriften über die Beschlussfähigkeit des Rates für den Hauptausschuss entsprechende Anwendung. Gemäß §§ 58 Abs. 2 Satz 1, 49 Abs. 1 Satz 1 ist der Hauptausschuss daher beschlussfähig, wenn mehr als die Hälfte seiner Mitglieder anwesend ist. Auch wenn zusätzliche beratende Mitglieder nach § 58 Abs. 1 Sätze 8 und 12 zu Mitgliedern des Ausschusses bestellt werden, so werden sie bei der Zusammensetzung und der Berechnung der Beschlussfähigkeit des Ausschusses nicht mitgezählt (§ 58 Abs. 1 Sätze 10 und 12). Für die Feststellung der Beschlussfähigkeit gilt im Hauptausschuss die Besonderheit gegenüber den übrigen Ausschüssen, dass der Bürgermeister zwar in Ermangelung eines Mitgliedstatus bei der Zusammensetzung und damit bei der Berechnung der für die Beschlussfähigkeit zu erreichenden notwendigen Mitgliederzahl nicht mitgerechnet wird, er aber bei der konkreten Feststellung der Beschlussfähigkeit unter Berücksichtigung der Anwesenden im Gegensatz zu den zusätzlichen beratenden Mitgliedern mitgezählt wird (§ 40 Abs. 2 Satz 5).[697]

---

[691] *Kirchhof, R.* in Held u. a., Kommunalverfassungsrecht NRW, Erl. 4 zu § 24; a. A.: *Schmitz, M.*, VR 1990, S. 90, der eine Anhörungsmöglichkeit von Petenten im Beschwerdeausschuss ablehnt.

[692] Vgl. OVG Münster, Urteil vom 18.08.1989 – 15 A 1473/87, NVwZ 1990, S. 185, 186.

[693] *Kirchhof, R.* in Held u. a., Kommunalverfassungsrecht NRW, Erl. 8.6 zu § 58; vgl. auch *Herbert, A.*, NVwZ 1995, S. 1058 ff.

[694] Vgl. dagegen § 12 Abs. 3 SchVG NRW.

[695] Vgl. VG Schleswig, Urteil vom 20.09.1985 – 6 A 232/85 –, von Mutius, A., Rechtsprechungssammlung, Entscheidung Nr. 9 zu §§ 31 Abs. 2, 33 Abs. 2 a. F.

[696] Vgl. OVG Lüneburg, Urteil vom 20.07.1999 – 10 K 4836/97, NVwZ-RR 2000, S. 314.

[697] Siehe die Ausführungen unter § 9 C.

2. Anwesende im Sinne des § 49 Abs. 1 Satz 1

Fraglich ist, wer im Sinne des § 49 Abs. 1 Satz 1 zu den Anwesenden einer Sitzung zählt. Mit Ausnahme der verwaltungsexternen Zuhörer und Verwaltungsbediensteten kommen – anlehnend an die oben gemachten Ausführungen – grundsätzlich zunächst alle ordentlichen Mitglieder und – soweit eine Stellvertretung vorliegt – auch die jeweiligen Stellvertreter sowie der Bürgermeister in Betracht, sofern sie sich während der Sitzung im Sitzungsraum befinden und an der Sitzung teilnehmen. Allerdings zählt ein Mitglied, das sich unter den Zuhörern befindet, nicht zu den Anwesenden.[698] Für die Anwesenheit ist es aber unerheblich, ob ein Ratsmitglied sich bereits anschickt, den Sitzungsraum zu verlassen und dies durch sein Verhalten in der Sitzung demonstriert.[699]

3. Anwesenheit und Mitwirkungsverbot

Auch ist ein im Einzelfall befangenes Mitglied nicht zu den Anwesenden zu zählen.[700] Dies wird überwiegend damit begründet, dass dem befangenen Mitglied jegliche Möglichkeit der Einflussnahme auf das Abstimmungsergebnis verwehrt bleiben soll.[701] Für den Fall, dass ausnahmsweise so viele Mitglieder verhindert sind, dass eine Beschlussunfähigkeit vorliegt, kann zur Aufrechterhaltung der Arbeitsfähigkeit des Gremiums auf § 49 Abs. 2 Satz 1 zurückgegriffen werden.[702] Hiernach liegt die Beschlussfähigkeit ohne Rücksicht auf die Zahl der Erschienenen vor, wenn eine Angelegenheit wegen Beschlussunfähigkeit zurückgestellt wurde und das Gremium zur Verhandlung über denselben Gegenstand erneut einberufen wurde. Auf diese Bestimmung muss dann allerdings ausdrücklich in der Ladung hingewiesen werden (§ 49 Abs. 2 Satz 2). Ein weiterer Hinweis in der erneuten Sitzung durch den Vorsitzenden bei Aufrufen des Tagesordnungspunktes ist dabei nicht erforderlich.[703] § 49 Abs. 2 Satz 1 findet aber nur Anwendung, wenn die Zurückstellung des Verhandlungsgegenstandes in der vorherigen Sitzung tatsächlich auf die Beschlussunfähigkeit zurückzuführen ist.[704]

Es sprechen aber noch weitere Gründe für die Ausklammerung der Befangenen aus der Zahl der Anwesenden. Zunächst bestimmt § 31 Abs. 4 Satz 1, der über §§ 43 Abs. 2 auch für die Mitglieder des Hauptausschusses gilt, dass diejenigen, die annehmen müssen, einem Mitwirkungsverbot zu unterliegen, den Sitzungsraum bei nichtöffentlichen Sitzungen verlassen müssen. Dann wären sie ohnehin nicht mehr zu den Anwesenden zu zählen. Hier aber einen Unterschied zwischen öffentlicher und nichtöffentlicher Sitzung in Bezug auf die Anwesenheit vor dem Hintergrund der

---

698 OVG Münster, Urteil vom 23.12.1974 – III A 42/73 –, OVGE 30, 196; *Kirchhof, R.* in Held u. a., Kommunalverfassungsrecht NRW, Erl. 1.2 zu § 49.

699 OVG Münster, OVGE 30, 196, 208; *Rehn, E./Cronauge, U.*, Gemeindeordnung für das Land NRW, Erl. I zu § 49.

700 OVG Münster, OVGE 30, 196, 204; *Rehn, E./Cronauge, U.*, Gemeindeordnung für das Land NRW, Erl. I zu § 49.

701 OVG Münster, OVGE 30, 196, 205; *Kirchhof, R.* in Held u. a., Kommunalverfassungsrecht NRW, Erl. 1.3 zu § 49.

702 *Kirchhof, R.* in Held u. a., Kommunalverfassungsrecht NRW, Erl. 3.2 zu § 49.

703 OVG Münster, Beschluss vom 08.03.1973, Eildienst Städtetag NRW vom 05.10.1973.

704 *Rehn, E./Cronauge, U.*, Gemeindeordnung für das Land NRW, Erl. III zu § 49.

Beschlussfähigkeit zu machen, ergebe keinen Sinn. Darüber hinaus liefert die Systematik des § 31 ein Argument, Befangene nicht zu den Anwesenden zu zählen. § 31 enthält selbst bereits eine Interessenabwägung zwischen dem Mitwirkungsrecht der Mandatsträger und der Arbeits- und Funktionsfähigkeit des Kollegialorgans. Zusammengenommen mit der Vorschrift des § 49 Abs. 2 Satz 1 ist die Arbeits- und Funktionsfähigkeit des Gremiums daher so weit geschützt, dass eine Einbeziehung Befangener in den Kreis der Anwesenden bei Feststellung der Beschlussfähigkeit nicht in Betracht kommt.

4. Die Feststellung

Die Feststellung der Beschlussfähigkeit ist Aufgabe des Vorsitzenden, da das Kollegialorgan selbst bei gegebener Beschlussunfähigkeit diese durch Beschluss naturgemäß nicht wirksam feststellen könnte.[705]

II. Die Fiktion

Gemäß §§ 58 Abs. 2 Satz 1, 49 Abs. 1 Satz 2 gilt der Hauptausschuss solange als beschlussfähig, wie seine Beschlussfähigkeit nicht festgestellt ist. Durch diese Regelung soll die Arbeitsfähigkeit des Gremiums sichergestellt werden und es soll Rechtssicherheit für die getroffenen Entscheidungen bestehen.[706]

Nach überwiegender Auffassung betrifft § 49 Abs. 1 Satz 2 nicht nur den Fortbestand einer zu Beginn der Sitzung festgestellten Beschlussfähigkeit, sondern greift auch, wenn schon von Anfang an nicht genügend Mitglieder zur Sitzung erschienen sind.[707]

Hinsichtlich der Frage, ob der Zweck des § 49 Abs. 1 Satz 2 auch darin besteht, bei bewusstem Unterbleiben der Feststellung der Beschlussunfähigkeit Beschlüsse von Minderheiten zu vermeiden, die hierzu ansonsten nicht in der Lage wären, hat sich ein Wandel in der Rechtsprechung vollzogen. Während die frühere Rechtsprechung[708] in der Vorschrift den Zweck darin sah, schwierige Beweisermittlungen für den Fall abzuschneiden, dass nachträglich Zweifel an der Beschlussfähigkeit erhoben werden, betont die neue Rechtsprechung[709] das Schutzziel der Erhaltung der Arbeitsfähigkeit des Gremiums mit der Konsequenz, dass selbst bei offenkundiger Beschlussunfähigkeit (z. B. aufgrund geschlossenen Verlassens des Sitzungsraumes durch eine Fraktion) § 49 Abs. 1 Satz 2 greift. § 49 Abs. 1 Satz 2 enthält also keine widerlegbare Vermutung, sondern wirkt als Fiktion.[710]

---

[705] Vgl. *Kirchhof, R.* in Held u. a., Kommunalverfassungsrecht NRW, Erl. 1.4 zu § 49; *Rehn, E./Cronauge, U.*, Gemeindeordnung für das Land NRW, Erl. II, 1 zu § 49.
[706] VG Düsseldorf, Urteil vom 05.12.1997 – AZ 1 K 9828/95, NWVBl. 1998, S. 202, 203.
[707] *Hassel, V.*, VR 1985, S. 412; *Kirchhof* in Held u. a., Erl. 2.2 zu § 49.
[708] OVG Münster, Urteile vom 04.04.1962 und 10.07.1963, OVGE 17, 261; 19, 42.
[709] VG Düsseldorf, Urteil vom 05.12.1997 – 1 K 9828/95, NWVBl. 1998, S. 202.
[710] Vgl. *Kirchhof, R.* in Held u. a., Kommunalverfassungsrecht NRW, Erl. 2.3 zu § 49.

§ 9: Rechte und Pflichten der Ausschussmitglieder und des Bürgermeisters als Ausschussvorsitzender

Anliegen der Erörterungen im Rahmen dieses Kapitels ist eine summarische Darstellung der Rechte und Pflichten der Hauptausschussmitglieder. Dabei empfiehlt sich eine Differenzierung zwischen Rechten und Pflichten, die einzelnen Mitgliedern zustehen sowie derjenigen Rechte, die nur einer Mehrheit von Mitgliedern gewährt sind (A.). Besonderes Augenmerk ist in diesem Zusammenhang auf die Rechtsstellung der beratenden Mitglieder zu richten (B.). Daneben ist die besondere Rechtsstellung des Bürgermeisters, der nicht Mitglied im Hauptausschuss ist, von Interesse (C.).

A. Die Mitglieder

I. Individualrechte

Die Mitglieder des Hauptausschusses haben zunächst das Recht, an allen Sitzungen des Gremiums teilzunehmen. Um die tatsächliche Teilnahmemöglichkeit zu sichern, werden sie zu jeder Sitzung eingeladen. Eine Teilnahmepflicht besteht aber nicht.[711]

Zu den selbstverständlichen Mitwirkungsrechten der einzelnen Hauptausschussmitglieder gehören das Rederecht, das Antragsrecht und das Fragerecht[712]. Während letzteres in § 47 Abs. 2 Satz 2, der über § 58 Abs. 2 Satz 1 auch für den Hauptausschuss gilt, gesetzlich erwähnt wird, sind das Rederecht und das Antragsrecht bereits unverzichtbare Bestandteile eines demokratischen Willensbildungsprozesses. Allerdings kann mit dem Ziel der Wahrung der Funktionsfähigkeit des Gremiums eine Redezeitbeschränkung oder eine Beschränkung der Anzahl der Redner oder der zulässigen Meldungen zu einem Tagesordnungspunkt durch die Geschäftsordnung vorgenommen werden, soweit der Grundsatz der Gleichbehandlung beachtet wird, die Beschränkung für einen ordnungsgemäßen Geschäftsgang erforderlich ist und nicht außer Verhältnis zur Schwierigkeit und Bedeutung der zu erörternden Angelegenheit steht.[713]

Die Mitwirkung einzelner Hauptausschussmitglieder kann im Einzelfall gemäß §§ 43 Abs. 2, 31 ausgeschlossen sein, wenn aufgrund von Interessenkonflikten eine unbeeinflusste, ausschließlich sachorientierte Beteiligung an der Willensbildung nicht mehr gewährleistet werden kann.[714]

Die Mitglieder des Hauptausschusses verfügen vergleichbar den Abgeordneten des Bundestages und des Landtages über ein freies Mandat (§ 43 Abs. 1). Sie besitzen allerdings keine Immunität und genießen auch keine Indemnität oder ein Zeugnisverweigerungsrecht.[715]

---

[711] Vgl. dagegen z. B. § 34 Abs. 3 GemO BW.

[712] Zum Fragerecht von Ausschussmitgliedern: Mitteilungen StGB NRW 1991, S. 322; für eine Ausdehnung des Fragerechtes: Bericht der Expertenkommission zur Überprüfung von Änderungsnotwendigkeiten der GO NRW, S. 28, 29.

[713] VGH Mannheim, Beschluss vom 04.11.1993 – 1 S 953/93, NVwZ-RR 1994, S. 229; OVG Lüneburg, Beschluss vom 09.11.1989 – 10 M 36/89 –, DVBl. 1990, S. 159; *Hellermann, J.*, Jura 1995, S. 145, 149; zu den faktischen Einschränkungen des Rederechts im kommunalpolitischen Alltag: *Rothe, K.-H.*, DÖV 1990, S. 739 ff.

[714] Vgl. dazu *Hofmann, H./Muth, M./Theisen, R.-D.*, Kommunalrecht in NRW, S. 340 ff.

[715] *Hofmann, H./Muth, M./Theisen, R.-D.*, Kommunalrecht in NRW, S. 339.

Um die ehrenamtliche Wahrnehmung eines kommunalen Mandates einem breiten Kreis der Bevölkerung überhaupt erst zu ermöglichen, sieht das Gesetz in § 44 einen Freistellungsanspruch gegenüber dem Arbeitgeber und ein Benachteiligungsverbot sowie in § 45 umfangreiche Aufwandsentschädigungs- und Verdienstausfallregelungen vor.

Zu den Verfahrensrechten einzelner Hauptausschussmitglieder zählen z. B. das Recht, einen Antrag auf Ausschluss der Öffentlichkeit zu stellen (§§ 58 Abs. 2 Satz 1, 48 Abs. 2 Satz 3) und das Widerspruchsrecht gegen die offene Abstimmung bei Wahlen (§§ 58 Abs. 2 Satz 1, 50 Abs. 2 Satz 1). Weitere Verfahrensrechte können sich insbesondere aus der Geschäftsordnung ergeben (u. a. das Recht, Anträge zur Geschäftsordnung zu stellen).[716]

II. Pflichten des einzelnen Ausschussmitgliedes

§ 43 Abs. 1 gewährt den dem Hauptausschuss angehörenden Ratsmitgliedern nicht nur ein freies Mandat, sondern verpflichtet sie auch, in ihrer Tätigkeit ausschließlich nach dem Gesetz und ihrer freien, nur durch Rücksicht auf das öffentliche Wohl bestimmten Überzeugung zu handeln. Diese Verpflichtung gelangt in § 67 Abs. 3 zum praktischen Ausdruck, nach welchem der Bürgermeister die Ratsmitglieder in feierlicher Form zur gesetzmäßigen und gewissenhaften Wahrnehmung ihrer Aufgaben verpflichtet.[717] Da der Hauptausschuss sich ausschließlich aus Ratsmitgliedern zusammensetzt, muss eine Verpflichtung seiner Mitglieder in der ersten Sitzung der Wahlperiode nicht mehr erfolgen. Die Ratsmitglieder werden bereits in der konstituierenden Sitzung des Rates verpflichtet.

Neben der allgemeinen Pflicht, das Mandat zum öffentlichen Wohl der Gemeinde auszuüben, obliegen den Hauptausschussmitgliedern über die Verweisungsnorm des § 43 Abs. 2 die Treuepflicht und das Vertretungsverbot nach § 32 Abs. 1 sowie die Verschwiegenheitspflicht nach § 30.

III. Kollektivrechte

Neben den Individualrechten existieren Rechte, die nur einer Mehrzahl von Ausschussmitgliedern zustehen. Hierzu gehören aufgrund der Verweisung durch § 58 Abs. 2 Satz 1 auf die für das Verfahren im Rat geltenden Vorschriften das Recht auf Einberufung zu einer Sondersitzung (§ 47 Abs. 1 Satz 4), der für den Bürgermeister verbindliche Antrag, eine Angelegenheit auf die Tagesordnung zu setzen (§ 48 Abs. 1 Satz 2) und das Recht, eine Stellungnahme des Bürgermeisters zu einem Tagesordnungspunkt zu erzwingen (§§ 69 Abs. 2 Satz 2, Abs. 1 Satz 2) sowie eine geheime Abstimmung herbeizuführen (§ 50 Abs. 1 Satz 4). Neben diesen im Vorfeld und während der Sitzung gewährleisteten Rechten kann ein bestimmtes Quorum von Hauptausschussmitgliedern Einspruch gegen die Ausschussbeschlüsse erheben (§ 57 Abs. 4 Satz 2). Rechte, die das Gesetz einer Fraktion gewährt, können nicht von Hauptausschussmitgliedern gleicher Partei- oder Listenverbindungszugehörig-

---

[716] Vgl. z. B. §§ 14, 15, 16 der Mustergeschäftsordnung des Städte- und Gemeindebundes NRW.

[717] Die in der Praxis auch heute noch gebräuchliche Verpflichtungsformel ist in den VV Nr. 4 zu § 32 a. F. enthalten.

keit in Anspruch genommen werden, da Fraktionen in Ausschüssen rechtlich nicht existieren.[718]

B. Beratende Mitglieder

Dem Hauptausschuss können gemäß § 58 Abs. 1 Satz 7 und Satz 11 auch Ratsmitglieder mit beratender Stimme angehören. Für diese Mitglieder gelten mit Ausnahme des Stimmrechts im Grundsatz dieselben Rechte und Pflichten, die für die übrigen Ausschussmitglieder Anwendung finden. Aufgrund des fehlenden Stimmrechts werden die beratenden Mitglieder bei der Feststellung der Beschlussfähigkeit und bei der Zusammensetzung des Hauptausschusses aber nicht mitgezählt (§ 58 Abs. 1 Satz 10). Konsequenterweise dürfen sie auch dann nicht in der Berechnung Berücksichtigung finden, wenn es um die Feststellung der Erreichung eines notwendigen Quorums geht (z. B. nach § 48 Abs. 1 Satz 2) oder um die Ausübung von Rechten, für welche das Gesetz ein Stimmrecht voraussetzt (z. B. § 50 Abs. 2 Satz 1). Im Übrigen haben sie aber alle Pflichten und Rechte eines Ausschussmitgliedes, insbesondere sind sie befugt, Sach- und Geschäftsordnungsanträge zu stellen.[719]

C. Besonderheiten für den Bürgermeister als Nichtmitglied

Der Bürgermeister verfügt im Wesentlichen über dieselben Rechte und Pflichten, welche für die Mitglieder des Hauptausschusses gelten. Diese leiten sich aber zu einem großen Teil nicht nur aus der GO NRW ab, sondern auch aus den entsprechenden Vorschriften des Beamtenrechts.[720]

Fraglich ist, ob das Stimmrecht des Bürgermeisters im Hauptausschuss denselben Einschränkungen unterliegt wie sein Stimmrecht im Rat. Gegen eine Einschränkung des Stimmrechts des Bürgermeisters im Hauptausschuss spricht, dass § 40 Abs. 2 Satz 2 bis 4 zunächst nur für das Verfahren im Rat gilt und die Verweisungsnorm des § 58 Abs. 2 Satz 1 sich expressis verbis ausschließlich auf die Ausschussmitglieder und das Verfahren bezieht. Für eine Einschränkung des Stimmrechts des Bürgermeisters lässt sich aber anführen, dass seine Funktion im Hauptausschuss als Vorsitzender ohne Mitgliedstatus mit Stimmrecht derjenigen im Rat entspricht. Aus gesetzessystematischen Gründen empfiehlt es sich daher, seine Rechtsstellung im Hauptausschuss an diejenige im Rat anzulehnen. In den allermeisten Fällen des Ausnahmekataloges des § 40 Abs. 2 Satz 6 ist dies auch durchaus von praktischer Relevanz, obwohl die Entscheidung letztlich dem Rat vorbehalten ist und nicht auf den Hauptausschuss delegiert werden kann. Der Funktion des Hauptausschusses, in diesen Angelegenheiten zur Entlastung des Rates vorberatend tätig zu werden und Empfehlungsbeschlüsse abzugeben, würde es zuwiderlaufen, wenn ein Empfehlungsbeschluss aufgrund der ausschlaggebenden Stimme des Bürgermeisters in einem spiegelbildlich zu den Kräfteverhältnissen im Rat besetzten Hauptausschuss keine Aussicht auf eine mehrheitliche Annahme im Rat hätte, in welchem der Bürgermeister dann in derselben Angelegenheit nicht mit stimmen dürfte. Darüber hinaus

---

[718] Für weitergehende Rechte von Fraktionen im Ausschuss: Bericht der Expertenkommission zur Überprüfung von Änderungsnotwendigkeiten der GO NRW, S. 32.

[719] *Kirchhof, R.* in Held u. a., Kommunalverfassungsrecht NRW, Erl. 6.2 zu § 58; vgl. auch *Thiele*, KommunalPraxis N 1997, S. 195.

[720] Vgl. hierzu: *Lange, U.*, Der hauptamtliche Bürgermeister, S. 71.

wäre es nicht interessengerecht, wenn der Bürgermeister beim Beschluss des Hauptausschusses über das Akteneinsichtrecht nach § 50 Abs. 4 mitwirken dürfte. Dies gilt auch für Beschlüsse des Hauptausschusses in den Fällen des § 53 Abs. 2. Einer argumentativen Auseinandersetzung im Hinblick auf das Stimmrecht des Bürgermeisters bezüglich der §§ 47 Abs. 1 Satz 4 und § 48 Abs. 1 Satz 2, welches nach § 40 Abs. 2 Satz 6 für den Rat ausgeschlossen wird, bedarf es dagegen erst gar nicht, da der Bürgermeister selbst den Hauptausschuss jederzeit einberufen kann und befugt ist, aus eigener Kompetenz heraus Angelegenheiten auf die Tagesordnung zu setzen. § 40 Abs. 2 Satz 6 hat insoweit auch für das Verfahren im Rat nur klarstellende Bedeutung.

Nach allem ist daher eine Übertragung der Einschränkungen des Stimmrechts des Bürgermeisters im Rat auf das Stimmrecht im Hauptausschuss zu befürworten.[721] Ebenso ist § 40 Abs. 2 Satz 5 auf den Hauptausschuss anwendbar, nach welchem der Bürgermeister bei den gesetzlichen Anforderungen an die Beschlussfähigkeit, die Antragsvoraussetzungen und die Mehrheitsbildung wie ein Mitglied des Gremiums zu berücksichtigen ist.

---

[721] A. A.: *Rehn, E./Cronauge, U.*, Gemeindeordnung für das Land NRW, Erl. IV zu § 40.

§ 10: Der Vergleich mit ähnlichen Gremien der Gemeindeverfassungen anderer Bundesländer

Der Hauptausschuss in seiner im Verlauf der bisherigen Untersuchung beschriebenen Gestalt ist zwar eine individuelle Institution der GO NRW, jedoch existieren auch in anderen Gemeindeverfassungen Ausschüsse, die seiner Rechtsstellung mit Nuancen nahezu entsprechen und teilweise sogar identisch bezeichnet sind.

In den nord- und westdeutschen alten Bundesländern ist dies größtenteils historisch bedingt, da sich ihre Gemeindeverfassungen trotz aller Reformen im Kern auf die von der britischen Militärregierung erlassene revidierte Deutsche Gemeindeordnung zurückführen lassen.[722]

In den neuen Bundesländern haben mit dem Hauptausschuss nordrhein-westfälischen Rechts in den Grundzügen seiner rechtlichen Ausgestaltung vergleichbare Gremien überwiegend Eingang in die dortigen Gemeindeverfassungen erhalten. Das hängt unter anderem mit dem im Zuge der Wiedervereinigung bis zur Bildung der Länder für das gesamte ostdeutsche Gebiet erlassenen Gesetz über die Selbstverwaltung der Gemeinden und Landkreise in der DDR (Kommunalverfassung-KVerfG) vom 17.05.1990 zusammen[723], welches bezüglich der Rechtsstellung des Hauptausschusses starke Parallelen zum nordrhein-westfälischen Gemeindeverfassungsrecht aufwies.[724]

§ 26 Abs. 3 Satz 1 KVerfG enthielt eine Pflicht zur Bildung des Hauptausschusses. Nach Satz 2 dieser Vorschrift konnten in kleinen Gemeinden die Aufgaben des Finanzausschusses durch den Hauptausschuss wahrgenommen werden. § 26 Abs. 5 und § 28 Abs. 4 KVerfG enthielten Kompetenzen, die denjenigen des nordrhein-westfälischen Hauptausschusses entsprachen. Mittlerweile sind in allen ostdeutschen Bundesländern eigene Kommunalverfassungen ergangen, die sich auch – wie noch zu sehen sein wird – in der Frage unterscheiden, ob ein Hauptausschuss als Pflichtausschuss existiert.

Nachgehend werden die Gemeindeverfassungen der anderen Bundesländer auf Parallelen im Hinblick auf den nordrhein-westfälischen Hauptausschuss untersucht. Ausgenommen werden aber aufgrund ihrer Besonderheiten die Stadtstaaten Berlin, Bremen[725] und Hamburg. Ohnehin existiert nur im Bezirksverwaltungsgesetz der Freien und Hansestadt Hamburg (BezVG) nach § 20 BezVG ein Hauptausschuss, dessen im Verhältnis zum nordrhein-westfälischen Hauptausschuss schwächere Rechtsstellung und Kompetenzen aber hier nicht von Erkenntnisinteresse sind.

Dem Vergleich im Einzelnen (A.) folgt seine Auswertung insgesamt (B.).

---

722 Siehe die Ausführungen unter § 2, A, II.

723 GBl. I DDR, S. 255; vgl. hierzu: *Schumacher, P./Schumacher, F.-J.*, Stadt und Gemeinde 1994, S. 3 ff.

724 Vgl. etwa §§ 26 Abs. 3 und 5, 28 Abs. 4 KVerfG.

725 Genau genommen bilden die Städte Bremen und Bremerhaven je für sich eine Gemeinde und zusammen die Freie Hansestadt Bremen.

A. Der Vergleich im Einzelnen

I. Baden-Württemberg

Die Gemeindeordnung Baden-Württemberg (GemO BW) lässt sich als süddeutsche Ratsverfassung charakterisieren.[726] Gemeindeorgane sind der auf fünf Jahre gewählte Rat und der auf 8 Jahre von den Bürgerinnen und Bürgern gewählte Bürgermeister. § 39 Abs. 1 GemO BW legitimiert den Rat, durch Hauptsatzungsregelung beschließende Ausschüsse zu bilden. Nach § 41 Abs. 1 Satz 1 GemO BW kann er zur Vorbereitung seiner Verhandlungen auch beratende Ausschüsse bestellen. Ob er beschließende oder beratende Ausschüsse bildet, entscheidet der Rat vor dem Hintergrund der konkreten Verwaltungssituation der Gemeinde nach pflichtgemäßem Ermessen.[727] Pflichtausschüsse nach der Gemeindeordnung gibt es insofern nicht. Lediglich nach sondergesetzlichen Bestimmungen muss der Rat bestimmte Ausschüsse bilden, wie z. B. den Gemeindewahlausschuss (§ 11 KomWG BW).

Sofern der Rat auf freiwilliger Basis beschließende Ausschüsse einrichtet, müssen diese gemäß § 40 Abs. 1 Satz 1 GemO BW aus dem Vorsitzenden und mindestens vier Mitgliedern bestehen. Den Vorsitz führt regelmäßig der Bürgermeister. In großen Gemeinden ist es aber praktisch unmöglich, dass der Bürgermeister allen Ausschüssen vorsitzt, weshalb er seinen Stellvertreter (§§ 48 und 49 Abs. 1 Satz 3 GemO BW) oder einen Beigeordneten (§ 49 GemO BW) auch ohne die Bedingung der Verhinderung allgemein oder im Einzelfall mit der Vertretung beauftragen kann. Ausnahmsweise kann auch im Einzelfall ein Ausschussmitglied den Vorsitz führen (§ 40 Abs. 3 GemO BW).

Sofern Ausschüsse nur vorberatend tätig werden, sind ihre Sitzungen in der Regel nichtöffentlich, da das Interesse der Öffentlichkeit an den Ratssitzungen nicht beeinträchtigt werden soll.[728]

In vielen Gemeinden Baden-Württembergs existiert ein Verwaltungsausschuss.[729] Dieser hat aber, selbst wenn er als freiwilliger Ausschuss durch den Rat mit gewichtigen Aufgaben betraut wird, keine mit dem Hauptausschuss nordrhein-westfälischen Rechts vergleichbare Rechtsstellung. Dies ist bereits daran zu erkennen, dass so wichtige Funktionen, wie das Dringlichkeitsentscheidungsrecht oder das Recht, die Planungsarbeiten der Verwaltung zu überwachen, anderen Organen zugewiesen sind. Nach § 43 Abs. 4 GemO BW entscheidet in dringenden Fällen der Bürgermeister anstelle des Rates und nach § 43 Abs. 5 Satz 1 HS 2 GemO BW ist der Rat direkt durch den Bürgermeister über wichtige Planungen zu unterrichten.

II. Bayern

Die süddeutsche Ratsverfassung Bayerns, in welcher Rat und Bürgermeister auf sechs Jahre durch die Bürgerinnen und Bürger gewählt werden, kennt sowohl beratende als auch beschließende Ausschüsse. Letztere werden als Gemeindesenate

---

[726] *Schmidt-Eichstaedt, G.*, Gemeindeordnungen und Kreisordnungen in der BRD, S. 1.
[727] *Bock, I.* in Kunze u. a., Gemeindeordnung für BW, Erl. 2 zu § 39.
[728] *Bock, I.* in Kunze u. a., Gemeindeordnung für BW, Erl. 38 zu § 39.
[729] Vgl. *Sixt, W.* in Kunze u. a., Gemeindeordnung für BW, Erl. 23 zu § 43.

bezeichnet.[730] Neben dem Rechnungsprüfungsausschuss (Art. 103 Abs. 1 GO Bay) ist nach Art. 32 Abs. 4 GO Bay der Ferienausschuss, sofern der Gemeinderat durch Geschäftsordnung eine Ferienzeit bestimmt, ein Pflichtausschuss, der für die Dauer der vom Gemeinderat festgesetzten Ferienzeit alle Aufgaben erledigt, für die sonst der Gemeinderat oder ein beschließender Ausschuss zuständig ist. Im Übrigen existieren bedingte Pflichtausschüsse nach der GO Bay (Werksausschuss, Art. 95 Abs. 3 Satz 2 GO Bay) und nach Spezialgesetzen (z. B. der Sozialausschuss kreisfreier Gemeinden, Art. 2 AG Bay BSHG).

Nach Art. 55 Abs. 2 GO Bay finden auf den Geschäftsgang der beschließenden Ausschüsse die für die Gemeindevertretung nach Art. 46 bis 54 GO Bay geltenden Vorschriften entsprechende Anwendung. Die Zusammensetzung der Ausschüsse richtet sich strikt nach den im Rat vertretenen Parteien und Wählergruppen (Art. 33 Abs. 1 GO Bay). Den Ausschüssen können nur Ratsmitglieder angehören.[731]

Ein mit dem Hauptausschuss nordrhein-westfälischer Prägung vergleichbares Gremium ist nicht vorgesehen. Insbesondere ist es nach Art. 37 Abs. 3 GO Bay Aufgabe des Bürgermeisters, vorbehaltlich der Zuständigkeit des Ferienausschusses Dringlichkeitsentscheidungen anstelle des Gemeinderates zu treffen.

Ein Hauptausschuss kommt aber als freiwilliger Ausschuss in Betracht, dessen Bildung im Ermessen des Gemeinderates steht.[732]

III. Brandenburg

In der Gemeindeordnung Brandenburg (GO Brbg) nimmt der Hauptausschuss als Gemeindeorgan eine derart starke Rechtsstellung ein, dass diese sogar als Hauptausschussverfassung bezeichnet wird.[733]

1. Bildung, Zusammensetzung, Besetzung, Verfahren des Hauptausschusses

Der Hauptausschuss ist gemäß § 55 Abs. 1 GO Brbg Pflichtausschuss in den amtsfreien Gemeinden und geschäftsführenden Gemeinden nach § 2 Abs. 2 der Amtsordnung. In den anderen Gemeinden kann die Bildung eines Hauptausschusses durch die Hauptsatzung bestimmt werden. Falls in diesen Gemeinden kein Hauptausschuss gebildet wird, werden seine gesetzlichen Aufgaben durch die Gemeindevertretung wahrgenommen. Diese Regelung unterstreicht seine Bedeutung.

Für die Zusammensetzung des Hauptausschusses enthält § 56 GO Brbg gegenüber den anderen Ausschüssen spezielle Regelungen. Die Zahl der Mitglieder muss in der Hauptsatzung festgelegt werden. Mitglieder können nur der Bürgermeister und Gemeindevertreter sein. Sowohl der Amtsdirektor als auch die Beigeordneten können an den Sitzungen mit beratender Stimme teilnehmen. Es ist eine persönliche Stellvertretungsregelung vorgesehen, die für kleinere Fraktionen, die nur mit einem Mit-

---

[730] Vgl. *Widtmann, J./Grasser, W.*, Bayerische Gemeindeordnung, Erl. 1 zu Art. 32 GO Bay.
[731] *Wacker, J.*, Sachkundige Bürger und Einwohner in gemeindlichen Ausschüssen, S. 39.
[732] *Bauer, M./Böhle, T./Masson, C./Samper, R.*, Bayerische Kommunalgesetze, Erl. 1 und 2 zu Art. 32 GO Bay.
[733] Vgl. *Stargardt, H.-J.*, VR 1995, S. 152.

glied im Hauptausschuss vertreten sind, noch die Minderheiten schützende Komponente enthält, dass zwei Stellvertreter bestellt werden dürfen.

Die Mitglieder des Hauptausschusses werden nach dem Verfahren Hare/Niemeyer unter Berücksichtigung der Mehrheiten schützenden Regelung des § 50 Abs. 3 GO Brbg[734] und der Minderheiten schützenden Regelung nach § 50 Abs. 4 GO Brbg[735] in der ersten Sitzung der Gemeindevertretung für die Dauer der Wahlperiode gewählt. Sie dürfen nicht bis zum zweiten Grad verwandt oder bis zum ersten Grad verschwägert sein oder durch Ehe oder eine auf Dauer angelegte Lebensgemeinschaft verbunden sein. Entsprechendes gilt für das Verhältnis zum Bürgermeister und den Beigeordneten. Wegen der bedeutenden Aufgaben des Hauptausschusses üben seine Mitglieder ihr Amt auch nach Ablauf der Wahlperiode bis zur ersten Sitzung des neu gewählten Hauptausschusses aus. Der Hauptausschuss muss im Laufe der Wahlperiode neu gewählt werden, wenn seine Zusammensetzung nicht mehr den Stärkeverhältnissen der Fraktionen in der Gemeindevertretung entspricht und ein Antrag auf Neubildung durch eine Fraktion gestellt wurde.[736]

Die Besetzung des Hauptausschussvorsitzes bleibt den örtlichen Regelungen im Rahmen der Verteilung aller Ausschussvorsitze vorbehalten, die aber gemäß § 50 Abs. 8 GO Brbg die Sitzanteile der Fraktionen in der Gemeindevertretung zu berücksichtigen hat. In der Praxis sind regelmäßig die hauptamtlichen Bürgermeister die Vorsitzenden der Hauptausschüsse.[737]

Für das Verfahren im Hauptausschuss gelten die für das Verfahren in der Gemeindevertretung geltenden Vorschriften entsprechend, soweit § 51 GO Brbg nicht allgemein für die Ausschüsse abweichende Regelungen enthält oder die Hauptsatzung oder die Geschäftsordnung anderes regelt (§ 58 GO Brbg). Die Sitzungen des Hauptausschusses sind grundsätzlich öffentlich.

2. Zuständigkeiten, Aufgaben des Hauptausschusses

Wie der nordrhein-westfälische Hauptausschuss hat der Hauptausschuss Brandenburgs nach § 57 Abs. 1 GO Brbg die Arbeit der Ausschüsse zu koordinieren und er entscheidet im Rahmen der von der Gemeindevertretung erlassenen Richtlinien über die Planung der Verwaltungsaufgaben von besonderer Bedeutung. Wenn es die Hauptsatzung bestimmt, bereitet er auch die Beschlüsse der Gemeindevertretung vor, wodurch die Kompetenzen des hauptamtlichen Bürgermeisters erheblich eingeschränkt werden können.

Anders als im nordrhein-westfälischen Recht ist die Auffangfunktion des Hauptausschusses in § 57 Abs. 2 Satz 1 GO Brbg normiert. Hier nimmt er kraft Gesetzes eine Lückenkompetenz wahr und entscheidet über diejenigen Angelegenheiten, die nicht

---

[734] Eine Fraktion, die in der Gemeindevertretung die Mehrheit der Sitze innehat, muss auch in einem Ausschuss die Mehrheit der Sitze innehaben.

[735] Fraktionen, die nicht mit Sitz und Stimme im Ausschuss vertreten sind, dürfen ein zusätzliches beratendes Mitglied entsenden.

[736] *Sundermann, W./Miltkau, T.*, Kommunalrecht Brandenburg, S. 118.

[737] *Grashoff, P.*, Die Kommunalverfassung des Landes Brandenburg, S. 93.

zwingend der Gemeindevertretung und nicht dem hauptamtlichen Bürgermeister bzw. dem Amtsdirektor obliegen.[738]

Der Hauptausschuss ist nach § 57 Abs. 3 GO Brbg ermächtigt, seine Zuständigkeiten in Einzelfällen oder für Gruppen von Angelegenheiten auf den hauptamtlichen Bürgermeister bzw. den Amtsdirektor zu übertragen. Nach §§ 57 Abs. 2 Satz 2, 63 Abs. 1 lit. e) GO Brbg verfügt der Hauptausschuss über ein Rückholrecht bezüglich der Geschäfte der laufenden Verwaltung.

Indem § 72 Abs. 2 Satz 3 GO Brbg den Hauptausschuss als höhere Dienstbehörde für alle Gemeindebeamten mit Ausnahme des Bürgermeisters bestimmt, weist der Gesetzgeber ihm umfangreiche Personalkompetenzen zu.

Eilentscheidungen anstelle der Gemeindevertretung trifft allerdings der Bürgermeister mit dem Vorsitzenden der Gemeindevertretung (§ 68 GO Brbg).

Eine weitere Beschränkung der starken Rechtsstellung des Hauptausschusses enthält § 35 Abs. 3 GO Brbg, nach welchem die Gemeindevertretung ihm gegenüber über ein Rückholrecht verfügt.

IV. Hessen

In der so genannten unechten Magistratsverfassung Hessens[739] ist es der Gemeindevertretung mit Ausnahme der Errichtungsverpflichtung für einen Finanzausschuss freigestellt, beratende oder beschließende Ausschüsse zu bilden (§ 62 Abs. 1 HGO). Eine Besonderheit bezüglich der Zusammensetzung der Ausschüsse besteht insoweit, als nur Mitglieder der Gemeindevertretung den Ausschüssen angehören dürfen. Die Ausschüsse werden nach dem Verfahren Hare/Niemeyer besetzt,[740] soweit die Gemeindevertretung nicht beschließt, dass sich alle oder einzelne Ausschüsse nach dem Stärkeverhältnis der Fraktionen zusammensetzen (§ 62 Abs. 2 Satz 1 HGO). Die Vorsitzenden werden gemäß § 62 Abs. 3 Satz 2 aus der Mitte der Ausschüsse von diesen gewählt. Neben dem Finanzausschuss ist der Hauptausschuss ein gebräuchlicher Ausschuss in den Gemeinden Hessens.[741] Seine Zuständigkeiten hängen aber ausschließlich von der Delegationsbereitschaft des Rates ab. Eigene Aufgaben kraft Gesetzes sind ihm nicht übertragen. Insbesondere hat der Bürgermeister das Dringlichkeitsentscheidungsrecht gemäß § 70 Abs. 3 Satz 1 HGO. Damit existiert in Hessen kein mit dem nordrhein-westfälischen Hauptausschuss vergleichbares Gremium.

V. Mecklenburg-Vorpommern

Die Kommunalverfassung des Landes Mecklenburg-Vorpommern wird – entsprechend derjenigen Brandenburgs – als Hauptausschussverfassung bezeichnet.[742]

---

[738] *Grashoff, P.*, Die Kommunalverfassung des Landes Brandenburg, S. 91.
[739] Vgl. *Schmidt-Eichstaedt, G.*, Gemeindeordnungen und Kreisordnungen in der BRD, S. 1.
[740] *Schneider, G./Dreßler, U./Lüll, J.*, Hessische Gemeindeordnung, Erl. 4 zu § 62 HGO und Erl. 3.5 zu § 55 HGO.
[741] *Schneider, G./Dreßler, U./Lüll, J.*, Hessische Gemeindeordnung, Erl. 2 zu § 62 HGO.
[742] Vgl. *Stargardt, H.-J.*, VR 1995, S. 152

Dieses weist schon auf die herausragende Stellung des Hauptausschusses im Vergleich zu anderen Kommunalverfassungen hin.

1. Bildung, Zusammensetzung, Besetzung, Verfahren des Hauptausschusses

Neben dem Finanzausschuss und dem Rechnungsprüfungsausschuss ist der Hauptausschuss in den hauptamtlich verwalteten Gemeinden Mecklenburg-Vorpommerns ein absoluter Pflichtausschuss. In den ehrenamtlich geführten Gemeinden steht die Bildung dagegen im Ermessen der Gemeindevertretung (§ 35 Abs. 1 Satz 2 KV M-V).

Die Zahl der Mitglieder des Hauptausschusses ist, wie die Frage der Existenz von stellvertretenden Mitgliedern, zwingend in der Hauptsatzung zu regeln. Die Besetzung des Hauptausschusses erfolgt nach den Grundsätzen der Verhältniswahl. Den Vorsitz führt der Bürgermeister, wobei in ehrenamtlich geführten Gemeinden der Sitz auf die jeweilige Fraktion anzurechnen ist (§ 35 Abs. 1 Satz 4 KV M-V).

Für das Verfahren gelten im Wesentlichen die Vorschriften für die Gemeindevertretung entsprechend. Allerdings sind die Sitzungen des Hauptausschusses vorbehaltlich einer abweichenden Regelung in der Hauptsatzung gemäß § 35 Abs. 4 Satz 4 KV M-V nichtöffentlich.

2. Zuständigkeiten, Aufgaben des Hauptausschusses

Wie der Hauptausschuss nach der GO NRW verfügt der Hauptausschuss in Mecklenburg-Vorpommern über die Koordinierungsfunktion hinsichtlich der gesamten Ausschussarbeit und im Rahmen der Richtlinienkompetenz der Gemeindevertretung entscheidet er über die Planung der Verwaltungsaufgaben von besonderer Bedeutung (§ 35 Abs. 2 Satz 1 und Satz 2 KV M-V), was ihn zum für die Planung und Entwicklung der Arbeit der Gemeindevertretung wichtigsten Ausschuss macht.[743] Darüber hinaus hat er gemäß § 35 Abs. 2 Satz 3 das Recht, in dringenden Angelegenheiten, die nicht bis zu einer Dringlichkeitssitzung der Gemeindevertretung aufgeschoben werden können, an deren Stelle zu entscheiden.

Ferner trifft der Hauptausschuss im Rahmen der ihm nach § 22 Abs. 5 Satz 2 KV M-V übertragenen Personalangelegenheiten im Einvernehmen mit dem Bürgermeister Personalentscheidungen (§ 35 Abs. 3 Satz 1 KV M-V). Dabei hat der Bürgermeister insoweit die schwächere Rechtsstellung, als dass ein fehlendes Einvernehmen des Bürgermeisters gemäß § 35 Abs. 3 Satz 2 KV M-V durch einen qualifizierten Beschluss der Mehrheit der Gemeindevertreter ersetzt werden kann.

VI. Niedersachsen

Nach § 51 der niedersächsischen Gemeindeordnung (NGO) kann der Rat zur Vorbereitung seiner Beschlüsse Ausschüsse errichten. Absolute Pflichtausschüsse sind nur nach speziellen Rechtsvorschriften vorgesehen.[744] Die Anforderungen an die Zusammensetzung und Besetzung entsprechen im Wesentlichen denen der GO NRW. Hinsichtlich des Verfahrens ist anzumerken, dass es gemäß § 52 Abs. 1 NGO

---

[743] Vgl. *Gentner, S.* in Darsow u. a., Kommunalverfassung des Landes Mecklenburg-Vorpommern, Erl. 6 zu § 35 KV M-V.

[744] Vgl. *Sandfuchs, K.*, Allgemeines Niedersächsisches Kommunalrecht, S. 118.

im Ermessen des Rates liegt, durch die Geschäftsordnung die Öffentlichkeit oder Nichtöffentlichkeit der Sitzungen zu bestimmen. Der Verwaltungsausschuss in Niedersachsen ist kein Ratsausschuss im Sinne von § 51 NGO,[745] seine Rechtsstellung geht aber auf denselben historischen Ursprung zurück wie diejenige des Hauptausschusses Nordrhein-Westfalens.

Der Verwaltungsausschuss ist neben dem Rat und dem Bürgermeister Gemeindeorgan.[746] Als Gemeinschaftsausschuss der beiden Funktionssäulen Rat und Verwaltung stellt er eine eigenständige niedersächsische Lösung des Antagonismus zwischen Rat und Verwaltung dar.[747]

1. Bildung, Zusammensetzung, Besetzung, Verfahren des Verwaltungsausschusses

Der Verwaltungsausschuss ist zwingend vom Rat zu bilden. Lediglich in Mitgliedsgemeinden von Samtgemeinden kann der Rat gemäß § 69 Abs. 2 Satz 1 NGO in seiner ersten Sitzung beschließen, dass für die Dauer der Wahlperiode kein Verwaltungsausschuss gebildet wird. In diesem Fall gehen seine Kompetenzen auf den Rat über.

Dem Verwaltungsausschuss gehören gemäß § 56 Abs. 1 NGO der Bürgermeister, die Beigeordneten[748] und aufgrund der Minderheitenschutzregelung des § 51 Abs. 3 Satz 1 NGO die Vertreter von Fraktionen oder Gruppen an, die bei der Sitzverteilung leer ausgegangen sind. Die Zahl der Beigeordneten ist nach § 56 Abs. 2 NGO abhängig von der Größe des Rates. Die Sitzverteilung erfolgt nach dem d'Hondtschen Höchstzahlenverfahren, wenn sich die Ratsmitglieder nicht einstimmig auf ein Besetzungsverfahren bzw. die Besetzung einigen (§§ 56 Abs. 3 Satz 1, 51 Abs. 2, 3 und 9 NGO). Dem Verwaltungsausschuss können nach Maßgabe der Hauptsatzung auch andere Beamte auf Zeit mit beratender Stimme angehören. Den Vorsitz führt der Bürgermeister, der geborenes Mitglied ist.

§ 56 Abs. 3 Satz 2 NGO sieht eine persönliche Stellvertretung sowie eine Vertretung innerhalb der Stellvertreter einer Fraktion oder Gruppe untereinander vor. In § 56 Abs. 3 Satz 4 NGO ist als besondere, Minderheiten schützende Regelung vorgesehen, dass eine Fraktion oder Gruppe, die nur durch ein Mitglied im Verwaltungsausschuss vertreten ist, einen zweiten Stellvertreter für dieses Mitglied bestimmen kann. Für den Bürgermeister als Mitglied des Verwaltungsausschusses kann kein Stellvertreter bestellt werden, so dass bei seiner Verhinderung eine Stimme fehlt.[749] In seiner Funktion als Vorsitzender wird er vom stellvertretenden Bürgermeister vertreten (§ 61 Abs. 7 Satz 1 NGO).[750]

Für das Verfahren im Verwaltungsausschuss gelten grundsätzlich die für das Verfahren im Rat Anwendung findenden Vorschriften entsprechend, soweit die Geschäfts-

---

[745] *Thiele, R.*, Niedersächsische Gemeindeordnung, Erl. 1 zu § 56 NGO.
[746] *Sandfuchs, K.*, Allgemeines Niedersächsisches Kommunalrecht, S. 115.
[747] *Ipsen, J.*, Niedersächsisches Kommunalrecht, Rn. 421; zur Spezialität des Verwaltungsausschusses vgl. auch *Naßmacher, H.*, NST-N 1988, S. 304.
[748] Diese Beigeordneten nach der NGO haben nichts mit denen der GO NRW gemein, sondern sie rekrutieren sich aus den Mitgliedern des Rates.
[749] *Thiele, R.*, Niedersächsische Gemeindeordnung, Erl. 4 zu § 56 NGO.
[750] *Sandfuchs, K.*, Allgemeines Niedersächsisches Kommunalrecht, S. 129.

ordnung nichts anderes bestimmt (§ 59 Abs. 4 NGO). Besonderheiten stellen aber die Nichtöffentlichkeit der Sitzungen und die Möglichkeit, Beschlüsse im Umlaufverfahren fassen zu lassen, dar.

Eine Neubildung des Verwaltungsausschusses ist vorgeschrieben, wenn seine Zusammensetzung nicht mehr dem Verhältnis der Stärke der Fraktionen und Gruppen des Rates entspricht und ein Antrag auf Neubildung gestellt wird (§ 51 Abs. 8 Satz 2 i. V. m. § 56 Abs. 3 Satz 5 NGO).[751]

Die gewichtige Stellung des Verwaltungsausschusses wird auch daran sichtbar, dass der Gesetzgeber in § 56 Abs. 4 NGO die Fortführung seiner Aufgaben über das Ende der Wahlperiode hinaus bis zum Zusammentritt des neu gebildeten Verwaltungsausschusses bestimmt.

2. Zuständigkeiten, Aufgaben des Verwaltungsausschusses

Gemäß § 57 Abs. 1 Satz 1 NGO bereitet der Verwaltungsausschuss die Beschlüsse des Rates vor. Die Vorbereitung der Ratsbeschlüsse durch den Verwaltungsausschuss ist grundsätzlich zwingend. Wenn die Vorbereitung erkennbar noch nicht beendet ist, ist der Rat an einer Beschlussfassung gehindert. Beschlüsse des Rates, die nicht im Verwaltungsausschuss beraten worden sind, sind unwirksam.[752] Etwas anderes gilt nur für Wahlen, Geschäftsordnungsbeschlüsse und innerorganisatorische Maßnahmen.[753] Die Vorbereitung der Beschlüsse des Verwaltungsausschusses selbst ist Sache des Bürgermeisters, der hierbei aber die übrigen Ausschüsse des Rates beteiligen soll (§ 62 Abs. 1 Nr. 1 NGO).

Der Verwaltungsausschuss hat eine Auffangfunktion, indem ihm alle Beschlusskompetenzen obliegen, die nicht anderen Gemeindeorganen zugewiesen sind. Nur im Bereich dieser Lückenzuständigkeit kann der Rat sein Vorbehaltsrecht gemäß § 40 Abs. 2 NGO ausüben, nicht dagegen bei den Zuständigkeiten, die dem Verwaltungsausschuss ausdrücklich durch Gesetz übertragen sind.[754] Er kann auch in Angelegenheiten des Werksausschusses entscheiden, wenn sie ihm zur Beschlussfassung von diesem vorgelegt werden (§ 57 Abs. 2 Satz 4 NGO). Darüber hinaus verfügt der Verwaltungsausschuss nach § 57 Abs. 2 Satz 2 über das Recht, sich im Einzelfall die Entscheidung über ein Geschäft der laufenden Verwaltung gegenüber dem Bürgermeister vorzubehalten.

Weiterhin hat der Verwaltungsausschuss eine Koordinierungsfunktion hinsichtlich der Ausschussarbeit. Gemäß § 57 Abs. 5 NGO wirkt er darauf hin, dass die Tätigkeit der Ausschüsse aufeinander abgestimmt wird.

Der Verwaltungsausschuss beschließt zudem über Widersprüche in Angelegenheiten seines Kompetenzbereiches. Diese Zuständigkeit besteht auch bei Widersprüchen gegen seine eigenen Entscheidungen sowie die der Stadtbezirks- und Ortsräte.[755] Er hat ein umfangreiches Auskunfts- und Stellungnahmerecht (§ 58 NGO).

---

[751] *Ipsen, J.*, Niedersächsisches Kommunalrecht, Rn. 405.
[752] *Wilkens, W.*, Verwaltungsausschuss und Kreisausschuss in Niedersachsen, S. 133 f.
[753] *Thiele, R.*, Niedersächsische Gemeindeordnung, Erl. 2, 3 zu § 57.
[754] *Thiele, R.*, Niedersächsische Gemeindeordnung, Erl. 1 zu § 57.
[755] *Thiele, R.*, Niedersächsische Gemeindeordnung, Erl. 5 zu § 57.

Ferner hat der Verwaltungsausschuss die Möglichkeit, gegen Beschlüsse des Rates, des Stadtbezirksrates oder des Ortsrates innerhalb einer Woche Einspruch mit aufschiebender Wirkung zu erheben, wenn er der Auffassung ist, dass durch den Beschluss das Wohl der Gemeinde gefährdet wird. Im Vergleich zu § 65 NGO, der den Bürgermeister zu einer Gesetzmäßigkeitskontrolle verpflichtet, steht dem Verwaltungsausschuss im Rahmen des Einspruchsrechtes nach § 60 NGO auch eine Zweckmäßigkeitskontrolle zu.[756]

Ein weiterer Eckpfeiler der Kontrollfunktion des Verwaltungsausschusses ist § 118 Abs. 1 Satz 2 NGO, der ihm die Kompetenz zuschreibt, Aufträge an das Rechnungsprüfungsamt zur Prüfung der Verwaltung zu erteilen. Außerdem entscheidet er über die Verfolgung und Ahndung bei Ablehnung ehrenamtlicher Tätigkeit (§ 24 Abs. 2 Satz 3 NGO).

In § 57 Abs. 4 NGO sieht der Gesetzgeber die Möglichkeit für den Verwaltungsausschuss vor, sich durch die Übertragung einzelner Angelegenheiten oder von Gruppen von Angelegenheiten auf den Bürgermeister zu entlasten.

Ausdruck der besonderen Stellung des Verwaltungsausschusses als Organ der Lenkung und Koordinierung ist der Regelungsgehalt des § 58 NGO,[757] der ihm ein umfangreiches Auskunfts- und Stellungnahmerecht einräumt.

Als wichtige Kompetenzen des Verwaltungsausschusses sind daneben sein Eilentscheidungsrecht (§ 66 NGO) sowie diverse Rechte im Zusammenhang mit Personalentscheidungen (§§ 67 Abs. 1, 70 Abs. 1, 80 Abs. 4 Satz 5 NGO) zu nennen.

Weitere Zuständigkeiten des Verwaltungsausschusses finden sich über das Gesetz verstreut, z. B. im Hinblick auf die Entscheidung über die Zulässigkeit von Einwohneranträgen und Bürgerbegehren.[758]

Die umfassenden Kompetenzen des Verwaltungsausschusses gehen weit über das hinaus, was die nordrhein-westfälische Kommunalverfassung dem Hauptausschuss an Rechten zubilligt. Gegenüber den vergleichbar starken Rechtsstellungen der Hauptausschüsse in Brandenburg und Mecklenburg-Vorpommern zeichnet ihn seine Verbindungsfunktion zwischen Rat und Verwaltung aus, die in dieser Ausprägung einmalig in den Kommunalverfassungen aller Bundesländer ist.

VII. Rheinland-Pfalz

In der echten Bürgermeisterverfassung von Rheinland-Pfalz[759] obliegt die Bildung von beratenden oder beschließenden Ausschüssen grundsätzlich der freien Ermessensentscheidung des Gemeinderates (§ 44 Abs. 1 Satz 1 GemO RhPf).[760] Die Ausschussmitglieder werden, soweit mehrere Wahlvorschläge vorliegen, nach den

---

[756] *Ipsen, J.*, Niedersächsisches Kommunalrecht, Rn. 419, *Thiele, R.*, Niedersächsische Gemeindeordnung, Erl. Zu § 60 NGO.

[757] *Thiele, R.*, Niedersächsische Gemeindeordnung, Erl. zu § 58 NGO.

[758] Vgl. die Auflistung bei *Sandfuchs, K.*, Allgemeines Niedersächsisches Kommunalrecht, S. 288.

[759] Vgl. *Schmidt-Eichstaedt, G.*, Gemeindeordnungen und Kreisordnungen in der BRD, S. 1.

[760] Eine Ausnahme bildet hier der nach § 110 Abs. 1 GemO RhPf zwingend zu bildende Rechnungsprüfungsausschuss.

Grundsätzen der Verhältniswahl unter Anwendung des Verfahrens Hare/Niemeyer gewählt.[761] Der Hauptausschuss ist kein Pflichtausschuss. Er wird aber von den freiwilligen Ausschüssen am häufigsten, vielfach als Haupt- und Finanzausschuss gebildet.[762] Ihm sind keine Zuständigkeiten kraft Gesetzes übertragen. Daher ist seine Rechtsstellung nicht mit der des Hauptausschusses nach nordrhein-westfälischem Recht vergleichbar.

VIII. Saarland

Die unechte Bürgermeisterverfassung Saarlands[763] kennt sowohl Ausschüsse mit beratender als auch mit beschließender Funktion. Ihnen können gemäß § 48 Abs. 1 Satz 1 KSVG Saarl ausschließlich Mitglieder des Gemeinderates angehören. Die Ausschüsse werden entweder durch Einigung oder durch Verhältniswahl nach d'Hondt besetzt (§ 48 Abs. 2 KSVG Saarl). Für Finanzangelegenheiten, Personalangelegenheiten, Natur- und Umweltschutzangelegenheiten und Rechnungsprüfungsangelegenheiten müssen Ausschüsse gebildet werden (§ 48 Abs. 1 Satz 2 KSVG Saarl). Die Bildung eines Hauptausschusses ist nicht obligatorisch vorgesehen. Wenn ein solcher freiwillig gebildet wird, was in der Praxis regelmäßig der Fall ist,[764] ist seine Rechtstellung von der Aufgabenübertragung durch den Rat abhängig. Gesetzliche Kompetenzen sind dem Hauptausschuss also nicht zugewiesen. Insbesondere werden gemäß § 61 Abs. 1 Satz 1 KSVG Saarl die Entscheidungen in dringenden Angelegenheiten vom Bürgermeister getroffen. Der saarländischen Kommunalverfassung ist somit ein Hauptausschuss nordrhein-westfälischen Charakters fremd.

IX. Sachsen

Nach der Ratsverfassung des Landes Sachsen[765] kann der Gemeinderat durch die Hauptsatzung beratende und beschließende Ausschüsse bilden.[766] Gemäß § 42 Abs. 1 Satz 1 GO Sächs GemO müssen beschließende Ausschüsse aus mindestens vier Mitgliedern des Gemeinderates und dem Vorsitzenden bestehen. Nach § 42 Abs. 2 Satz 1 Sächs GemO soll die Zusammensetzung der Ausschüsse der Mandatsverteilung im Rat entsprechen. Kommt keine Einigung hinsichtlich der Besetzung der Ausschüsse zustande, werden die Mitglieder von den Gemeinderäten aufgrund von Wahlvorschlägen nach den Grundsätzen der Verhältniswahl unter Bindung an die Wahlvorschläge gewählt. Den Vorsitz führt in beschließenden Ausschüssen grundsätzlich der Bürgermeister (§ 42 Abs. 3 Sächs GemO). Einen mit dem in der GO NRW vorgesehenen Hauptausschuss vergleichbaren Ausschuss kennt die Sächsische Gemeindeordnung nicht. Insbesondere ist das Dringlichkeitsentscheidungsrecht gemäß § 52 Abs. 3 Sächs GemO dem Bürgermeister zugewiesen. Dieser entscheidet auch über die Wahrnehmung von Planungsarbeiten.

---

761 *Lukas, H.* in Gabler u. a., Kommunalverfassungsrecht in Rheinland-Pfalz, Erl. 2 zu § 45 GemO RhPf.
762 *Lukas, H.* in Gabler u. a., Kommunalverfassungsrecht in Rheinland-Pfalz, Erl. 3.1 zu § 44 GemO RhPf.
763 Vgl. *Stargardt, H.-J.*, VR 1995, S. 150.
764 Vgl. *Wohlfarth, J.*, Saarländisches Kommunalrecht, Rn. 138.
765 Vgl. *Stargardt, H.-J.*, VR 1995, S. 150.
766 *Gern, A.*, Sächsisches Kommunalrecht, Rn. 436.

X. Sachsen-Anhalt

Die Ratsverfassung des Landes Sachsen-Anhalt[767] ermächtigt den Gemeinderat in § 45 GO LSA, ständige oder zeitweilige Ausschüsse zu bilden, die als beratende oder beschließende Ausschüsse tätig werden können. Ständige Ausschüsse, ihre Größe und die zur Beschlussfassung übertragenden Aufgaben sind zwingend in der Hauptsatzung zu regeln (§§ 45 Abs. 1 Satz 2, 47 Abs. 1 GO LSA). Die Besetzung der Ausschüsse erfolgt nach dem Verfahren Hare/Niemeyer. Der Vorsitzende der beschließenden Ausschüsse ist in der Regel der Bürgermeister (§ 47 Abs. 2 Satz 1 LSA). Die Gemeindeordnung Sachsen-Anhalt kennt keine Pflichtausschüsse.[768] Wenn ein Hauptausschuss als freiwilliger Ausschuss gebildet wird, ist seine Rechtsstellung demnach nicht mit der des Hauptausschusses nordrhein-westfälischen Rechts vergleichbar. Wichtige Kompetenzen, wie die Zuständigkeiten für besondere Planungsvorhaben oder Eilentscheidungen sind dem Gemeinderat bzw. dem Bürgermeister vorbehalten (§§ 62 Abs. 2 Satz 2, Abs. 4 Satz 1 GO LSA).

XI. Schleswig-Holstein

Die schleswig-holsteinische Kommunalverfassung wurde durch das Gesetz zur Änderung des kommunalen Verfassungsrechts vom 22.12.1995[769] umfassend reformiert. Mit der Reform ging eine Abkehr von der bis dahin geltenden Magistratsverfassung einher. Die Kenntnis dieser historischen Entwicklung der Gemeindeordnung Schleswig-Holstein (GO SchlH) ist notwendig für das Verständnis der Rechtsstellung des heutigen Hauptausschusses. Vor dem Hintergrund des Ziels einer strikten Trennung zwischen Rat und Verwaltung ist festzustellen, dass die bisherigen Aufgaben des Magistrats nunmehr auf den Bürgermeister einerseits und auf den Hauptausschuss andererseits verteilt wurden.[770] Die damit einhergehenden gravierenden Veränderungen hinsichtlich der Rechtsstellung des Hauptausschusses gaben dem Innenministerium des Landes Schleswig-Holstein Anlass, sich in einem ausführlichen Grundsatzerlass zur Aufgabenstellung des Hauptausschusses zu äußern.[771]

1. Bildung, Zusammensetzung, Besetzung, Verfahren des Hauptausschusses

Gemäß § 45 a Abs. 1 Satz 1 GO SchlH ist der Hauptausschuss in den hauptamtlich verwalteten Gemeinden Schleswig-Holsteins ein absoluter Pflichtausschuss. Seine Zusammensetzung ist durch die Hauptsatzung zu regeln. Dabei dürfen ihm nur Mitglieder der Gemeindevertretung angehören. Nach § 45 a Abs.1 Satz 2 GO SchlH wird der Vorsitzende aus der Mitte der Gemeindevertretung gewählt. Der Bürgermeister ist Mitglied im Hauptausschuss, allerdings ohne Stimmrecht (§ 45 a Abs. 2

---

[767] Vgl. *Stargardt, H.-J.*, VR 1995, S. 150.

[768] *Klang, K./Gundlach, U.*, Gemeindeordnung und Landkreisordnung Sachsen-Anhalt, Erl. 2 zu § 45.

[769] GVBl. SH 1996, S. 33.

[770] Vgl. *von Mutius, A./Rentsch, H.*, Kommunalverfassung Schleswig- Holstein, Erl. 1 zu § 45a GO SchlH.

[771] Grundsatzerlass des Innenministeriums vom 21.5.1999 zur Aufgabenstellung der Hauptausschüsse, abgedruckt in *Borchert, H.* u. a., Gemeindeordnung für Schleswig-Holstein, § 45 b GO SchlH.

GO SchlH). Wegen des fehlenden Stimmrechts kann er nicht zum Vorsitzenden gewählt werden.[772]

Die Wahl der Mitglieder erfolgt im Meiststimmenverfahren nach § 40 GO SchlH oder, wenn es eine Fraktion gemäß § 46 Abs. 1 GO SchlH verlangt, durch Verhältniswahl (§ 40 Abs. 4 GO SchlH).

Nach § 45 a Abs. 3 GO SchlH gelten für den Hauptausschuss, soweit nichts anderes bestimmt ist, die Vorschriften über die Ausschüsse entsprechend. Damit gilt insbesondere der Grundsatz der Sitzungsöffentlichkeit (§ 46 Abs. 7 Satz 1 GO SchlH).

2. Zuständigkeit, Aufgaben des Hauptausschusses

§ 45 b Abs. 1 GO SchlH enthält einen Katalog der dem Hauptausschuss kraft Gesetzes obliegenden Aufgaben. Dieser Katalog ist, vorbehaltlich spezieller Kompetenzzuweisungen, abschließend und hat im Hinblick auf die Koordinierungs- und Kontrollfunktion des Hauptausschusses konkretisierenden Charakter. § 45 b Abs. 2 bis Abs. 5 GO SchlH definieren die Rolle des Hauptausschusses.

Danach beruhen die umfangreichen Kompetenzen des Hauptausschusses auf zwei Säulen, der Koordinierung der Arbeit der Ausschüsse sowie der Kontrolle der Umsetzung der von der Gemeindevertretung festgelegten Ziele und Grundsätze in der vom Bürgermeister geleiteten Gemeindeverwaltung. Zu diesem Zweck obliegt es ihm, die Beschlüsse der Gemeindevertretung über die Festlegung von Grundsätzen und Zielen vorzubereiten, ein Berichtswesen zu entwickeln und bei der Kontrolle der Gemeindeverwaltung anzuwenden sowie auf die Einheitlichkeit der Arbeit der Ausschüsse hinzuwirken. Darüber hinaus trifft der Hauptausschuss gemäß § 45 b Abs. 1 Nr. 5 GO SchlH alle Entscheidungen, die ihm von der Gemeindevertretung übertragen worden sind. §§ 28 Nr. 18, 20 und 22 GO SchlH enthalten noch spezielle Delegationsermächtigungen auf dem Gebiet der wirtschaftlichen Betätigung.

Im Rahmen seiner Koordinationsaufgabe kann der Hauptausschuss nach § 45 b Abs. 3 Satz 2 GO SchlH eine Entscheidung, die einem Fachausschuss im Einzelfall übertragen wurde, solange an sich ziehen, wie der Ausschuss noch nicht selbst entschieden hat.

Die dem Hauptausschuss nach § 45 b Abs. 1 GO SchlH obliegende Kontrollfunktion darf aber nicht zu einem unmittelbaren Hineinwirken in die hauptamtliche Verwaltung führen. Vielmehr ist es seine Aufgabe, ein wirksames Kontrollinstrumentarium zu entwickeln und dieses auf der Basis der von der Gemeindevertretung festgelegten Ziele und Grundsätze umzusetzen.[773]

Ausfluss der Kontrollfunktion des Hauptausschusses ist es zudem, dass der Bürgermeister nach § 65 Abs. 1 Nr. 2 GO SchlH dem Hauptausschuss über die Ausführung der Beschlüsse der Stadtvertretung und der Ausschüsse regelmäßig berichten muss.

Neben den Kontroll- und Koordinierungsaufgaben verfügt der Hauptausschuss über Kompetenzen in Personalangelegenheiten. Gemäß § 65 Abs. 1 Nr. 4 GO SchlH kann

---

[772] *Borchert, H.* u. a., Gemeindeordnung für Schleswig-Holstein, Erl. 3 zu § 45 a GO SchlH.

[773] *Von Mutius, A./Rentsch, H.*, Kommunalverfassung Schleswig- Holstein, Erl. 3 zu § 45 b GO SchlH.

die Hauptsatzung vorsehen, dass die Personalentscheidungen über die Inhaberinnen und Inhaber einer Führungsposition auf Vorschlag des Bürgermeisters vom Hauptausschuss getroffen werden. Der Hauptausschuss ist gemäß § 45 Abs. 2 Satz 1 GO SchlH Dienstvorgesetzter des Bürgermeisters, hat aber ausdrücklich keine Disziplinarbefugnis. Nach § 45 b Abs. 1 Satz 2 Nr. 2 GO SchlH ist dem Hauptausschuss zusätzlich die Vorbereitung der von der Gemeindevertretung zu beschließenden Grundsätze für das Personalwesen zugewiesen. Damit wird die Position des Hauptausschusses gegenüber dem Bürgermeister weiter gestärkt.[774]

Dringlichkeitsentscheidungen trifft jedoch ausschließlich der Bürgermeister, sowohl in Angelegenheiten der Gemeindevertretung als auch in solchen der Ausschüsse (§ 50 Abs. 3 Satz 1 GO SchlH). Die Vorbereitung der Beschlüsse der Gemeindevertretung ist ebenso Aufgabe des Bürgermeisters und nicht die des Hauptausschusses (§§ 55 Abs. 1 Nr. 2, 65 Abs. 1 Nr. 2 GO SchlH)

Insgesamt ist der Hauptausschuss Schleswig-Holsteins, gemessen an seinen gesetzlichen Funktionen, ein sehr modernes Gremium, welches aus den Vorstellungen des Gesetzgebers über eine nach den Kriterien des neuen Steuerungsmodells geführte Verwaltung entspringt. Er hat die Funktion eines zentralen Controlling-Gremiums und ist verantwortlich für die Erarbeitung und Fortentwicklung eines wirksamen Kontrollinstrumentariums in Form eines die Produktinformationen, Ziele und Grundsätze umfassenden Berichtwesens.[775] Seine zentrale Koordinierungsrolle zeigt sich auch in § 45 b Abs. 3 Satz 1 GO SchlH, der dem Hauptausschuss die Möglichkeit einräumt, vorbereitende Beschlussvorschläge anderer Ausschüsse durch eigene Vorschläge zu ergänzen.[776] Darüber hinaus hat er gemäß § 34 Abs. 4 Satz 3 GO SchlH ein Initiativrecht hinsichtlich der Tagesordnung der Gemeindevertretung. Er darf aber trotz seiner besonderen Rechtsstellung nicht als übergeordneter „Superausschuss" interpretiert werden. Insbesondere hat er kein Weisungsrecht gegenüber den Fachausschüssen.[777] Hinsichtlich seiner Koordinierungsfunktion ähnelt er sehr dem Hauptausschuss nordrhein-westfälischer Prägung. Er nimmt die Aufgabe einer Leit- und Koordinierungsstelle wahr und wirkt als verlängerter Arm der Vertretung.[778]

XII. Thüringen

1. Bildung, Zusammensetzung, Besetzung, Verfahren des Hauptausschusses

Die Thüringer Ratsverfassung[779] sieht die Möglichkeit für den Gemeinderat vor, vorberatende und beschließende Ausschüsse zu bilden. Nach § 26 Abs. 1 Satz 3 ThürKO besteht in Gemeinden mit mehr als tausend Einwohnern die Verpflichtung zur Errichtung eines Hauptausschusses. Dieser besteht aus dem Bürgermeister, der Mitglied und Vorsitzender des Ausschusses ist sowie bis zu sechs weiteren Mitglie-

[774] *Schliesky, U.*, DVP 2003, S. 219.
[775] Vgl. *von Mutius, A./Rentsch, H.*, Kommunalverfassung Schleswig- Holstein, Erl. 1 zu § 45 a GO SchlH.
[776] *Schliesky, U.*, DVP 2003, S. 219.
[777] *Von Mutius, A./Rentsch, H.*, Kommunalverfassung Schleswig- Holstein, Erl. 2 zu § 45 b GO SchlH.
[778] *Herrmann, P.*, KommunalPraxis N, 1998, S. 324.
[779] Vgl. *Stargardt, H.-J.*, VR 1995, S. 151.

dern. Nach § 42 ThürKO finden auf den Geschäftsgang des Hauptausschusses die für den Rat geltenden Vorschriften entsprechende Anwendung.

2. Zuständigkeiten, Aufgaben des Hauptausschusses

Der Hauptausschuss Thüringens verfügt über eigene, ihm kraft Gesetzes obliegende Kompetenzen. So ist er gemäß § 26 Abs. 1 Satz 3 ThürKO unter anderem mit der Vorbereitung der Gemeinderatssitzungen zu beauftragen. Die Verwendung der Formulierung „unter anderem" deutet darauf hin, dass ihm der Gemeinderat noch weitere Aufgaben zur Vorberatung oder Entscheidung übertragen kann.[780] Aus der Verknüpfung mit den Worten „ist zu beauftragen", lässt sich schließen, dass der Gemeinderat dem Hauptausschuss weitere Aufgaben übertragen muss.

Dem Hauptausschuss kommt jedoch nicht eine dem Hauptausschuss Brandenburgs oder Mecklenburg-Vorpommerns entsprechende starke Stellung zu.[781] Mit Ausnahme der Sitzungsvorbereitung für den Gemeinderat sind seine Kompetenzen von der Bereitschaft des Rates abhängig, weitere gewichtige Aufgaben zu delegieren. Dabei kommt neben den Vorbehaltsaufgaben des Gemeinderates (§ 26 Abs. 2 ThürKO) und den unentziehbaren Kompetenzen des Bürgermeisters auch nicht das Eilentscheidungsrecht in Betracht, welches gemäß § 30 Satz 1 ThürKO ebenfalls dem Bürgermeister übertragen ist.

B. Die Auswertung

Der Vergleich mit den Kommunalverfassungen der anderen Bundesländer zeigt die Individualität des Hauptausschusses nordrhein-westfälischen Rechts auf. Die Länder Bayern, Baden-Württemberg, Hessen, Rheinland-Pfalz, Saarland, Sachsen und Sachsen-Anhalt kennen kein in seiner Rechtsstellung und Kompetenz vergleichbares Gremium. Die Bildung eines Hauptausschusses erfolgt hier allenfalls auf freiwilliger Basis.

Dagegen ist der Hauptausschuss als wichtiger gemeindlicher Pflichtausschuss in den Kommunalverfassungen Thüringens, Brandenburgs und Mecklenburg-Vorpommerns institutionalisiert. In den beiden letztgenannten Kommunalverfassungen kommt dem Hauptausschuss eine herausragende Stellung zu, welche diejenige nach der GO NRW noch übertrifft. Dabei zeigen sich viele gesetzliche Parallelen, insbesondere hinsichtlich der Koordinierungsfunktion bezüglich der Ausschussarbeit und der Entscheidung über die Planung der Verwaltungsaufgaben von besonderer Bedeutung. Gleichwohl existieren nicht unerhebliche Unterschiede im Hinblick auf die Zusammensetzung, die Personalentscheidungskompetenzen und das Eilentscheidungsrecht gegenüber dem nordrhein-westfälischen Hauptausschuss.

Während ein Vergleich mit dem Verwaltungsausschuss Niedersachsens aufgrund dessen Zusammensetzung aus Politik und Verwaltung sowie der weitergehenden Entscheidungskompetenzen insbesondere im Bereich der eigentlichen Verwaltung zwangsläufig hinkt, mutet der Hauptausschuss Schleswig-Holsteins als eine Art fortschrittliche Weiterentwicklung des Hauptausschusses nach nordrhein-westfälischem Recht im Lichte moderner Verwaltungsstrukturen an.

---

[780] *Wachsmuth, H.-J./Oehler, G.*, Thüringer Kommunalrecht, Erl. 2.3 zu § 26 ThürKO.

[781] *Stargardt, H.-J.*, VR 1995, S. 151.

Zusammenfassend lassen sich daher deutliche Parallelen zwischen den Regelungen einiger Bundesländer im Hinblick auf die Vorschriften über die Rechtsstellungen und Aufgabenfelder der Hauptausschüsse skizzieren.

Vor allem die besonderen Schlichtungsfunktionen des Hauptausschusses nordrhein-westfälischer Prägung, die Rechtsstellung des hauptamtlichen Bürgermeisters im Gremium und die damit verbundenen Besonderheiten im Hinblick auf den stellvertretenden Vorsitzenden bleiben im Vergleich der Kommunalverfassungen aller Länder allerdings einzigartig.

§ 11: Zusammenfassung in Leitsätzen

Die Einordnung des Hauptausschusses in die Systematik der Gemeindeordnung Nordrhein-Westfalen (GO NRW) (§ 2)

1. In dem nach § 53 Abs. 4 der revidierten Deutschen Gemeindeordnung vorgesehenen Verwaltungsausschuss kann der historische Vorläufer des heutigen Hauptausschusses nach der GO NRW gesehen werden (§ 2, A, II).

2. Die heutige Rechtsstellung des Hauptausschusses geht in ihrer wesentlichen Ausprägung auf den Gesetzesentwurf der Abgeordneten Johnen und Six im Jahre 1950 zurück (§ 2, A, II).

3. Der Hauptausschuss ist ein unter dem Vorsitz des Bürgermeisters zu bildendes Gremium, das von der gemeindlichen Vertretung zur unterstützenden Wahrnehmung ihrer Aufgaben und zur Wahrnehmung eigener, aufgrund eines Gesetzes übertragener Aufgaben ausschließlich aus deren Mitgliedern formiert wird (§ 2, D, I).

4. Der Hauptausschuss ist ein absoluter Pflichtausschuss nach der GO NRW, der aufgrund gesetzlich verliehener Entscheidungsbefugnisse als ständiger Ausschuss vornehmlich Querschnittsaufgaben wahrnimmt (§ 2, D, II, 3).

5. Der Hauptausschuss ist Organ der Gemeinde, aber grundsätzlich keine Behörde. Nur ausnahmsweise nimmt er die Rechtsstellung einer Behörde ein, wenn er im Dringlichkeitsverfahren anstelle des Rates eine Angelegenheit entscheidet, die der Rat selbst als Behörde wahrnehmen würde (§ 2, D, VI).

Die Konstituierung (§ 3)

6. § 57 Abs. 2 Satz 1 weist als abstrakt normativer Bildungsakt einen konstitutiven Charakter auf (§ 3, A, I).

7. Der Beschluss über die Errichtung des Hauptausschusses sollte durch schlichten Mehrheitsbeschluss nach § 50 Abs. 1 Satz 1 erfolgen. Ein qualifizierter Beschluss in Form der Hauptsatzung, welcher detaillierte, in ihrer Bedeutung über deklaratorische und terminologische Festsetzungen hinausgehende Regelungen über die Ausschussstruktur enthält, ist rechtspolitisch abzulehnen. Wegen der rechtlichen Schwierigkeiten im Zusammenhang mit dem Stimmrecht des Bürgermeisters hinsichtlich des Ausschussstrukturwesens empfiehlt es sich auch, von einer detaillierten Regelung der Hauptausschussstruktur durch Geschäftsordnung, zumindest hinsichtlich der Zusammensetzung des Hauptausschusses, abzusehen (§ 3, A, II, 2).

8. Der Hauptausschuss muss in der konstituierenden Sitzung des Rates errichtet und eingerichtet werden (§ 3, A, III).

9. Der Hauptausschuss muss aus mindestens drei Mitgliedern zuzüglich des Bürgermeisters als Ausschussvorsitzenden bestehen. Bei der Festlegung der Größe ist der Fraktionsgrundmandatsanspruch nach § 58 Abs. 1 Satz 7 zu berücksichti-

gen. Für die Praxis ist zur Vermeidung von Pattsituationen eine gerade Sitzzahl zu empfehlen (§ 3, B, I, 1, c / § 3, B, I, 2, c).

10. Um die missbräuchliche Anwendung des § 58 Abs. 1 Satz 11 auszuschließen, muss das Auswahlrecht für den Ausschuss solange beim Rat liegen, wie das individuelle Ausschussgrundmandatsrecht nach § 58 Abs. 1 Satz 11 nicht auf fraktionslose Ratsmitglieder beschränkt wird (§ 3, B, I, 3, b).

11. Die Zahl der Hauptausschussmitglieder sollte die Hälfte der Zahl der Ratsmitglieder nicht überschreiten (§ 3, B, II).

12. Dem Hauptausschuss dürfen – mit Ausnahme des Bürgermeisters als Ausschussvorsitzendem – ausschließlich Ratsmitglieder angehören. Sachkundige Bürger können weder stimmberechtigt noch beratend Mitglieder des Hauptausschusses sein. Auch ist die Mitgliedschaft im Hauptausschuss sachkundigen Einwohnern verwehrt (§ 3, C, I, 1, 2, und 3).

13. Bestehen wegen Anwesenheit der zu Vertretenden Zweifel am Vorliegen eines Stellvertretungsfalls, ist für die Beurteilung der Rechtmäßigkeit der Stellvertretung auf den Empfängerhorizont des Ausschussvorsitzenden abzustellen (§ 3, C, II, 5).

14. Die Niederlegung allein des Hauptausschussmandates ist aus wichtigem Grund möglich, ohne dass damit ein Verlust des Ratsmandates einhergehen muss (§ 3, E, I).

15. Der Rat hat im Rahmen der Ersatzbestimmung für ausgeschiedene Hauptausschussmitglieder nur dann ein Auswahlrecht, wenn von der jeweiligen Fraktion oder Gruppe nach § 50 Abs. 3 Satz 5 mehrere Kandidaten vorgeschlagen werden. Im Übrigen ist er an den Vorschlag gebunden. Für die Nachfolge eines ausgeschiedenen stellvertretenden Ausschussvorsitzenden findet § 58 Abs. 5 Satz 5 keine entsprechende Anwendung (§ 3, E, II und III).

Vorsitz und stellvertretender Vorsitz (§ 4)

16. Eine Anrechnung des Hauptausschussvorsitzes bei einer Fraktion scheitert nicht nur an den rechtlichen Voraussetzungen des Fraktionsbegriffes, sondern auch an der der nordrhein-westfälischen Kommunalverfassung eigenen Beziehung zwischen dem amtierenden Bürgermeister und den Fraktionen (§ 4, A, II, 3).

17. Die Stellvertretung des Hauptausschussvorsitzes übernimmt der durch den Ausschuss selbst gewählte Stellvertreter; dazu gehört jedoch das dem Bürgermeister eigene Stimmrecht nicht. Es kann auch nicht vom hauptamtlichen Stellvertreter des Bürgermeisters wahrgenommen werden. Dieser hat jedoch entsprechend § 58 Abs. 1 Satz 3 im Fall der Verhinderung des Bürgermeisters ein Beratungsrecht im Hauptausschuss (§ 4, B, II, 2, a).

18. Bei der Verhinderung des Bürgermeisters ist der stellvertretende Hauptausschussvorsitzende verpflichtet, die Tagesordnung im Benehmen mit dem hauptamtlichen Stellvertreter des Bürgermeisters aufzustellen (§ 4, B, II, 2, b).

19. Aus Gründen des Minderheitenschutzes ist eine Anrechnung des stellvertretenden Hauptausschussvorsitzes, insbesondere vor dem Hintergrund einer möglichen Zusammenlegung von Hauptausschuss und Finanzausschuss, rechtspolitisch geboten (§ 4, B, III).

20. Beratende Ausschussmitglieder nach § 58 Abs. 1 Satz 7 und Satz 11 dürfen nicht stellvertretende Vorsitzende im Hauptausschuss sein (§ 4, B, IV, 1).

21. Die Wahl des stellvertretenden Hauptausschussvorsitzenden hat im Verfahren nach § 50 Abs. 2 zu erfolgen. Auch bei nur einem Kandidaten ist ein Übergang zum Verfahren nach § 50 Abs. 1 unzulässig. Bei der Wahl mehrerer Stellvertreter greift das Verhältniswahlverfahren nicht. Auch hier erfolgt die Wahl nach § 50 Abs. 2. Mehrere stellvertretende Hauptausschussvorsitzende müssen daher im Wege der Mehrheitswahl gewählt werden. Die Anwendung der Verhältniswahl ist hier rechtspolitisch wünschenswert (§ 4, B, IV, 3).

22. Der Bürgermeister ist bei der Wahl der stellvertretenden Hauptausschussvorsitzenden stimmberechtigt (§ 4, B, IV, 2, c).

23. Die Durchführung eines zweiten Wahlganges ist bei Vorschlag nur eines Bewerbers für den stellvertretenden Hauptausschussvorsitz nicht zulässig. Ein eventueller Losentscheid muss nicht notwendig durch den Bürgermeister erfolgen. Vor dem Losentscheid muss zwingend eine engere Wahl stattfinden. Dies gilt auch für eine Pattsituation zweier Kandidaten im ersten Wahlgang (§ 4, B, IV, 3, a, b und c).

24. Der Bürgermeister ist grundsätzlich frei in seiner Entscheidung, wie oft er den Hauptausschuss einberuft. § 47 Abs. 1 Satz 3 findet keine entsprechende Anwendung. Beschränkungen ergeben sich aber aus den Mitgliedschaftsrechten der Ausschussmitglieder sowie der Eilbeschlusskompetenz des Hauptausschusses. Der frühestmögliche Zeitpunkt für die Einberufung ist das Verstreichen der Frist nach § 48 Abs. 1 Satz 2 (§ 4, C, I, 1, b).

25. Der Bürgermeister wird in seiner Kompetenz zur Aufstellung der Tagesordnung des Hauptausschusses durch zahlreiche unmittelbare und mittelbare Normierungen eingeschränkt. Ein Antrag nach § 48 Abs. 1 Satz 2 setzt Schriftform voraus. Mit Ablauf der Ladungsfrist verliert der Bürgermeister die Herrschaft über die Tagesordnung (§ 4, C, I) (1b und 2d).

Amtszeit des Hauptausschusses und seiner Mitglieder (§ 5)

26. Der Hauptausschuss darf unter der Bedingung der sofortigen Neubildung durch den Rat aufgelöst werden. Die Auflösung stellt sich als actus contrarius zum Errichtungsbeschluss nach § 57 dar. Der Bürgermeister ist beim Auflösungsbeschluss stimmberechtigt. Aufgrund der zwischenzeitlichen Auflösung ist eine Neuwahl der stellvertretenden Ausschussvorsitzenden erforderlich (§ 5, A, II, 1, 2 und 3).

27. Die Amtszeit der Mitglieder des Hauptausschusses endet spätestens mit dem Ende der Amtszeit des Rates. Eine Abwahl von Mitgliedern ist mit Ausnahme der Fälle des § 58 Abs. 1 Satz 7 nur einstimmig möglich. Bei der Abberufung eines

stellvertretenden Ausschussvorsitzenden muss das Verfahren nach §§ 57 Abs. 2 Satz 3 wiederholt werden. Das freie Mandat steht einer Abberufung nur bei Willkür entgegen (§ 5, B, I / § 5, B, II, 2, a / § 5 B, II, 3 und 5).

28. Eine Verringerung oder Erhöhung der Ausschusssitzzahl kann ohne das Instrument der Auflösung des Hauptausschusses nur einstimmig erfolgen (§ 5 C, I und II).

Die Aufgaben des Hauptausschusses (§ 6)

29. Es bleibt dem Hauptausschuss unbenommen, vorliegende dissentierende Beratungsergebnisse von Ausschüssen bei Bedarf mit eigenen Wertungen und Ergänzungen zu versehen. Es handelt sich hierbei um eine klassische Koordinationsaufgabe des Hauptausschusses, die ihm der Rat aufgrund der ausdrücklichen gesetzlichen Kompetenzzuweisung nicht entziehen darf (§ 6, A, II).

30. Die Intervention des Hauptausschusses im Rahmen der Koordination voneinander abweichender Beschlüsse von Ausschüssen mit Entscheidungsbefugnis ist auf die Klärung von Zuständigkeiten und die Abgabe von Empfehlungen beschränkt. Eine Entscheidung in der Sache darf er nur dann treffen, wenn er vom Rat hierzu legitimiert wird (§ 6, A, III, 2).

31. Die Begriffe Planung und Entscheidung sind untrennbar miteinander verknüpft, da das Endstadium der Planung, der Plan, eine Erscheinungsform der Entscheidung ist (§ 6, B, II).

32. Bedeutende Verwaltungsaufgaben im Sinne von § 61 Satz 1 sind für sich genommene oder in ihrer Auswirkung auf andere Geschäftsbereiche finanziell nicht unerhebliche, komplexe und Ressort übergreifende Verwaltungsgeschäfte, die einer Entscheidung in der abgestimmten Form eines Planes bedürfen (§ 6, B, III, 2).

33. Die Entscheidungsbefugnis des Hauptausschusses über die Planung der Verwaltungsaufgaben von besonderer Bedeutung stellt eine andere gesetzliche Kompetenzzuweisung im Sinne des § 41 Abs. 1 Satz 1 dar, die der Einflussnahme des Rates weitestgehend entzogen ist (§ 6, B, V).

34. Der Regelungsgehalt des § 70 Abs. 4 Satz 2 geht nicht über ein Vortragsrecht der Beigeordneten hinaus. Der Hauptausschuss darf nur dann in der Sache entscheiden, wenn die streitbefangene Angelegenheit in seinen Zuständigkeitsbereich fällt. Der Hauptausschuss ist nicht legitimiert, in die dem Bürgermeister kraft Gesetzes verliehenen Kompetenzen einzugreifen (§ 6, C, II, 1 und 3).

35. Für die Ausübung von Staatsgewalt durch die kommunale Verwaltung ist es nicht erforderlich, dass die demokratische Legitimation für jedes entscheidungsbefugte Organ unmittelbar durch Volkswahl erfolgen muss. Der Landesgesetzgeber ist daher bei seiner Kompetenzverteilung nur insoweit gebunden, als die wesentlichen Entscheidungen unmittelbar demokratisch gewählten Organen vorbehalten bleiben müssen. § 60 ist daher vor dem Hintergrund seiner Ausnahmefunktion, in Notsituationen die Arbeits- und Funktionsfähigkeit sicherzustellen, verfassungsgemäß (§ 6, D, I).

36. Satzungen sind mit Ausnahme der mehrstufigen Satzungen einer Dringlichkeitsentscheidung zugänglich. Neben mehrstufigen Satzungen können Entscheidungen nach dem LPVG, besondere Wahlverfahren und innerorganisatorische Entscheidungen des Rates nicht im Wege einer Dringlichkeitsentscheidung getroffen werden (§ 6, D, II, 2, a).

37. Ein Einspruch oder Widerspruch gegen Eilbeschlüsse des Hauptausschusses ist nicht zulässig. Einen rechtswidrigen Eilbeschluss des Hauptausschusses muss der Bürgermeister aber beanstanden. In dieser Konstellation entfällt allerdings die aufschiebende Wirkung der Beanstandung (§ 6, D, II, 4).

Die Zusammenlegung mit anderen Ausschüssen (§ 7)

38. Die Zusammenlegung des Hauptausschusses mit anderen Ausschüssen nach der GO NRW ist mit Ausnahme des Rechnungsprüfungsausschusses und des Werksausschusses möglich. Eine Zusammenlegung mit spezialgesetzlichen Ausschüssen verbietet sich immer dann, wenn diesen Ausschüssen Personen als Mitglieder angehören müssen, die keine Ratsmitglieder sind oder für sie Regelungen gelten, die mit der durch die GO NRW gewährten Rechtsstellung des Hauptausschusses oder der Ratsmitglieder und Fraktionen unvereinbar sind (§ 7, A und B).

Ausgewählte Verfahrensprobleme (§ 8)

39. Vertretungsexternen Mandatsträgern, die Mitglieder einer Bezirksvertretung oder eines Ausschusses sind, muss durch Geschäftsordnung ein Teilnahmerecht an nichtöffentlichen Sitzungen des Hauptausschusses in den Grenzen des § 58 Abs. 1 Satz 3 HS 2 eingeräumt werden (§ 8, A, II).

40. Das Recht von Verwaltungsbediensteten, an nichtöffentlichen Sitzungen teilzunehmen, muss auf Angelegenheiten beschränkt werden, die zu ihrem Aufgabengebiet gehören (§ 8, A, III).

Rechte und Pflichten der Ausschussmitglieder (§ 9)

41. Die für das Verfahren im Rat geltenden Einschränkungen des Stimmrechts des Bürgermeisters sowie die dort existierenden Vorschriften über seine Berücksichtigung bei der Beschlussfähigkeit, den Antragsvoraussetzungen und der Mehrheitsbildung, sind auf den Hauptausschuss entsprechend anwendbar (§ 9, C).

Der Vergleich mit ähnlichen Gremien der Verfassungen anderer Bundesländer (§ 10)

42. Die Gemeindeordnungen der Bundesländer Thüringen, Brandenburg und Mecklenburg-Vorpommern enthalten detaillierte, in Teilen denen der GO NRW entsprechende Regelungen über einen Hauptausschuss. Dabei gehen die Kompetenzen der Hauptausschüsse in Brandenburg und Mecklenburg-Vorpommern über diejenigen des Hauptausschusses in Nordrhein-Westfalen deutlich hinaus. Eine besondere Ausprägung hat durch die jüngste Kommunalverfassungsreform

der Hauptausschuss in Schleswig-Holstein erfahren. Er stellt sich als fortschrittliche Weiterentwicklung des Hauptausschusses nach nordrhein-westfälischem Recht im Lichte moderner Verwaltungsstrukturen dar. Insgesamt zeigt sich der nach der GO NRW zu bildende Hauptausschuss im Vergleich zu ähnlichen Gremien anderer Kommunalverfassungen weiterhin als individuelle Institution, da insbesondere seine Schlichterfunktion, die Rechtsstellung des hauptamtlichen Bürgermeisters als Vorsitzender und die damit verbundenen Besonderheiten im Hinblick auf den stellvertretenden Vorsitzenden einzigartig sind (§ 10, B).

Literaturverzeichnis

Adomeit, Klaus	Latein für Jurastudenten Berlin 1997
Andersen, Uwe *Bovermann, Rainer*	Im Westen was Neues – Kommunalwahl 1999 in NRW Opladen 2002
von Arnim, *Hans Herbert*	Auf dem Weg zur optimalen Gemeindeverfassung? in: DVBl. 1997, S. 749 ff.
Bauer, Martin *Böhle, Thomas* *Masson, Christoph* *Samper, Rudolf*	Bayerische Kommunalgesetze Kommentar München 2000 Stand: 73. Ergänzungslieferung, April 2000
Beckmann, Martin	Die Auflösung von Ratsausschüssen während der Wahlzeit des Rates und die Verteilung der Ausschussvorsitze in: NWVBl. 1994, S. 126 ff.
Behnel, Ingo	Die fehlerhafte Ladung zu Sitzungen gemeindlicher Gremien (Rat und Ausschuss) in: NWVBl. 1993, S. 406 ff.
Bestgen, Norbert	Die Rechtsstellung der Ausschussmitglieder nach den Vorschriften der Gemeindeordnung für Nordrhein-Westfalen vom 29.07./08.10.1952 in: Die Gemeinde (NRW) 1954, S. 179 ff.
Berkenhoff, Hans-Albert	Das Kommunalverfassungsrecht in Nordrhein-Westfalen 2. Auflage, Siegburg 1965
Berkenhoff, Hans Albert	Der Verwaltungsaufgabenplan als kommunalrechtliches Leitinstrument in: Der Gemeindehaushalt 1953, S. 14 f.
Berwanger, Jörg	Besetzung von Gemeinderatsausschüssen Frankfurt a. M. 2001
Binder-Falcke, Doris	Änderung der nordrhein-westfälischen Kommunalverfassung zum 1. April 2000 in: KommunalPRAXIS N 2000, S. 199 ff.

Borchert, Hartmut
Buschmann, Wolfgang
Galette, Alfons
Lütje, Gerd
von Scheliha, Kurt-Friedrich
Schliesky, Utz
Sprenger, Dietrich
Gemeindeordnung für Schleswig-Holstein Kommentar
Wiesbaden 1997
Stand: 13. Nachlieferung, November 2002
zitiert: Bearbeiter in Borchert u. a.

Brinkmeier, Hermann J.
Der praktische Fall: Wahl eines Beigeordneten / Entzug der Ausschussmitgliedschaft
in: VR 1999, S. 25 ff.

Brox, Hans
Allgemeiner Teil des BGB
26. Auflage, Köln 2002

Buckert, Sigurt
Die Wahl zu den Ausschüssen des Rates
in: Staats- und Kommunalverwaltung 1974, S. 259 ff.

Buckert, Sigurt
Die Wahl zu den Ausschüssen des Rates (II)
in: Staats- und Kommunalverwaltung 1975, S. 106 ff.

Bücking, Hans-Jörg
Die Gefährdung der Grundsätze der geheimen und freien Wahl durch mangelnde Stimmzettelstärke bei Wahlen ohne Wahlumschlag
in: DVP 1997, S. 47 ff.

Bückmann, Walter
Kommunalverfassung im Lande Nordrhein-Westfalen
Köln 1965

Buhren, Gert D.
Allgemeines Kommunalrecht Nordrhein-Westfalen
6. Auflage, Köln 2000

Dahlen, Hans-Josef
Der Antrag auf geheime Abstimmung
in: KommunalPRAXIS N 1997, S. 167 ff.

Damkowski, Wulf
Die Planung unserer Städte
in: DVBl. 1972, S. 82 ff.

Darsow, Thomas
Gentner, Sabine
Glaser, Klaus-Michael
Meyer, Hubert
Schweriner Kommentierung derKommunalverfassung des Landes Mecklenburg-Vorpommern
2. Auflage, Schwerin 1999
zitiert: Bearbeiter in Darsow u. a.

Daubenbüchel, Rainer
Das Anhörungsrecht der Bezirksvertretung gemäß § 13b Abs. 4, S. 1 u. S. 2 GO NW in eilbedürftigen Fällen
in: Staats- und Kommunalverwaltung 1976, S. 204 ff.

Diedrich, Karl-Theodor — Die Stellvertretung in Ausschüssen des Gemeinderats
in: Städte- und Gemeinderat 1992, S. 153 ff.

Dieckmann, Jochen
Heinrichs, Friedrich Wilhelm — Gemeindeordnung für das Land Nordrhein-Westfalen
Kommentar
Köln 1996

Dregger, Alfred — Die Wahl zu den Ausschüssen des Rates
in: Der Städtetag 1956, S. 237 ff.

Dunkel, Heinz
Theiß, Karl-Ludwig — Die Bezirksverfassung in der Gemeindeordnung Nordrhein-Westfalen
in: SGK-Schriftenreihe, Düsseldorf 1975

Ebert, Josef
Mathey, Günter — Rechtsprobleme der neuen Bezirksverfassung in Nordrhein-Westfalen
in: Staats- und Kommunalverwaltung 1976, S. 136 ff.

Ehlers, Dirk — Die Rechtsprechung zum nordrhein-westfälischen Kommunalrecht der Jahre 1984 bis 1989
in: NWVBl. 1990, S. 44 ff.

Ehlers, Dirk — Reform der Kommunalverfassung in Nordrhein-Westfalen
in: NWVBl. 1991, S. 397 ff.

Ehlers, Dirk
Heydemann, Christoph — Datenschutzrecht in der Kommunalverwaltung
in: DVBl. 1990, S. 1 ff.

Engeli, Christian
Haus, Wolfgang — Quellen zum modernen Gemeindeverfassungsrecht in Deutschland
Berlin 1975

Ennuschat, Jörg — Das Eilbeschlussrecht von Hauptausschuss und Bürgermeister
in: VR 1990, S. 212 f.

Ennuschat, Jörg — Der Hauptausschuss in Gemeindeordnung und Gemeindepraxis
in: VR 1991, S. 118 ff.

Epping, Volker — Die Willensbildung von Kollegialorganen
in: DÖV 1995, S. 719 ff.

Erichsen, Hans-Uwe — Kommunalverfassungsrecht des Landes Nordrhein-Westfalen
2. Auflage, Siegburg 1997

Erichsen, Hans-Uwe — Aktuelle Probleme der Kommunalverfassung
in: NWVBl. 1990, S. 37 ff.

Erlenkämper, Friedel — Entwicklungen im Kommunalrecht
in: NVwZ 1990, S. 116 ff.

Erlenkämper, Friedel — Entwicklungen im Kommunalrecht
in: NVwZ 1991, S. 325 ff.

Erlenkämper, Friedel — Entwicklungen im Kommunalrecht
in: NVwZ 1993, S. 427 ff.

Erlenkämper, Friedel — Entwicklungen im Kommunalrecht
in: NVwZ 1996, S. 534 ff.

Fingerhut, Reinhard — Zur Reform der Kommunalverfassung
in: Städte- und Gemeinderat 1993, S. 255 ff.

Firsching, Ansgar — Zur Ausübung des Organisationsermessens der Gemeinden bei der Bildung von Ausschüssen bzw. bei der Verringerung der Mitgliederzahlen von Ausschüssen
in: BayVBl. 1995, S. 365 ff.

Foerstemann, Friedhelm — Vorsitz und Verfahren in der kommunalen Vertretungskörperschaft
in: Handbuch der kommunalen Wissenschaft und Praxis, Herausgeber Günter Püttner,
2. Auflage, Köln 1982, Band II, S. 90 ff.

Foerster, German — Die Abberufung von Mandatsträgern
in: Staats- und Kommunalverwaltung 1974, S. 75 ff.

Foerster, German — Die Ausschüsse der Gemeindevertretung
– Probleme aus dem neuen Kommunalrecht –
in: Die Gemeinde 1978, S. 201 ff.

Freudenberg, Dierk — Planen und Entscheiden in der öffentlichen Verwaltung
Herford 1983

Friedl, Uwe — Können kommunale Haushaltssatzungen im Wege der Dringlichkeitsentscheidung gemäß § 43 Abs. 1 GO NW erlassen werden?
in: Der Gemeindehaushalt 1980, S. 135 f.

Frost, Herbert — Die Parlamentsausschüsse, ihre Rechtsgestalt und ihre Funktionen, dargestellt an den Ausschüssen des Deutschen Bundestages
in: AöR (95) 1970, S. 38 ff.

Gabler, Manfred
Höhlein, Burkhard
Klöckner, Werner
Lukas, Helmut
Oster, Rudolf
Schaaf, Edmund
Stubenrauch, Hubert
Tutschapsky, Uwe — Kommunalverfassungsrecht Rheinland–Pfalz, Kommentar, Band I
Wiesbaden 1994
Stand: 19. Nachlieferung, März 2002
zitiert: Bearbeiter in Gabler u. a.

Gern, Alfons — Deutsches Kommunalrecht
2. Auflage, Baden-Baden 1997

Gern, Alfons — Sächsisches Kommunalrecht
2. Auflage, München 2000

Goldammer, Ernst-Horst — Die Bestellung beratender Ausschussmitglieder nach § 42 Abs. 1 S. 6 GO NW
in: VR 1985, S. 49 ff.

Gramlich, Ludwig — Zur „Öffentlichkeit" von Gemeinderatssitzungen
in: DÖV 1982, S. 139 ff.

Grashoff, Patricia — Die Kommunalverfassung des Landes Brandenburg im Rechtsvergleich mit der sog. Süddeutschen Ratsverfassung
Frankfurt a. M. 1999

Grasser, Walter — Durchführung geheimer Abstimmungen im Gemeinderat; Ungültigkeit von Stimmzetteln bei besonderer Kennzeichnung
in: BayVBl. 1988, S. 513 ff.

Grochtmann, H. — Zur Frage des Erlasses von Satzungen insbesondere von Nachtragshaushaltssatzungen im Wege der Dringlichkeitsentscheidungen gem. § 43 Abs. 1 GO NW
in: Der Gemeindehaushalt 1964, S. 85 f.

Groh, Kathrin — Der verfassungsrechtliche Anspruch von Gemeinderatsgruppen auf Sitz und Stimme in den Hauptausschüssen und auf beratende Mitgliedschaft in allen übrigen Ausschüssen nordrhein-westfälischer Kommunen
in: NWVBl. 2001, S. 41 ff.

Gutknecht, Rainer	Das Vorschlagsrecht des Schulträgers in: Der Städtetag 1963, S. 131 f.
Hamann, Wolfram	Juristische Methodik 7. Auflage, Essen 1991
Hassel, Volker	Zur Beschlussfähigkeit des Gemeinderates nach § 34 Abs. 1 GO NW in: VR 1985, S. 412 ff.
Haus, Wolfgang *Krebsbach, August*	Gemeindeordnungen in Europa Stuttgart 1967
Held, Friedrich Wilhelm	Kurzstatement: Brauchen wir eine neue Kommunalverfassung? in: NWVBl. 1991, S. 403 ff.
Held, Friedrich Wilhelm	Von den Schwierigkeiten, eine(n) Oberstadtdirektor(in) zu wählen in: VR 1993, S. 191 ff.
Held, Friedrich Wilhelm *Becker, Ernst* *Decker, Heinrich* *Kirchhof, Roland* *Krämer, Franz* *Wansleben, Rudolf*	Kommunalverfassungsrecht Nordrhein-Westfalen, Kommentar Wiesbaden 1994 Stand: 11. Nachlieferung, Mai 2002 zitiert: Bearbeiter in Held u. a.
Held, Friedrich Wilhelm *Wilmbusse, Reinhard*	Das neue Kommunalverfassungsrecht Nordrhein-Westfalen Wiesbaden 1994
Hellermann, Johannes	Mitwirkungsrechte des fraktionslosen Ratsmitgliedes in: Jura 1995, S. 145 ff.
Herbert, Alexander	Die Gemeindevertretung als Petitionsadressat in: VR 1994, S. 154 ff.
Herbert, Alexander	Beratung in der Gemeinde in: NVwZ 1995, S. 1056 ff.
Herrmann, Peter	Der Hauptausschuss nach dem neuen kommunalen Verfassungsrecht des Landes Schleswig-Holstein in: KommunalPRAXIS N 1998, S. 323

Hirte, Heribert | Folgen fehlerhafter Besetzung von Ausschüssen in kommunalen Vertretungskörperschaften
in: DÖV 1988, S. 108 ff.

Hoffstetter, Helmuth | Der Begriff „Vertretung“ nach deutschem Recht
in: VR 1990, S. 55 ff.

Hofmann, Harald | 50 Jahre Deutsche Gemeindeordnung (DGO) von 1935
in: VR 1985, S. 410 ff.

Hofmann, Harald | Die Einführung der nordrhein-westfälischen Gemeindeordnung nach 1945 und ihre Reform im Jahr 1994
in: VR 1996, S. 80 ff.

Hofmann, Harald | Änderungen im nordrhein-westfälischen Kommunalrecht – erforderlich, sinnvoll?
in: DVP 2000, S. 152 ff.

Hofmann, Harald
Muth, Michael
Theisen, Rolf-Dieter | Kommunalrecht in Nordrhein-Westfalen
11. Auflage, Witten 2001
zitiert: Hofmann, H./Muth, M./Theisen, R.-D.

Honert, Siegfried | Weniger Politik für gute Verwaltung!
Oder: Worauf es bei einer Änderung der GO NW wirklich ankäme!
in: Städte- und Gemeinderat 1992, S. 231 ff.

Ipsen, Jörn | Niedersächsisches Kommunalrecht,
Lehrbuch
2. Auflage, Stuttgart 1999

Jung, Franz Josef
Jaxt, Dagmar | Farbige Kennzeichnung von Stimmzetteln – Verstoß gegen den Grundsatz der geheimen Wahl?
in: ZRP 1985, S. 50 ff.

Kallerhoff, Dieter | Das kommunalaufsichtliche Beanstandungs- und Aufhebungsrecht in der Rechtsprechung des OVG NW
in: NWVBl. 1996, S. 53 ff.

Kasten, Hans-Hermann | Ausschussorganisation und Ausschussrückruf
Berlin 1983

Klang, Klaus
Gundlach, Ulf | Gemeindeordnung und Landkreisordnung Sachsen-Anhalt
Kommentar
2. Auflage, Magdeburg 1999

Klein, Martin — Zur Stellvertretung des hauptamtlichen Bürgermeisters in Nordrhein-Westfalen
in: KommunalPRAXIS N 1998, S. 71 ff.

Klieve, Lars Martin — Plädoyer für das Rückholrecht
in: VR 2002, S. 343 ff.

Knemeyer, Franz-Ludwig — Entscheidungssammlung zum Kommunalrecht (EzKommR)
Berlin 1993, Stand: Juni 2002
zitiert: Knemeyer, F.-L., EzKommR, Entscheidung

Knemeyer, Franz-Ludwig — Die duale Rat-Bürgermeister-Verfassung als Leitverfassung nach den Kommunalreformen
in: JuS 1998, S. 193 ff.

Körner, Hans — Gemeindeordnung Nordrhein-Westfalen
Kommentar
5. Auflage, Köln 1990

Körner, Hans — Ausschüsse, Kommissionen und Deputationen
in: Handbuch der kommunalen Wissenschaft und Praxis, Herausgeber Günter Püttner,
2. Auflage, Köln, 1982, Band II, S. 129 ff.

Krane, W. — Über die Funktion kommunaler Ausschüsse
in: Der Gemeinderat 1969, S. 289 ff.

Krebsbach, August — Die Preußische Städteordnung von 1808
2. Auflage, Köln 1970

Krell, Dieter — Die Pflicht des Gemeindedirektors zur Sitzungsvorbereitung
in: KommunalPRAXIS N 1995, S. 267 ff.

Krell, Dieter
Wesseler, Norbert — Das neue kommunale Verfassungsrecht in Nordrhein-Westfalen
Köln 1994

Kremer, Markus — Verzwickte Ausschussbesetzung
in: DVP 2001, S. 524 ff.

Kremer, Markus — Die Ersatzbestimmung von Ratsmitgliedern
in: DVP 2002, S. 365 ff.

Kremer, Markus — Kompetenzkonflikte zwischen Rat und Bürgermeister
in: DVP 2003, S. 253 ff.

Küpper, Herbert — Die Fortsetzung der Doppelspitze auf anderer Ebene
in: NWVBl. 2001, S. 209 ff.

Kunze, Richard
Giebler, Peter
Katz, Alfred
Steger, Christian O.
Sixt, Werner
Bock, Irmtraud — Gemeindeordnung für Baden-Württemberg,
Kommentar
Stuttgart, 4. Auflage, Band I
12. Lieferung: Stand Mai 2002
zitiert: Bearbeiter in Kunze u. a.

Kutter, Uwe — Der praktische Fall:
Die Vertretung des hauptamtlichen Bürgermeisters in NRW
in: VR 1998, S. 393 ff.

Lange, Gerhard — Bezeichnung der Vertreter des hauptamtlichen Bürgermeisters nach der neuen Kommunalverfassung NW
in: VR 1997, S. 88 ff.

Lange, Karl-Wilhelm
Rönn, Heinz — Zur Öffentlichkeit von Gemeinderatssitzungen
in: Der Städtetag 1982, S. 592 ff.

Lange, Ulrike — Der hauptamtliche Bürgermeister
Münster 1999

Laux, Eberhard — Die „Planung" im Verwaltungshandeln
in: Staats- und Kommunalverwaltung 1965, S. 12 ff.

von Lennep, Hans Gerd
Paal, Thomas — Leitfaden für die Ratsarbeit
Düsseldorf 1994

von Lennep, Hans Gerd
Paal, Thomas — Die Reform der Gemeindeordnung
in: Städte- und Gemeinderat 1994, S. 295 ff.

Linauer, Hans-Günther — Änderung der Kommunalverfassung für das Land Nordrhein-Westfalen
in: KommunalPRAXIS N 1996, S. 195 ff.

Lingk, Anne-Kathrin — Die Reform der nordrhein-westfälischen Kommunalverfassung,
Basel 1999

Lingk, Anne-Kathrin — Die Reform der Kommunalverfassung – Verlauf und Intention
in: NWVBl. 1999, S. 121 ff.

Löw, Peter — Kommunalgesetzgebung im NS-Staat am Beispiel der Deutschen Gemeindeordnung 1935
1. Auflage, Baden-Baden 1991

Mann, Thomas — Sachkundige Einwohner - Rechtsfragen einer Partizipation von Ausländern an der kommunalpolitischen Willensbildung -
in: NWVBl. 1990, S. 222 ff.

Matzerath, Horst — Nationalsozialismus und kommunale Selbstverwaltung
Stuttgart 1970

Maunz, Theodor
Dürig, Günter — Grundgesetz, Kommentar, Band III
München, Stand Oktober 2002

Meyer, Hans — Kommunalwahlrecht
in: Handbuch der kommunalen Wissenschaft und Praxis, Herausgeber Günter Püttner,
2. Auflage, Köln 1982, Band II, S. 37 ff.

Micker, Klaus — Kommunales Verfassungsrecht Nordrhein-Westfalen
16. Auflage, Essen 1999

Möller, Ferdinand — Die Beigeordnetenkonferenz
in: Der Städtetag 1965, S. 433 ff.

Müller, Jürgen — Angelegenheiten von äußerster Dringlichkeit im Kommunalrecht
in: VR 1990, S. 23 ff.

Müller, Jürgen — Dringlichkeitsentscheidungen in Ausschusszuständigkeiten
in: NWVBl. 1993, S. 87 ff.

Müller, Jürgen — Zu den Abwehrrechten des Ratsmitglieds gegenüber organisationsrechtswidrigen Eingriffen in seine Mitwirkungsrechte
in: NVwZ 1994, S. 120 ff.

Müller, Jürgen — Die Vertretung des hauptamtlichen Bürgermeisters nach der nordrhein-westfälischen Gemeindeordnung
in: NWVBl. 1999, S. 405 ff.

von Mutius, Albert — Rechtsprechung zum kommunalen Verfassungsrecht
Siegburg, Stand: 43. Ergänzungslieferung, April 2002
zitiert: von Mutius, A. Rechtsprechungssammlung, Entscheidung

von Mutius, Albert — Kommunalrecht
2. Auflage, München 1996

von Mutius, Albert
Rentsch, Harald — Kommunalverfassungsrecht Schleswig-Holstein, Kommentar
5. Auflage, Köln 1998

von Mutius, Albert
Ruge, Kay — Rechtsstellung und Funktionen des Hauptausschusses nach dem neuen Kommunalverfassungsrecht Schleswig-Holstein und ihre Ausgestaltung in der Hauptsatzung
in: Die Gemeinde SH 1997, S. 306 ff.

Naßmacher, Hiltrud — Der Verwaltungsausschuss – eine Spezialität der Niedersächsischen Gemeindeordnung?
in: NST-N 1988, S 304 ff.

Nendza, Achim — Die Stellung des alten Gemeindedirektors und des neuen Bürgermeisters als Leiter der Verwaltung nach der alten und neuen Gemeindeordnung NW – ein Vergleich
in: VR 1996, S. 290 ff.

Oebbecke, Janbernd — Föderalismus und Kommunalverfassung
in: Föderalismus in Deutschland
Schriften zur Innenpolitik und zur kommunalen Wissenschaft und Praxis, Band 8
Herausgeber: Jochen Huhn und Peter-Christian Witt
Baden-Baden 1992

Oebbecke, Janbernd — Die neue Kommunalverfassung in Nordrhein-Westfalen
in: DÖV 1995, S. 701 ff.

Oebbecke, Janbernd — Zur englischen Kommunalverfassung in Nordrhein-Westfalen
in: Archiv für Kommunalwissenschaften 1997, S. 116 ff.

Oebbecke, Janbernd — Tauziehen um die Entscheidungskompetenz
in: Städte- und Gemeinderat 7/2000, S. 24 ff.

Oebbecke, Janbernd — Die verfassungsrechtlich gewährleistete Planungshoheit der Gemeinde
in: „Planung“, Festschrift für Werner Hoppe, 2000, S. 239 ff.

Oebbecke, Janbernd — Die reformierte Kommunalverfassung Nordrhein-Westfalen nach der ersten Direktwahl der Bürgermeister
in: Grundfragen des Verwaltungsrechts und des Kommunalrechts
Herausgeber: Ehlers, Dirk u. Krebs, Walter
Berlin 2000

Oster, Rudolf — Wahl der Ausschussmitglieder
in: DVP 1995, S. 390 ff.

Oster, Rudolf — Nochmals: Wahl der Ausschussmitglieder
in: DVP 1996, S. 393 f.

Oster, Rudolf — Nochmals: Vorwegausgleich im Sitzverteilungsverfahren bei Kommunalwahlen
in: DVP 1996, S. 527 ff.

Paal, Thomas — Der beratende sachkundige Bürger im Rechnungsprüfungsausschuss?
in: Städte- und Gemeinderat 1996, S. 100 f.

Päbst, Heinz Joachim — Die Kompetenzverteilung zwischen Rat und Bezirksvertretung in kreisfreien Städten
in: NWVBl. 1998, S. 223 ff.

Pagenkopf, Hans — Einführung in die Kommunalwissenschaft, Band I
3. Auflage, Münster 1975

Pestalozza, Christian — Die Wahl der Mitglieder der Berliner Bezirksämter: D'Hondt, das Los und der Verfassungsgerichtshof des Landes Berlin
in: NVwZ 1993, S. 1067 ff.

Pohlmann, Klaus — Wer regiert unsere Gemeinden wirklich?
in: Städte- und Gemeinderat 1988,
S. 115 ff.

Rauball, Reinhard — Eil- und Dringlichkeitsentscheidungen in Angelegenheiten des Kreistages, der Amtsvertretung des Gemeinderates und der Ausschüsse mit Entscheidungsbefugnis
in: DÖV 1972, S. 304 ff.

Rauball, Johannes, Reinhard und Werner Pappermann, Ernst Roters, Wolfgang — Gemeindeordnung für Nordrhein-Westfalen
Kommentar
3. Auflage, München 1981

Raum, Bertram — Das Prüfungsrecht des Vorsitzenden der Gemeindevertretung bei der Erstellung der Tagesordnung
in: DÖV 1985, S. 820 ff.

Rehn, Erich — Bildung und Besetzung von Ausschüssen
in: Städte- und Gemeinderat 1984, S. 339 ff.

Rehn, Erich
Cronauge, Ulrich
von Lennep, Hans Gerd — Gemeindeordnung für das Land Nordrhein-Westfalen
Kommentar, Band I
2. Auflage, Siegburg 1995
Stand: 26. Ergänzungslieferung, Januar 2002
zitiert: Rehn, E./Cronauge, U.

Reiners, Theo — Kommunalverfassungsrecht in den neuen Bundesländern
München 1991

Röger, Ralf — Zur Rechtmäßigkeit der Stellvertretung in gemeindlichen Ausschüssen
in: VR 1993, S. 262 ff.

Röper, Erich — Ausschusssitze auch für fraktionslose Stadtverordnete
in: VR 1991, S. 298 f.

Röper, Erich — Urwahl von Ausschussmitgliedern
in: VR 1993, S. 331 ff.

Röper, Erich — Abschnittsweise Abstimmungen in Verwaltungsausschüssen
in: NVwZ 2000, S. 1392 f.

Roitzheim, Peter — Das Verhältnis von Rat und Verwaltungsspitze in Nordrhein-Westfalen
in: VR 1991, S. 255 ff.

Rothe, Karl-Heinz — Gibt es noch ein Rederecht der kommunalen Mandatsträger?
in: DÖV 1990, S. 736 ff.

Rothe, Karl-Heinz — Rechtsnatur und strittige Regelungen der Geschäftsordnungen kommunaler Vertretungskörperschaften
in: DÖV 1991, S. 486 ff.

Rothe, Karl-Heinz — Die Rechte und Pflichten des Vorsitzenden des Gemeinderates
in: NVwZ 1992, S. 529 ff.

Rothe, Karl-Heinz Über die Ausschüsse der Gemeinde
in: VR 2003, S. 55 ff.

Ruppert, Michael F.D.P. Gesetzentwurf zur Kommunalreform
in: Städte- und Gemeinderat 1991, S. 343 ff.

Ruthemeyer, Eckhard Grundlage und Grenzen der kommunalrechtlichen Eilentscheidungskompetenz in Niedersachsen
Wolfsburg 1994

Salzwedel, Jürgen Zur Auslegung des § 43 der Gemeindeordnung für das Land Nordrhein-Westfalen
in: Der Gemeindehaushalt 1953, S. 205 ff.

Sandfuchs, Klaus Allgemeines Niedersächsisches Kommunalrecht
17. Auflage, Hannover 2003

Schäfer, Roland Der hauptamtliche Bürgermeister
in: Städte- und Gemeinderat 1994, S. 304 ff.

Schattor, Hans Das Verfahren in den Ausschüssen des Rates nach der Gemeindeordnung für das Land NRW vom 21.10.1952
In: Der öffentliche Dienst 1953, S. 207 ff.

Schink, Alexander Die Mitwirkung von Ausländern an der kommunalpolitischen Willensbildung unterhalb des Wahlrechts in Nordrhein-Westfalen
in: VR 1988, S. 269 ff.

Schleberger, Erwin Zur Reformbedürftigkeit des Kommunalverfassungsrechts in Nordrhein-Westfalen
in: NWVBl. 1988, S. 161 ff.

Schliesky, Utz Die neue Gemeindeordnung von Schleswig-Holstein
in: DVP 2003, S. 214 ff.

Schmidt-Aßmann, Eberhard Planung unter dem Grundgesetz
in: DÖV 1974, S. 541 ff.

Schmidt-Aßmann, Eberhard Besonderes Verwaltungsrecht
11. Auflage, Berlin - New York 1999

Schmidt-Eichstaedt, Gerd Die Gemeindeordnungen und Kreisordnungen in der Bundesrepublik Deutschland
2. Auflage, Stuttgart 2002

Schmidt-Jortzig, Edzard	Kommunalrecht Stuttgart 1982
Schmitz, G.	Nochmals: Zur Frage des Erlasses von Satzungen, insbesondere von Nachtragshaushaltssatzungen im Wege der Dringlichkeitsentscheidung gemäß § 43 Abs. 1 GO NW in: Der Gemeindehaushalt 1964, S. 138 f.
Schmitz, Michael	Die Anhörung von Petenten im Gemeinderat bzw. Beschwerdeausschuss, am Beispiel der Rechtslage in Nordrhein-Westfalen in: VR 1990, S. 87 ff.
Schmitz, Michael	Die vorrangige Abstimmung über den weitestgehenden Antrag – zur Auslegung der Geschäftsordnung des Gemeinderates in: NVwZ 1992, S. 547 ff.
Schmitz, Michael	Kommunalrechtliche Aspekte von Dringlichkeitsentscheidungen in: VR 1995, S. 73 ff.
Schmitz, Michael	Der stellvertretende Bürgermeister in Nordrhein-Westfalen in: VR 1997, S. 89 ff.
Schmitz, Wolfgang	Die Erweiterung der Tagesordnung in: NWVBl. 1990, S. 427 ff.
Schmitz, Wolfgang	Zur Unzulässigkeit von Tischvorlagen bei Rats- und Ausschusssitzungen und ihre Folgen in: VR 1990, S. 266 ff.
Schneider, Gerhard *Dreßler, Ulrich* *Lüll, Jürgen*	Hessische Gemeindeordnung Kommentar Stuttgart 1977 Stand: 15. Lieferung, Oktober 2002 zitiert: Schneider, G./Dreßler, U./Lüll, J.
Schneider, Otmar	Der verfahrensfehlerhafte Ratsbeschluss – Zur Dogmatik der Verfahrensfehlerfolgen in: NWVBl. 1996, S. 89 ff.
Schnoor, Herbert	Reform der Kommunalverfassung in NRW in: Städte- und Gemeinderat 1991, S. 163 ff.

Schnoor, Herbert — Anmerkungen zur neuen Kommunalverfassung
in: NWVBl. 1996, S. 281 ff.

Schoch, Friedrich K. — Prüfungsrecht des Vorsitzenden der Gemeindevertretung bei der Erstellung der Tagesordnung?
in: DÖV 1986, S. 132 ff.

Scholler, Heinrich
Broß, Siegfried — Die Rechtsstellung von Minoritäten in den Gemeindevertretungen
in: VR 1979, S. 228 ff.

Scholtis, Norbert — Minderheitenschutz in kommunalen Vertretungskörperschaften
Siegburg 1986

Schreiber, Oliver — Zum Gebot der Spiegelbildlichkeit bei der Bildung und Besetzung gemeindlicher Ausschüsse in Bayern
in: BayVBl. 1996, S. 134 ff.

Schulte-Beckhausen, Otto — Die Auflösung von Ausschüssen und die Abberufung von Ausschussmitgliedern nach der GO von Nordrhein-Westfalen
in: Die Gemeinde (NRW) 3/1955, S. 45 ff.

Schumacher, Paul
Schumacher, Franz-J. — Entwicklungen des Kommunalrechts in Ostdeutschland (Teil 1)
in: Stadt und Gemeinde 1994, S. 3 ff.

Schwabe, Johannes
Sundermann, Welf — Kommunalverfassung in Nordrhein-Westfalen
5. Auflage, Hamburg 1995

Schwerdtner, Eberhard — Chancengleichheit und Minderheitenschutz in der Kommunalpolitik
in: DÖV 1990, S. 14 ff.

Seeger, Richard — Ausschüsse des Gemeinderates und ihre Bedeutung
in: Die Gemeinde (BW) 1974, S. 437 ff.

Stargardt, Hans-Joachim — Die neue kommunale Verfassungslandschaft in Deutschland
in: DVP 1994, S. 271 ff.

Stargardt, Hans-Joachim — Kommunalverfassungen in Deutschland – Teil I
in: VR 1995, S. 118 ff.

Stargardt, Hans-Joachim — Kommunalverfassungen in Deutschland – Teil II
in: VR 1995, S. 145 ff.

Stein, Edgar — Zum Referentenentwurf einer Reform des Kommunalverfassungsrechts in Nordrhein-Westfalen
in: VR 1992, S. 389 ff.

Stern, Klaus — Das Staatsrecht der Bundesrepublik Deutschland, Band I
2. Auflage, München 1984

Stern, Klaus — Kurzstatement
in: NWVBl. 1991, S. 413 f.

Stober, Rolf — Kommunalrecht in der Bundesrepublik Deutschland
3. Auflage, Stuttgart 1996

Stock, Heinz-Hermann — Der hauptamtliche Bürgermeister in Nordrhein-Westfalen – lediglich ein umbenannter Gemeindedirektor?
in: VR 1995, S. 113 ff.

Streinz, Rudolf — Die Rechtsstellung der Mitglieder kommunaler Ausschüsse in Bayern
in: BayVBl. 1983, S. 705 ff.

Stüer, Bernhard — Änderung der Hauptsatzung durch Dringlichkeitsbeschluss? Der zusätzliche Bürgermeisterstellvertreter
in: Städte- und Gemeinderat 1985, S. 243 ff.

Sundermann, Welf — Reform der Kommunalverfassung in Nordrhein-Westfalen
in: DVP 1993, S. 174 ff.

Sundermann, Welf — Die konstituierende Ratssitzung nach der Kommunalwahl in NW am 16. Oktober 1994
in: DVP 1994, S. 434 ff.

Sundermann, Welf — Die Verteilung der Entscheidungszuständigkeiten (Organkompetenz) nach der Gemeindeordnung Nordrhein-Westfalen
in: DVP 1998, S. 21 ff.

Sundermann, Welf; Miltkau, Thomas — Kommunalrecht Brandenburg
Hamburg 1995

Sundermann, Welf; Miltkau, Thomas — Fraktionen in der Gemeindevertretung
in: DVP 1994, S. 491 ff.

Tettinger, Peter; Ennuschat, Jörg — Der Ausschluss aus der Ratssitzung
in: NWVBl. 2002, S. 244 ff.

Theisen, H. — Der Erlass von Nachtragssatzungen im Wege der Dringlichkeitsentscheidungen gemäß § 43 Abs. 1 GO / NW
in: Der Gemeindehaushalt 1964, S. 184

Thiele, Robert — Niedersächsische Gemeindeordnung
Kommentar
5. Auflage, Hannover 1996

Thiele, Robert — Neues Besetzungsverfahren für Ausschüsse
in: KommunalPRAXIS N 1995, S. 237 ff.

Thiele, Robert — Das Antragsrecht in kommunalen Gremien
in: KommunalPRAXIS N 1997, S. 195 ff.

Thiele, Robert — Die ortsübliche Bekanntmachung von Sitzungen
in: KommunalPRAXIS N 2000, S. 134 ff.

Thiele, Robert — Bildung und Besetzung von Gremien und Änderungen ihrer Zusammensetzung
in: KommunalPRAXIS N 2000, S. 196 ff.

Thieme, Werner — Entscheidungen in der öffentlichen Verwaltung
Köln 1981

Tillmanns, Heinz — Kommunales Verfassungsrecht in Nordrhein-Westfalen
in: Städte- und Gemeinderat 1991, S. 39 ff.

Tillmanns, Heinz — Drei Jahre Erfahrungen mit der neuen monokratischen Gemeindeordnung NW
in: Städte- und Gemeinderat 1998, S. 79 ff.

Tyska, Hans-Joachim — Zur Problematik von gemeindlichen „Unterausschüssen" Zulässigkeit, Inkompatibilität, Ausschließungsgründe
in: VR 1987, S. 73 ff.

Veelken, Manfred — Minderheitenschutz
in: Städte- und Gemeinderat 1980, S. 424 ff.

Wachsmuth, Hans-Joachim; Oehler, Gerhard — Thüringer Kommunalrecht
Kommentar
Stuttgart 1992
Stand: 10. Ergänzungslieferung, November 2001

Wacker, Jörg — Sachkundige Bürger und Einwohner in gemeindlichen Ausschüssen
Berlin 2000

Waechter, Kay — Kommunalrecht
2. Auflage, Köln 1995

Warren, J. H. — Selbstverwaltung in England
Frankfurt 1952

Widtmann, Julius
Grasser, Walter — Bayerische Gemeindeordnung
Kommentar
5. Auflage, München 1988
Stand: Januar 2002

Wilkens, Wilfried — Verwaltungsausschuss und Kreisausschuss in Niedersachsen
Baden-Baden 1992

Wisser, Kurt — Kommunalverfassungsrecht
in: DVP 1999, S. 467 ff.

Witte, Gertrud — Ausschüsse zusammenlegen
in: KPBl. 1991, S. 133

Witte, Gertrud — Beratende Mitgliedschaft
in: KPBl. 1991, S. 907

Witte, Gertrud — Wahl eines Beigeordneten im zweiten Wahlgang
in: KPBl. 1992, S. 440

Wittkämper, Gerhard — Analyse und Planung in Verwaltung und Wirtschaft
Bonn 1972

Wohlfahrt, Jürgen — Saarländisches Landesrecht
Kommunalrecht
2. Auflage, Baden-Baden 1998

Wolff, Hans J.
Bachof, Otto — Verwaltungsrecht, Band II
4. Auflage, München 1976

Zuhorn, Karl
Hoppe, Werner — Gemeindeverfassung
2. Auflage, Siegburg 1962

Peter Lang · Europäischer Verlag der Wissenschaften

Patrick Ebbing

Die Abwälzung wasserverbandlicher Kosten nordrhein-westfälischer Gemeinden auf Dritte

Frankfurt am Main, Berlin, Bern, Bruxelles, New York, Oxford, Wien, 2004.
XIV, 231 S., 3 Tab.
Europäische Hochschulschriften: Reihe 2, Rechtswissenschaft. Bd. 3828
ISBN 3-631-51914-1 · br. € 42.50*

Die gemeindlichen Haushalte werden in Nordrhein-Westfalen in erheblichem Umfang durch wasserverbandliche Kosten belastet, insbesondere über Verbandsbeiträge. Diese resultieren aus unterschiedlichen Aufgaben der Wasserverbände, wenn zum Beispiel für die Abwasserbeseitigung Regenrückhaltebecken gebaut, Hochwasserrückhaltebecken errichtet, oder Gewässer renaturiert und unterhalten werden. Die Arbeit analysiert anhand der einschlägigen landesrechtlichen KAG- und LWG-Vorschriften unter Berücksichtigung der häufig unveröffentlichten Rechtsprechung des OVG Münster, ob und in welchem Umfang diese Kosten auf den Gebührenzahler abgewälzt werden können. Einen Schwerpunkt bildet dabei die Frage, ob eine Einrechnung der Kosten in die Abwassergebühr zulässig ist.

Aus dem Inhalt: Die kostenrelevanten Aufgaben im Wasserrecht · Das Recht der Wasser- und Bodenverbände in Nordrhein-Westfalen · Die wasserwirtschaftlichen Verbandslasten und Kosten nordrhein-westfälischer Gemeinden · Die Kostenabwälzung nach § 7 Abs. 1 KAG · Die Einbeziehung der Verbandslasten in die Abwassergebühr · Die Abwälzungsmöglichkeiten nach dem LWG: Die Abwälzung der Kosten für den Ausgleich der Wasserführung, die Gewässerunterhaltung und den Gewässerausbau

Kolibri 360 GmbH
Ferdinand-Jühlke-Straße 7
99095 Erfurt, Deutschland
produktsicherheit@kolibri360.de

Druck:
CPI Druckdienstleistungen GmbH
im Auftrag der
Kolibri 360 GmbH
Ferdinand-Jühlke-Str. 7
99095 Erfurt